0歳からの経験と知性

知性の発生学

廣松 毅［監修］／辻 義行［著］

武久出版

 目 次

監修者のことば

廣松　毅

　本書は、著者の4冊目の著書です。著者の言葉によると「本書がその集大成」であるとのことです。確かに、過去3冊の内容を見ると、数学の＜正しさ＞の議論（本書の言葉で言うと「原数学」、この議論は通奏低音のように4冊の底流に流れています）、科学理論、感じ方・考え方の議論、言葉の議論と続き、本書で人間の知性そして社会に関する議論にまで至っています。上記の著者の言葉は「思うところを語り尽くした」という著者の思いを表しているのでしょう。

　ただ、本書も含めて4冊の著書には、内容的に必ずしもオーソドキシー（正統派）の議論とは相いれない部分もあり、読みにくい箇所があるかもしれません。その点を考慮して、本書ではノゾミさんとナオキ君（二人は著者の若かりし頃の分身？）の質問にヨッシー教授（これは著者その人？）が答える形式を用いて、分かりやすく書かれています。

　本書をどのように評価するかは読者のご判断ですが、少なくとも問題提起の書もしくは知的刺激を与える書として読んでいただくのがいいのではないかと思います。そして、著者の考えに興味をお持ちになった読者は過去3冊の著書も手に取ってみられることをお勧めします。

はじめに

　人間は知性の発達した動物だといわれています。そこで人の知性といわれている言語、数学、科学などの始まり、原理を知りたくて市販の本を買い求めて読んでも、難解で納得できないという挫折感を味わった方は多いでしょう。著者もその一人でした。

　しかし今では市販の本のおかしさに気がつきました。**知性は先人たちによって仲間に意思を伝える方法、自らが考える方法として彼らの日々の生活の中から編み出されたものなのです。それらは言語、数学、科学などといわれて代々にわたり習得され受け継がれ、私たち自身も生まれてすぐに習得しはじめて日常的に使いこなしているのです。**

　本書はこの知性の成り立ちを言語、数学、科学など多方面からわかりやすく説き明かしたものです。

　動物も表情、動作、鳴き声などで仲間に危険を知らせることがありますが、先人たちは経験を積み重ね学ぶことによって、そこからさらに進んだ方法として、**仲間同士がお互いに意思を伝え合い自ら考えることのできる言葉などの知性を編み出していったのでしょう。そのため先人たちの編み出した始まりの知性は、ほぼつじつまが合って、仲間が納得して共有できて、その意味で「正しい」ものだったのでしょう。**

　世界各地で言葉などの知性を獲得した先人たちは、文明の始まりともなる農耕技術などをものにして生活を安定したものにするとともに、固有の文化、思想、物語、笑いなどの新たな知性も編み出して、生活を精神的にも豊かなものにしてきました。

　そのような中で、西洋では古代ギリシャに「言語、論理、数学などの始まり、原理は人の経験に先立ち与えられたもの」という前提で物事を考える「ギリシャ哲学」という文化が生まれました。**ギリシャ哲学にもとづいて、言語、数学、科学などの成り立ちは複雑、難解なものと解釈されました。理論の「正しさ」もあいまいで相対的なものとされました。**

　ギリシャ哲学は西洋に広まり、日本でも明治の文明開化によって西洋にならって設立された大学の教育に「西洋哲学」が取り入れられ、その後知識層に普及しました。このため人の知性、考え方の原理を説いた書

物も西洋哲学の影響を受けたものとなり、これがそれらの書物が難解で納得し難いことの大きな原因になっているのです。

知性の多様な産物である文化、思想、信条などは人の心を豊かにしています。ところがそれらがしきたりとして社会に定着してしまうと逆に人の考え方の自由を奪いかねません。知性は言葉の暴力やとてつもない兵器も生み出しています。

この弊害は広く世界に及んでいます。世界中に自由に情報が飛び交う現代では、国家、民族、信条などの違いによる価値観や、生活レベルの違いなどがあからさまとなり、これによって世界の人々の対立が激化しています。そして「共有できる正しさなど何もない。自分たちこそが正しい」と考えて紛争の解決を主義・主張、信条、さらには策略、武力などに委ねる事態が次々と発生しています。

西洋哲学を学んだ今日の知識人たちはその影響を受けてこの現状を打破する堅固な知的足場を失っているのです。そして人々は主義・主張、信条はもちろんのこと、さらにその場的、刹那的な共鳴感、連帯感などの心情の盛り上がりにすがって平和の大切さを訴えているのです。政治の世界でも国家のエゴや偏った自己主張がもてはやされています。

知性のいわば乱用から生じたこのような事態を改めるためには、先に説明した世界の誰もが納得して共有し日常的に使いこなしている始まりの知性を再認識し、その共有された知性の力を信じて話し合うことが大切でしょう。

なお、世界各地で発生した人類の知性はそれぞれに異なる言語をもつため、言語の違いの壁はあるのですが、言語が異なっても翻訳してほぼ意思が通じ合えるため、これは克服可能でしょう。知性の成り立ち方が言語の違いを超えて共通的であるため翻訳も可能なのです。

言語、数学、科学的思考などの知性が納得して共有できるという意味で正しいことは、仲間どうしでその知性を習得して活用してきた私たち自身が一番よく知っているはずです。

そこで、本書では対話形式によって半ば忘却されてしまった知性の成り立ちを、私たち一人一人が思い出せるようにわかりやすく丁寧に説明することにしました。以下に紹介するノゾミさん、ナオキ君、そしてヨッ

シー教授は架空の人物ですが、著者の経験や思いをそれぞれに分担してもらいました。

彼らの会話によって著者の考える経験的な知性の成り立ちがわかりやすく多くの読者に伝わることを、そして知性の原理を私たち自身に取り戻せることを願っています。

なお本書は東京大学名誉教授廣松毅氏に監修していただきました。

氏によると本書は「内容的に必ずしもオーソドキシー（正統派）の議論と相いれない部分もあり」ということですが、その立場にとらわれることのない慧眼によって著者の至らないところをいくつも指摘、訂正していただきました。

ここに廣松氏の比類ないご厚意に深謝させていただきます。

登場人物の紹介

ノゾミさん

ノゾミさんは幼い頃から近所の友達と野山を遊び回っていました。学校の勉強はあまり好きにはなれなかったのですが、人類の歴史や文化から人のさまざまな考え方や生きざまを知り大変興味をもちました。夢が膨らむ小説を読むことにも夢中になりました。

でも親に迷惑はかけられない、少しでも人の役に立ちたいと考えて、奮起して、勉強して大学を卒業し、今は東京で会社員として生活を送っています。そして人と人の関係で成り立っている会社で自分がどのような役割を果たしていけるのか、自分の会社が世の中でどのような役割を果たせるのかという点に興味をもち、時には悩んでいます。

入社当時はどうせ会社に就職するなら社長になりたいと思ったものですが、現実を知るにつれてその夢は徐々にしぼんでゆき、現在の夢はふつうの家庭をもってその中で日々楽しさを見出すこと、そして趣味として芸術、読書、スポーツ、小旅行などを楽しむことに落ち着いてきました。

ナオキ君

ナオキ君は子供の頃から昆虫、草花、岩石を観察してそれを図鑑で調

べることや機械いじりが大好きで、科学者を夢見ていました。幼い頃から物事をただ知るのではなく、物事の由来、つまりその物事がどのような理由、どのような考え方や法則によって成立しているのかという点に特に興味をもっていました。

　物の成り立ちを究めて自分の手でさまざまな物を作ってみたいと考えていたナオキ君にとって、理工系の大学で学び、物づくりの会社にエンジニアとして就職することはごく自然なことでした。

　大学や会社では研究成果を国際的な学会でも発表したいと思い、英語でも論文を書いてみました。科学論文は世界共通ですから、なんとなく自分が国際人になった気分がしました。

　製造技術の開発に当たっても原理的な思考にこだわっています。原理を深堀りしてゆくと、製造技術を支えている科学とは何か、さらにその原理とは何かとの疑問に突き当たります。「根本原理が最強の技術開発の道具となり得る」。こう考えて言語、数学、科学などの原理を説いた本を読んだのですが、ほとんどは哲学的ないくつかの見方を紹介しているだけで、自然科学のような観察に裏付けされた結論は得られませんでした。結果として、次々と買い求めて中途半端に目を通した本が山積みとなっていくだけでした。

　それだけではありません。自然科学はもちろんのこと世界中に通用している数学ですら絶対的に「正しい」とはいえない、相対的なものでしかないという専門家の考え方を知るにつれて、かえって釈然としない疑問を抱えてしまいました。

　人類の歴史、文化にあまり興味のもてないナオキ君ですが、文学、美術、音楽などは人の心に直接働きかけてくる力を感じて日常的に親しんでいます。同じ歴史、文化、理論といっても、理解できるものと理解できないもの、楽しめるものと楽しめないものがある。この違いは何だろう、という疑問が大きく膨らんでいます。

二人の再会とヨッシー教授への期待

　ノゾミさんとナオキ君はかくも性格も経歴も異なり考えも異なります。二人が赤の他人ならばたとえ出会ってもとっくに喧嘩別れしていたでしょ

う。ところが二人は機会があるごとに会って話をすることを楽しみにしています。なぜならば二人は同じ町で生まれた幼な友達だったからです。

　ノゾミさんはナオキ君の昆虫や草花の話を興味深く聞いたあと、遊び仲間となって遊びまわっていました。幼いころ共に過ごした楽しい経験が強い絆となり二人を結び付けているため、お互いに異なる考え方、感じ方を知って刺激し合えることが楽しいのです。そのような二人が就職後に共に東京近郊に住むことになったのです。

　そんなある日、二人はいつものカフェで会って雑談を始めました。

ノゾミ　最近『源氏物語』を読んでるよ。世界最古にして最高峰の小説の一つといわれているだけあって本当に面白いね。

ナオキ　へぇー。すごいものを読んでるんだね。小説は面白いけれど最近は仕事が忙しいせいか読んでないなあ。今の楽しみといえば仕事、そしてテレビを見ることぐらいかなあ。音楽鑑賞もいいねえ。

ノゾミ　小説から得られる感動は自分の中では音楽や絵画からのものよりも大きいよ。

ナオキ　うん、そういわれれば昔は小説を読んで泣くぐらい感動したことは何度もあったよ。音楽や絵画とは違って小説は具体的な表現によって心を動かされるからねえ。最近そういう小説が見当たらなくって食わず嫌いになっているのかもしれないね。また本気でいい小説を探してみようかな。

ノゾミ　ええ、勧めるよ！　源氏物語だって多くの国で翻訳されて読まれているそうよ。言語の違いを越えて外国人に感動を与えているなんてすごいと思うよ。

ナオキ　全くだねえ。ところで科学も源氏物語のように世界の人々に共有されている。そこで気になることがあってね。

ノゾミ　気になること？

ナオキ　そう。物事を科学的に考えるには数学や論理学も必要だけれど、必ず必要なものは言葉だよね。そう思って「言語学」をちょっと調べてみたけれど、世界の言語は何千種とあり、世界の人々がその意味を共有することは難しいそうだ。きっとこれは言葉の意味のあいまいさが関係していると思うのだけれど、言葉の意味があいまいなままでは、言葉を

用いたすべての理論があいまいで困ってしまうよ。

ノゾミ　言葉はあいまいだから素晴らしいと思っていたけれど、いわれてみると確かにあいまいなままでは困ることもあるのねえ……。

　実は私の叔父さんが大学で「人間の知性」について研究していてねえ。かなりのお年で、本人がいうには考え方がユニークすぎて学者としての出世コースから外れているそうだけれど、ダメもとで一度会って話を聞かせてもらうのはどうかなあ。

ナオキ　それは面白そうだね。実は科学理論で用いられている数学や論理学の基礎も学んだけれど、専門的な理論によると数学すら絶対的に正しいとはいえないそうだ。絶対的な正しさがないとすれば何らかの思想や宗教に頼らないと世界の秩序は保てないよね。でも現実には異なる思想や宗教の対立で世界には混乱が生じている。そんなことも含めて人間の知性や科学の成り立ちについていろいろと知りたいね。その先生にお会いして話を聞かせていただけると有難いね。

ノゾミ　ではその先生、「ヨッシー教授」と自称しているのだけれどお願いしてみるね。

　いつものことながら、二人の感じ方、考え方、好みは異なりながらも会話は決裂せず一つの結論に到達しました。そして二人はヨッシー教授の研究室を訪ねて教えを乞うことになったのです。

ヨッシー教授

　ヨッシー教授の大学は東京の郊外にありました。教授の研究室に招き入れられて二人が最初に感じたことは、想像していたほど多くの本が並んでいないこと、本棚の代わりに壁面に何点かの絵画が飾られていることです。仕事中にもかかわらずバッハの音楽が静かに流れているのも風変りです。

　老教授は二人のいぶかしげな表情を見透かしたかのように「最近は必要な情報はほとんどインターネットで手に入るのです。そして音楽でも聴きながら問題に思いを馳せているとふといい発想が浮かび上がることもあるのでねえ」と言い訳めいた説明をしました。

　二人はそのような教授にかえって安心感を覚え、挨拶もそこそこに早

速自分たちのもつ疑問を次々と教授に投げかけました。老教授はそれを聞いて顔をしかめるどころか満足げにうなずきました。なぜならば永年温めてきた自分の考えを授けることのできる若者と出会えたと思ったからです。そして話始めました。

教授　二人の疑問はよくわかりました。実は私も永年ナオキ君と同じような疑問を抱えてきて、哲学や科学論を研究してきたのですが今一つ納得できませんでした。そこで私は日本人の立場というよりも人類の立場で、人類に共通する知性の成り立ちをその始まりにまでさかのぼって思いをめぐらせてみたのです。結論からいいますと、**哲学や科学論などの学問は西洋に発した思想文化であり、私たちが体験できないものが多く含まれています。**

　ナオキ君が考えたように、人類に共通する知性の要素として言語、四則演算できる数などがあるでしょう。これらの知性のすべては私たちの祖先たちが仲間とコミュニケーションをとるために生活の中で編み出したもので、私たち子孫も代々これを生活の中で習得しながら受け継いできたのです。そしてこのような人の知性の成り立ち方が世界共通であるため、異なった言語の間でも通訳によりほぼ意思を通わせ合えることが可能なのです。

　もちろん私も勉強不足の迷い多い一介の人間にすぎないので、自分の考え方に誤りがあるかもしれないのですが、君たちに私の考えを聞いていただいてそれに対する君たちの考えを聞かせていただければ大変参考になりますし、未来ある君たちに自分の思いが伝わることは願ってもないことです。

二人　私たちが先生の願いをかなえられるかどうか不安ですが、なんだかワクワクしてきました。

　老教授はだまって席を立ち、コーヒーを淹れて二人に勧めました。二人は恐縮しながらそれを口にしたのですが、その美味しさにそれまでの緊張感がスーッとほぐれました。

二人　教えていただく立場でこんなに美味しいコーヒーまでいただいて有難うございます。

教授　コーヒーがお口に合ってよかったですよ。では始めましょう。

一言で言えば体験は私たちの知性の源です。私たちは誕生以来今日までの自分の体験によって自分の知性、知識を習得してきました。このことは各自が自らの体験をよく思い出してもらえればすぐに自覚できるはずです。

　ですから私の役割は新たな理論を創造することではなく、先人たちが自らの体験にもとづいて人の知性を編み出したことと、代々私たちもその知性を習得して新たな知性の編み出しに関与していることをわかりやすく解き明かすことでしょう。これによって君たち自身が知性を習得してきた経緯が理解できて、知性の本性を知ることができれば本望です。

　始まりの言語、数学、科学などは、人々が意思を伝え合い、自らが考える方法であったために、ほぼつじつまが合って、人々が納得して共有できて、その意味で「正しい」といえるものだったのでしょう。

　人類の知性は世界各地で発生して、それに応じてさまざまな言語が生れたのですが、幸いにして言語が異なっても逐次的な翻訳によりほぼ意志が通じ合えます。この理由は人類の知性の発生パターンがほぼ共通だったからだと考えることができます。

　人々はまた、これら「知性」のつじつま合わせにこだわらずに、次々と世界各地で固有の文化、思想などの新たな知性を創造して、知的生活を豊かにしてきました。それ自体は素晴らしいことですが、体験だけでは得られない思想、理論などには同意できない人もいるでしょう。他の考え方の成立する余地もあるでしょう。

　このようなことから、体験だけでは得られない現在ある思想、理論などを指摘して、そこには他の考え方の成立する余地があることを明確にすることもこの説明の重要な役割だと考えています。

ノゾミ　「体験」と「経験」はどのように違うのですか。

教授　「経験」の中でも自分の身をもって得たものは「体験」とも言います。人が語ること、本に書いてあることは体験できるとは限りません。

ノゾミ　分かりました。

教授　さて、人の知性はかなり複雑多岐にわたっており一言では説明できません。そこで話の順序としてまず言葉・言語の成り立ちについてお話ししましょう。言葉は私たちのコミュニケーションや思考の骨組みと

なっている最も基本的な知的概念で、私たちも０歳から初歩的な言葉を習得し始めて、今日も使いこなしながら習得し続けています。

ナオキ　いきなり話の腰を折るような質問で申し訳ないのですが、人にはなぜそのような知性の習得能力が備わっているのでしょうか。

教授　最近では多くの動物が仲間同士でコミュニケーションをとりながら集団的に共通する規則にもとづいて行動していることが知られています。そしてこれが生存競争を勝ち抜く力になっていると考えられています。このようなことから、人間は多くの動物の中で特にこの能力が発達したために勝ち残れたと考えられています。

　人間になぜ大きな知性の習得能力が備わったのかと問われると、現在の科学では「過去にたまたま他を圧倒する知性の習得能力をもつ動物が現れてそれが人間となった」としか説明できないでしょう。

　さらに言うと、人間の言葉に関する知性はコミュニケーションや合理的な思考の範囲を超えて、虚構や笑いを生み出せるレベルにまで発達したのです。そこから新たな問題も生じたのですが。

　こうして老教授の話が始まりました。このとき教授のユニークで興味深い話と二人とのやりとりが以下につづくような幅広く奥深いものになるとは誰も思っていませんでした。

第1話

言葉・言語の成り立ちとその展開

●単語とその意味の成り立ち

私たちの単語の習得

教授 では私たちの言葉の習得、さらには先人たちによる言葉の成立過程を一つ一つ明らかにしてゆきましょう。

はじめに簡単な言葉づかいの約束事をします。

言葉の最小単位を「単語」といいます。言葉の体系を「言語（系）」ともいいます。日本語は一つの「言語」です。

単語を表す音、文字は、名、名前、呼称などといわれていますが、以下の説明をシンプルにするためそれらを一括して「名称」ということにします。

二人 わかりました。

教授 では最初に幼い頃の単語を習得し始めた頃の体験を思い出すことから始めましょう。子供に教えたことのある人はその方法を思い出すのも良いでしょう。親、家族らの先生役からある物が示されて、これに対応した物の名称、単語が教えられる。一つの物の名称が言えるようになると、他の物が示されてその名称が教えられる。これを繰り返すことで多くの物の名称を学んだでしょう。

ノゾミ はい、最初は何だったか忘れましたがたとえばミカンだとすると、お母さんがミカンを指し示して、「ミカン、ミカン」と言いました。なんだかよくわからなかったのですが、私がお母さんの言う通りに「ミカン」と言うとニコリと笑ってくれました。ミカンも食べさせてもらえました。これに気を良くして物の名称を次々と覚えていったように思います。

教授 そうですね。ミカンとリンゴを覚えると、両方を含んだ「果物」

という名称も教わったでしょう。

ノゾミ　せっかくミカンとリンゴという別々の名称を教わったのですが、両者を区別せずに「果物」と教わって頭が混乱しました。でもやがてミカンとかリンゴとか皮をむいて食べて甘酸っぱいものはまとめて果物と呼ぶということが理解できました。

教授　そうですね。人についていえば、父さん、母さん、兄、姉、などの自分との関係で定まる単語、家族、友達など共通の仲間を表す単語、一人一人についた人の名前、そして男女、子供、大人などさまざまな見方、方法で人を仕分けた単語を学びました。

ノゾミ　辞書には「名詞」と分類されている単語にも、いろいろな成り立ちがあるのですねえ。

教授　そうです。最もシンプルにものを表すと思える名詞であっても、さまざまな仕分け方で人、物事を区別、分類、特定しています。**名詞に限らず単語はほぼこのような仕分け方によって意味が定まったものです。そして、単語を表す音声、文字とはそのようにして定まる意味をそれぞれの音声、文字で表したものです。**この単語の意味と音声、文字による対応は仲間と共有されているため、音声、文字によりコミュニケーションができます。

　では名詞を終えて次に行きます。物事の一般的な関係を表す単語は、前後、左右、上下、原因・結果などいろいろとあるのですが、これらの単語も最初は具体的に二つの物事が示されてその関係として学んだでしょう。

ノゾミ　はい、そうですね。置かれる物が何であっても置かれる場所が何であっても、置かれた物は置かれる物の「上」にあると言えることを学びました。

教授　個数も物を一つ二つと順々に示されて覚えたことでしょう。

ナオキ　物が何であっても母が同じように一、二、三と順番に数えるのを目の当たりにしたときには頭が混乱したのですが、このような出来事が繰り返されて、さらに「数は物の違いとは関係ないよ」と教えられて、しぶしぶ数の概念を納得したことを覚えています。

教授　それによってナオキ君は数の概念を習得できたのですね。

ナオキ　はい。そこで質問です。「名称」とは特定された「具体的」な物事を指し示す単語で、数などの物事の種類によらない関係を「論理的」とか「抽象的」とかいうのでしょうか。

教授　いやー、そこまでシンプルには割り切ることはできませんね。

　日本語の辞書では単語は役割・性質の違いで「名詞」、「動詞」など10種類ほどに大分類されています。一、二、三は「数詞」といってさらに細かい分類となります。

　要するに単語の意味や用法は先人たちや私たちが会話の中で単語を使っているうちに習慣的に定まってきたものですから、それらの仕分けはシンプルではないのです。

　このような多様な単語、言語の性質に迫る早道は、はるか祖先の人たちが単語、言葉・言語を編み出してきた過程を推理することだと思います。

二人　なるほど、ではその話をお願いします。

言葉の始まり、単語の成立

教授　はるか昔、人類の誕生と同時的と思われる言葉の始まりを目撃した人はこの世には誰もいません。ですから今から説明する言葉の始まりは仮説です。

　しかし今日では動物の生態学が発達して、実にさまざまな動物が特徴のある行動をとったり鳴き声を交わしてコミュニケーションをとっていることが知られています。ですからここからの話は、このような合図を交わす動物の群れをヒントにして、さらに残された遺跡などを調査して集団生活をしていた原始時代の人々の生活に思いを馳せると誰もが推理できるものです。私の話もこの分野の専門家の話を参考にして組み立てたものです。

　先人たちが仲間にとっさに発した叫び声や動作の始まりは偶発的、恣意的なものであったでしょう。でも同じ状況で同じ音声や動作が繰り返し発せられると、その声や動作の指し示す事柄が仲間たちと少しずつ共有できるようになって、それが「**合図**」の役割を果たせるようになるでしょう。

そして知性の発達した先人たちは合図の便利さを知るにつれその種類を次々と増やしていったのでしょう。合図の音声や記号が「単語」の始まりでしょう。単語の数が増えてくると混乱を避けるためによく似た単語の区別、仕分け方も重要になります。

　以下の説明をシンプルにするために、実態とは異なりますが単語を表す音や文字をすべて「名称」ということにしましょう。

　ほとんどの名称の始まりは個人の思いつきで恣意的なものですから、一つの物事に複数個の名称がつくことがあったかもしれません。でもお互いにコミュニケーションしようとする意思が働き、やがて仲間の間で一つの名称に統一されてそれが習慣的に用いられるようになったのでしょう。このことは今日の流行語の始まりからも類推できます。

　人はそれぞれ自分を中心にして考え、家族の中で育つものですから、私、あなた、父母、兄弟姉妹などの自分を中心とした家族関係を表す単語は、早い時期に成立したのではないでしょうか。

　また、食べ物は生活必需品ですから、ミカン、リンゴ、クリなどの単語も早い時期に成立したと考えられます。

　ミカン、リンゴという単語と果物という単語のどちらが先に成立したのかは定かではありませんが、ミカン、リンゴというよりも「果物」と一括して表すと便利なことも多々あります。さらに果物というよりも穀物や魚などを含めて「食べ物」と表すと便利なことも多々あるでしょう。ですからこのような統合、分類、階層関係にある単語もどんどん成立していったのでしょう。

　成立した一つの単語が細分化されることもあります。

　リンゴの味にこだわる人がいると、リンゴの中でもこのリンゴが美味いなどといって、そのりんごを他のリンゴから切り分ける名称をつけるでしょう。このようにして人々が関心を寄せる物事の名称、単語は次々と細分化されていったのでしょう。

　階層構造となる単語や理論は、このような先人たちの知的関心により必然的に次々と編み出されたのだろうと考えることができます。

ナオキ　出来事を表す単語も同様にして生まれたのでしょうか。

教授　はい、人・物を表す単語の成立と同じような過程をたどりながら

物事の変化と動きを表す単語も次々と成立していったのでしょう。

　太陽の動きに伴う一日の変化を日々体験する中で、朝、昼、夕、夜、日などという単語が生れ、さらに大きな周期の変化を表す春夏秋冬、年などの単語が生まれたのでしょう。雨、風、嵐などの自然現象を表す単語もそれを仲間と体験する中から生れたのでしょう。

ノゾミ　私は先人たちの生活を知りませんが、先生の話されていることは自分たちの経験から想像できて真実味を感じますね。

教授　有難うございます。

　要約しますと単語の始まりとは、人が関心をもった対象から一つの意味を切り出してある音声や文字で表したもの、さらにその意味と表現法が対になって仲間と共有されたものといえるでしょう。関心には、今体験したことを表そうとするものや、すでにある単語を組み合わせて新たな単語を編み出そうとするものなどさまざまあるでしょう。

　はるか歴史のかなた、人類は世界各地で原始的な集団を形成して生活していたことでしょう。そのような人々が集団ごとに、ここまでに説明した単語の成り立ちの形をとりながら多くの単語を編み出していって、一つの言語をもつ集団を生み出していったと考えることができます。

多言語間の辞書が成立する訳──人間の知性の共通性

ノゾミ　では質問します。あなた − you、リンゴ − apple、走る − run、高い − high、すごく − veryなどのように日本語の単語の意味にピタリと対応した英語の単語があるのはなぜでしょうか。日本語と英語は別々に成り立ったはずなのにこの一致は不思議です。

教授　これは人間のもつ物事の認識方法が言語によらず共通だからです。

　例外はあるのですが、日常的に用いられる主な単語については、日本語と英語で文字、発音は異なるのですが意味がほぼ共通した単語があります。だから日本語と英語の間で意味の共通した単語を対にしてリストアップした辞書を作ることができるのです。他の主要な言語間にもこのような関係があるため、和独辞書、和仏辞書、和露辞書などが可能なのです。

　このようになった理由ですが、単語の「意味」といわれている単語で

表そうとした知的関心をもつ分野が人類にほぼ共通していた、さらにそこにある物事からある概念を単語として切り出して区別、認識する方法、単位までもが人類にほぼ共通していたからでしょう。つまり単語を編み出した人間の知性の性質は、世界広しといえども世界的に驚くほど似ていたのです。

　一方、先に「名称」と説明した単語の音声、文字による表現法の多くは、恣意的にバラバラに発生しました。それでも言葉の利便性を高めるために一まとまりの集団内では同じ意味をもつ単語は一つの名称に統一されていったのでしょう。ところが、交流の乏しかった他の言語集団との間には統一しようとする力があまり生じなかったのでしょう。

　これらのことは辞書を読めば推察できることですが、具体例で説明しましょう。次にあげる日本語の単語には、私の知る限りにおいて外国語の単語が対応しているようです。

　わかりやすくするために一応分類して書きますが、単語は定まった分類に従ってできたわけでもないのでこの分類は一例です。

　そういって教授はホワイトボードに次のようなリストを書き出しました。

単語──物事を認識して表現する単位

　　　人の関係：私、あなた、彼、彼女、父、母、友達、他人

　　自然のもの：太陽、月、昼夜、季節、空、晴天、水、川、木、花、動物、
　　　　　　　　植物、牛、鳥

　　人工のもの：道、家、ナベ、明かり、車、お金、仕事、家族、町、国、
　　　　　　　　規則、理論

　　人、物の動き：動く、歩く、抱く、飛ぶ、持つ、投げる、話す、食べる、変化

　　　心の動き：思う、できる、良い、好き、欲しい、美しい、困った、アッ！

　　　感　　覚：明るい、暑い、痛い、疲れた、楽しい、悲しい、重い、
　　　　　　　　赤い、美味い

　　位置・方向：上下、高い低い、左右、前後、東西南北

　大きさ、長さ、数：大小、長い、短い、一二三、……

　　　形　　状：直線、丸、四角、三角

　　　程　　度：大変、少し、普通、異常

　　　　　　　　　　　　……

教授 ここに挙げたものはよく使われている単語です。もちろんこの分類に納まらない単語もたくさんあります。リストの上から順に要点を説明しましょう。

人は日常的に人や自然現象に接しているので、その経験をいい表す単語は何語であっても必ずたくさんあるでしょう。しかし人工のものはどこにも存在するとは限りません。だからもし貨幣経済のまだない原始社会があれば、そこでは「お金」という単語は生まれないでしょうし、そこの住民にいきなり「お金」と言ってもその意味は理解されずキョトンとされるばかりでしょうね。

言語集団毎にバラバラに成立した概念、例えば宗教、習慣、神、正義などの意味も大枠として共有できてもそこに含まれた思いまで共有できるとは限らないでしょう。

体の動きを表す単語は物の動きを表す単語よりもずっとたくさんあります。この理由は人の関心が物より人の方に高いからでしょう。関心の高い事柄を表す単語が多くなるのは当然でしょう。

人の動きといっても動きが特定できない単語もあります。仕事する、努力する、ほめる、叱るなどで、これらの単語は動作の目的や気持ちと結びついた単語となっています。これも人の動作を目的や気持ちで表したいという人間心理の表れでしょうね。

心の動きを表す単語の多さも、そちらへの関心の高さを表していますね。たとえば物の好き嫌いについてはあまり多くの表現がないのですが、人を好くことに対しては、愛する、気に入る、贔屓する、尊敬する、親しいなどがあり、人を嫌うことに対しては、厭う、憎い、嫌悪する、忌む、嫌らしい、気障り、恨めしい、妬ましいなどがあります。人の人に対する心の動きは複雑かつ繊細なのですね。

ノゾミ 同感です。

教授 感覚も複雑かつ繊細で、たとえば絶妙な料理の味を言葉で正確に言い表すことは容易ではありません。

では説明をずーと端折って、物の種類には関係しない法則的な言葉を説明しましょう。

リンゴでもミカンでも一個は一個です。机の上でも手の上でも上は上

です。この例のように、位置、大きさ、個数、長さ、形状を表す言葉の
ほとんどは物の種類に関係なく使うことができます。赤い、重い、熱い
などの感覚を表す言葉のほとんども物の種類に関係なく使うことができ
ます。

　大小、長短、形状は目で見て判りますが、これらの関係と形状は数学・
幾何学で数値や図形で表すことができます。これらの言葉の意味は世界
で共有されています。これは世界共通の理論である数学、幾何学の裏づ
けがあるからでしょう。

　始まりの数学、幾何学は先人たちが経験的に編み出したもので、世界
各地で古代文明を支える骨組みとなりました。私たちもそれを経験的に
習得して日常的に用いています。このことについては後に詳しく説明し
ましょう。

　以上説明したように言語が違っても共通した意味をもつ多数の単語が
あるということは、人間の知性による物事を認識して単語として切り出
す方法が物事だけではなく、物事を関係づけるパターンにおいても共通
であることを表しています。また一対一に翻訳できない単語がそれほど
多くないということは、物事や物事の関係から単語として切り出す認識
単位が他には考えにくいことを表しています。

ノゾミ　今まで多くの言語間で辞書が成り立つことにあまり疑問は感じ
ていなかったのですが、異なった言語間の辞書が成り立つためにはその
ような条件が必要だったのですね。

教授　はい。世界各地に発生した人間の知性が同じようなパターンをも
つことでこの条件は達成されました。これは知的認識の必然的な性質だ
と思われます。もし宇宙に地球に似た惑星があり知的生命が住んでいれ
ば、地球人の辞書の項目を用いてその惑星語の辞書ができて、意志が通
じ合えるかもしれませんね。

　教授は満足げに笑みを浮かべて冷めたコーヒーを一口飲んで呼吸を整
えました。

分類学──言葉による階層的な分類

教授　参考のために単語による「分類学」についてお話をしましょう。

さきほど人々の知的関心によって階層構造を取りながら成立した単語のことを説明しましたが、「分類学」といわれている学問はこの方法を自然物、主に動植物の分類に用いたものです。

　たとえば動植物には「分類階級」というものがあって、大分類から小分類へ、界、門、網、目、科、属、種と分類されます。たとえば、ゴリラは動物門霊長目オランウータン（ショウジョウ）科、イネはイネ科イネ属です。一般的には途中の階級を省略することも多いみたいですね。

　今日ある分類学の始まりは19世紀にリンネが行った植物の分類とされています。科学理論に用いる言葉はすべて科学的に正確でなければなりませんから、その意味で物の観察と比較にもとづいて物の名称を科学的に決定する分類学は最も基本的で必要不可欠な科学理論といえますね。

　動植物の分類の方法は時代とともに外観によるものから内部構造へ、さらに最近ではDNA（遺伝子）によるものとなってきて、動植物の発生や変異の時系列的な変化、因果関係を科学的に関係づけるものとなってきました。

辞書の役割とトートロジー

ノゾミ　知らない単語を辞書で引くとその単語の意味は文字で書かれています。すると文字だりで単語の意味がわかります。これは単語の意味は個人的な経験を思い出したものという説明に反しているのではないでしょうか。

教授　辞書を引いて単語の意味を調べたときのことを思い出してください。知ろうとする単語の意味が辞書の中で、すでに学んだ単語のみで説明されていればその意味は完全にわかるでしょう。また説明に少しくらい知らない単語があっても勘、つまり個人的な総合的判断でわかることもあるでしょう。

　しかし説明の重要な部分に意味を知らない単語が出てくると元の単語の意味はわからないでしょう。仕方なくその知らない言葉の意味をさらに調べるとその説明の重要な部分にまた意味を知らない言葉が出てくることがあります。これを繰り返して元の言葉へ戻って結局なにもわからないという羽目に陥ることもあるでしょう。これは言葉の意味を言葉で

説明することの限界といえますね。抽象的な単語ではこの限界が露呈することがあります。

　といいながら教授は手元にあった電子辞書の『広辞苑』を調べ始めました。

教授　「上」という単語を引くと、「上」の意味ではなく、いきなり「物の上」という使用例が説明されています。

　「下」という単語を引くと、「上部・表面から遠い部分」と説明されて、上という単語の意味を知っていなければ理解できないような説明になっています。

　「直線」という単語を引くと、最初に「まっすぐな線」と単なる単語の読み替えで説明しています。この形は論理学では「トートロジー」といって無意味とされている命題です。

　「一（いち）」という単語を引くと「自然数の最初の数」という説明があります。そこで「自然数」を引くと「1から始まり、1につぎつぎと1を加えて得られる数の総称」とあります。ここにも1の意味の明確な説明がありません。

　論理的な欠陥のある説明によっても単語の意味がわかるのは、私たちがその単語の多面的な使用法を経験的に習得したからでしょう。

　私たちは体験できる事柄を表す単語から学び始めてそれに関係づけて複雑な意味や抽象的な意味をもつ単語を学んできたのです。そして最初はうる覚えであっても各自の経験的な意味や使用法の習得によってそのような単語の意味がわかってゆくのでしょう。

ノゾミ　わからない言葉は先生や先輩に聞くのが一番良いと教わりました。その理由がはっきりしました。

教授　そうですね。でも経験は個人ごとに異なりますから、先輩には失礼ですが変だと思ったらさらに確認を取ることも大切ですね。

●文の成り立ち

単語から文へ、そしていくつもの言語系の成立

教授 では単語を組み合わせた「文」の話をしましょう。

　単語はさまざまな物事を分かりやすく区別、分類して名づけたものです。そのような単語はいくつかを組み合わせて並べると、さらに細かい意味や個人の思いを表すことができます。だから単語を組み合わせて並べた文が生れるのも知的人間にとって当然の成り行きだったのでしょう。

　今日では文というと文章、書き物を連想しますが、文字のなかった時代の文はすべて語り・トークだったのでしょう。

　「私、あなた、好き」と「あなた、私、好き」の意味が区別できなければ誤解が生じます。ですから、文による誤解を防ぐためには単語を並べる順序に共通の決まりが必要です。このような理由で初めは各自が適当に並べていた単語の順序なども、少しずつ約束事として統一されていったのでしょう。これが文法の始まりと考えられます。

　では日本語、英語などの何種類もの言語（系）が生まれた理由を考えてみましょう。

　世界各地で成立した言葉における単語の表し方・名称、そして単語の順序は偶然的、恣意的に定まっていったため、多くの異なる言語集団が成立したと考えられます。

　歴史の教えに従うと、それらの言語集団は合従連衡を繰り返しながら徐々に大きな原始社会、そして原始国家に成長して、それに伴って言語も統廃合を繰り返しながら徐々に共有された言語系をもつ大きな言語圏を形成していったと考えられます。このような言語の成り立ちを考慮すると、言語系が異なると同じ物事を意味する単語であっても、その名称、表し方が異なり、同じ意味をもつ文であっても単語の順序が異なるのは当然で、一つの言語圏の中であっても完全に共有し切れていない言語としてさまざまな方言があるのは当然でしょう。

　動物の例でも同じ合図と思われる鳴き声が地域によって異なっていることが知られています。余談ですが、私の住いの近所のカラスは独特の

鳴き方をしていて、周りのカラスがその鳴き方を真似て応じていました。カラスにもそれぞれ違う鳴き方があるようですね。

ノゾミ　わかりました。復唱すると、

１）先人たちは言葉の便利さに気づいて単語の種類を次々と増やして集団的に共有された言葉の体系を作っていった。

２）交流のほとんどなかった遠隔地ではそれとは独立的に同様の過程をたどり共有された言語体系をもつ集団ができていった。

３）交流が広がるにつれてそれらの集団が統合されて大きな言語体系を共有した大きな社会ができていった。

　ということですね。

教授　その通りです。

文による多様な表現、言語圏ごとに生み出された文化

教授　単語から文への発展過程をさらに考えてみましょう。

　単語の順序や単語の変化形は相当自由に考え得るため、過去にはいろいろと試行錯誤があって、その中からそれぞれの言語使用上の約束事、習慣として徐々に選ばれて定まってゆき、それがそれぞれの言語の「文法」といわれる規則となって継承されてきたのでしょう。

　文法には語順の他にもその言語に固有の約束事、たとえば物の名称を単数と複数で区別する、物の名称を女性か男性に見立てて区別するなどがあります。

　ある程度発達した言語における文法に従った文によると「〜は〜である」「〜は〜ではない」という形をとる平常文と否定文、「私は〜を〜と考える」などの複雑な文、それらの文の関係を「だから」「しかし」などの接続詞でつなぐ方法、文の内容を過去や現在の出来事、不確実な推理、未来の予測などと区別する方法、語り手が語った文を聞き手の立場で言い換えるなどの方法も可能です。

　これに加えて、接頭語や語尾変化、助詞といわれるものなどがあり、それらによって文の意味は変化します。でも単語の意味が基本にあることには変わりません。

　文によると多様な意味を表すことができるのですが、ある程度発達し

た言語間であれば互いにほぼ翻訳可能です。これも言語が違っても人々が文で表そうとしたことがほぼ共通だったからでしょう。

ノゾミ　なるほど、日本語の単語と同じ意味をもつ英語の単語を辞書で見つけて英語で話せばある程度意味が通じること、文法に従って単語を並べるとなお正確に意味が通じることがよくわかりました。でも日本人にはわかりにくい英語独特の表現ってありますよね。

教授　強力なコミュニケーションの成り立つ一つの言語圏内においては、その言語固有の多様な文化が生れます。習慣、たとえ話、エピソードなどを題材としてさらに新たな表現が生れたとしても不思議ではないでしょう。今の日本でも突然に流行語などの形で新語ができたり、すでにある言葉の用法が変化することがありますね。このような言葉の変化はどの言語圏にもあって辞書にも書ききれないので、他の言語圏の人にはすぐにはわからないでしょうね。

ノゾミ　そこに翻訳の難しさがあるのですね。

教授　そうです。でも翻訳の難しさばかりを強調して、翻訳の可能性を矮小化する見方は問題だと思いますね。翻訳家や通訳者はこの翻訳の壁を乗り越えて、世界中の人々の思いが共有できるように努力しているのです。スマートに翻訳できなくても丁寧に背景から説明すれば翻訳の壁は克服可能でしょう。

ナオキ　昔、中国である商人が「この矛はどんな盾も通すことができる。この盾はどんな矛も防ぐことができる」といって矛と盾を売っていたら、ある客から「この矛でこの盾を突いたらどうなるのだ」と言われて返事に詰まった。この故事からつじつまの合わないことを「矛盾」というようになったということですね。

教授　そうです。日本語には中国由来の言葉がたくさんあります。日本では古代に話し言葉である「やまと言葉」が成立して、そこに中国から漢字が伝わってきたとされています。漢字は一字一字それぞれの意味をもつため、中国での読みを「音読み」とし、その意味に対応したやまと言葉を「訓読み」としたとされています。誰がこの作業をしたのか知りませんが、大変な作業だったでしょうね。

　世界的に見ても、異なる言語圏どうしの交流が進むと言葉は互いに影

響を受けています。

●言葉の性質

理論的思考法の三つのパターン

教授 ではさらに言葉と理論の関係を考えてゆきましょう。

私たちが経験にもとづいてある物事について理論的に考えようとすると、無意識的であっても直感的に、ⅰ）**言葉で階層的に分類、定義された物事**、ⅱ）**因果関係**、ⅲ）**数、数式、図**のどの理論的思考のパターンが当てはまるかということを最初に考えていることに気づくでしょう。このパターンをさらに説明しましょう。

ⅰ）**言葉による定義**の例として、単語や短い文ではなかなか言い表せない複雑な自分の思いがあった場合、相手の立場や理解度を考えながら多面的に説明する理論を考えるでしょう。これによって、相手の理解も深まってゆくことでしょう。これは私たちが物事を考えるときは全体的な見方から細かい見方へと進めると理解しやすいからですね。

先ほど分類学の話をしましたが、一般の科学理論にも共有できる意味をもつ科学用語が必要であり、言葉の意味は分類的でもありますから、科学理論は広く分類的思考で支えられていると考えることもできるでしょう。

次にⅱ）**因果関係**、を考えてみましょう。

私たちは日常的に多くの物事を「こうしたから、こうなった」、「ああすれば、ああなるだろう」というような因果関係で考えています。因果関係は言葉を用いて考える私たちの重要な理論的思考法のパターンとなっています。

私たちは因果関係を経験的に学びました。因果関係は単なる推理のパターンなのですが、人々が関係する因果関係を表そうとすると人の思いのこもった言葉を次々と用いることになります。

人は赤子、幼児、子供、少年、……、老人へと何段階も呼び名が変わります。人が欲するものについては、目標、希望、夢、ロマンなどと呼びます。その実現の可能性は、容易、できる、困難、できないなどという言葉で表現されます。結果に至る過程は努力、苦難の道、順風満帆、

容易になどといいます。目標が実現すればそれは、結果を出した、達成した、成功した、成就したなどといわれ、実現しなければ、失敗した、ハズレたなどといいます。

　因果関係とその可能性は人の生きがいや価値観を編み出す大切な枠組みともなっているゆえに、このような豊富な言葉が生まれたのでしょう。

ノゾミ　原因と結果となる物事はどのように考えて選択されるのですか。

教授　ノゾミさんもその選択方法は経験的に知っているはずです。たとえば自分が受験に失敗したとしてその失敗の原因を何だと考えますか。

ノゾミ　勉強不足、当日の体調不良、ヤマが外れた、などでしょう。

教授　そうですね。失敗するとふつう「反省」と称して過去の経験を思い出してその中から失敗の原因を特定しようとするものです。そしてこのような思考の経験を積むと、新たな目標に対して成功を得たいならば、「成功の要因となりそうなもの」を探し出してそれを実現しようとして、逆に「失敗の原因となりそうなもの」を回避しようとするでしょう。

ノゾミ　原因と結果はそんなに個人的に決まるものですか。

教授　少なくとも発想段階ではそうですね。一見客観的にみえる因果関係であっても人によって解釈が異なることは多々あります。

　でも個人的な因果関係であっても、周囲の人たちがその個人の立場を理解すれば共有することはできます。さらに立場を社会で共有できればその因果関係は社会的なものです。もしその因果関係が世界の誰もが納得して共有できるものであればそれは科学的な法則といえるでしょう。

ノゾミ　なるほど、個人の中では経験則を思い出しながら因果関係を考えますが、経験則であっても世界の人々と共有できれば科学的な法則といえるのですね。

教授　そうです。どちらも私たちの経験にもとづいていますからね。特に自然科学には世界の人々と共有できる因果関係を表す法則がたくさんあります。

ノゾミ　たとえばどのような法則ですか。

教授　例として「木を激しくこすると火がつく」という法則があります。これについては次回に予定している科学の成り立ちのところで説明しましょう。

因果関係と可能性は切っても切れない関係にあります。可能性を表す単語も可能性の高い方から、絶対、確実、ほぼ、多分、あり得る、ほとんどない、あり得ない、絶望的などといわれています。

　原因と結果の関係を表す言葉としては、移り変わり、過程、成り立ち、由来などがあるでしょう。

ノゾミ　なるほど、因果関係は個人的、人間的、社会的なものなどがあってそれぞれに重要なものですね。

教授　理解していただけたようですね。

　では最後にⅲ）**数、数式、図による定義**の方法です。数とシンプルな数式は世界的に共有されており、連続的な大きさを表すことができます。シンプルな幾何図形も世界で共有されています。これが、数、数式、図で表された物理・化学分野の科学理論が発展した大きな要因だと考えられます。

　ただし数、数式、図はそれ自身では言葉のような意味をもちません。ですから言葉による説明が必要で、理論に言葉が必要なことには変わりません。

　ある原因からある結果が実現する可能性の大きさは「確率」という数値で表すと共有されやすくなります。

　以上の思考のパターン、理論の形については、科学理論のところでさらに考えましょう。

ノゾミ　好き嫌いによる判断は理論的ではないのですか。

教授　**好き嫌いは今説明した純理論的な思考法、考え方の他に個人差のある感じ方が加わって定まります。**好み、感じ方は理路（理論的道筋）というよりも人間の複雑な心理が影響しますので「人間と社会の科学」のところで取り上げることにして、ここでは言葉の意味をさらに考えてみましょう。

二人　はい、わかりました。

個人の経験、心理に影響される言葉の意味

教授　言葉、単語の意味の難しい点は、同じ単語であってもその意味が多かれ少なかれ個人ごとに異なる経験、心理の影響を受ける点でしょう。

たとえば、甘党の人は「アイスクリーム」と聞いただけでよだれが出てくるかもしれませんが、糖尿病の人は複雑な気持ちになるでしょう。猫好きの人は「猫」と聞いただけで可愛い猫を思い描くものですが、猫嫌いの人はゾッとするでしょう。

　このような個人的な連想はその言葉を聞いたときの状況によっても変わってきます。

　「バカヤロー」と言われても、笑いながら言われたのであればむしろ優しさを感じるでしょう。「殺すぞ！」という恐ろしい言葉であっても、それがドラマの中の俳優のセリフであれば恐ろしさよりもスリルを味わう楽しさを感じるでしょう。

　このような訳で、単語の意味の核心にはもちろん辞書に記されたような社会的に共有された意味はあるのですが、それに加えてその言葉から想起される各自の経験やその場の雰囲気があるのです。ですから特に会話などでは、相手のもつ言葉に対する理解度、経験、自分と相手の関係、その場の雰囲気などに配慮しながら言葉を選ばなければ思わぬ誤解を生じることがありますね。

ノゾミ　そうですね。頭の薄い人の前で「ハゲ」という単語は使わない方がいいですね。

教授　んんん？

ノゾミ　アッ、すいません。

教授　ま、それはさておき、差別用語の話をしますと差別用語とはたとえ大部分の人が無関心であっても差別された経験をもつ人、特に社会的弱者がそれを聞くと嫌な思いをするものを指します。実態を見てみますと、性別、職業、人種など多くの差違が差別の原因となっています。差別用語の禁止は、個人的に感じられる言葉による差別、暴力を社会として防ごうという目的を持っているのです。

　今のノゾミさんの発言は、実はちょっと引っかかったのですが、和気あいあいとした状況ですからよしとしたのです。何でも自由に発言できる社会は大切ですが、時と場合に応じて差別と聞こえる言葉の使用を慎む配慮は必要ですね。

　人間社会は知的につながっているのですが、差別意識がその人間社会

を分断する大きな問題となっていることをまた改めて考えたいと思います。

ノゾミ　わかりました。

教授　ではここまでの話をいったんまとめてみましょう。

　人類の知性によって世界各地にさまざまな言語が誕生しました。偶然性のいたずらで言葉の表し方は言語ごとに異なりますが、どのような言語であっても言語を編み出した人々の知性の成り立ちが共通的であるため翻訳が可能で、翻訳によりその意味はほぼ世界中で共有できます。

二人　はい、よくわかりました。

主語と述語の大きな違い

教授　では言葉の意味の限界について、文章の主語と述語という関係から説明しましょう。

　「AはBである」という形の文のAを主語、Bを述語というのはご存じの通りです。

　「コンピューターは電子計算機である」のように主語と述語の意味が同等と考えられる場合に限って主語と述語は入れ替えても意味は変わりません。

　ある人がミカンとバナナを目で見て学習して「ミカンは黄色い」「バナナは黄色い」ということを知ったとします。でもこの知識から「黄色の例としてミカン、バナナがある」とはいえるのですが、「黄色は〜である」という黄色を例外なく決定する文章は作れません。黄色を決定するためには新たな知見が必要です。

　では質問です。「物は存在する」といえるとしましょう。では「心は存在する」といえるのでしょうか。

ノゾミ　はい、心は自分で感じて動かせるので存在するといえるでしょう。

ナオキ　物は目に見えて手で触れるから存在するといえるのでしょう。心は目に見えず手でも触れることができないので存在するとはいえません。

教授　意見が分かれましたが、とりあえずどちらも正解としましょう。

実は「物は存在する」といっても物の性質・属性を表しているだけで、物以外の心などが存在するかどうかは定まりません。「存在とは〜である」という存在の意味を定義する文がないと心は存在するかしないかは論理的に決定できないのです。ですから「心は存在するかしないか」は新たな問題として考える必要があるのです。

ナオキ　確かにそうですね。

「存在」と「我」の意味

教授　「存在」という言葉は日常的にさまざまな場面で用いられています。その意味を経験的に考えてみましょう。

「私、あなた、物は存在する」といった場合、存在という言葉は私、あなた、物を明確に認識できるという意味で使用されているのでしょう。

「日本国は存在する」といった場合、個人的に日本国全体を知っているわけでもないし、ある土地を見ただけではそれが日本国かどうかも判断できないのですが、私たちは経験的に得たさまざまな情報を総合して存在すると判断していますね。

科学理論ではあまり存在という言葉は使わないのですが、観察できること、理論で表せることを「存在する」ということもあります。

数学ではある問題に対して解が得られる場合に「解が存在する」といいます。

さて、話は17世紀のフランスとなりますが、デカルトは当時の欺瞞に満ちた社会を憂い、「すべてを疑うと何が残るか、残ったものが真理だ。それにもとづき神の存在が証明できるだろう」と考えて、「我思う、ゆえに我あり」という言葉にたどりつき、これを思考の出発点となる真理だと考えました。この言葉を疑うと考えることすらできなくなるためです。

そこで言語から少し外れますが、デカルトのこの言葉をヒントにして、科学的、経験的に「我」、「存在」という意味、概念をさらに深堀してみましょう。

教授　ノゾミさん、君は幼いころから「私」という言葉を知っていましたか。

ノゾミ　周りの人が自分のことを私、僕、オレなどというのを聞き覚え

て使い始めたと思います。でも幼い頃は「私」の深い意味はわかっていませんでした。

ナオキ　深い意味とは何ですか。

ノゾミ　一緒に遊んでいた仲間をいじめたときに、母から「ノゾミだっていじめられたらいやでしょ。他の子供もノゾミと同じように感じるんだからね」といって叱られました。このことは薄々感じてはいたのですが、母に言われて「そうなのだ、他人も自分と同じなのだ」と納得したと思います。

ナオキ　それでいじめがなくなったんだ。

ノゾミ　すぐには改まらなかったけれど、他人も自分と同じなのだという意識は自分の中でじわじわと効果をだしましたね。

ナオキ　自分と他人は同等だということはなんとなくわかるのですが、自分は自分の身体に宿る精神とか魂とかいう自分の意識で成立していると思います。すると自分はなぜこの身体と精神をもっているのでしょうか、なぜ私はノゾミさんではないのでしょうか、この点が不思議です。そこをわかりやすく教えていただけると有難いのですが。

教授　承知しました。そのことに迫るためにもう少し言葉から離れて「自分」の成り立ちを考えてみましょう。

　ある程度、自分と仲間たちとの関係がわかってくると、仲間が自分をどのように思っているのか、自分は仲間たちに好かれて受け入れられているのかどうかなどを意識するようになるでしょう。さらに成長して社会人になると、社会の仲間たちに対しても同様の意識をもつようになるでしょう。

　このように考えると、自我意識は仲間意識と切っても切れない関係にあり、他の人たちや社会に対する個人の考え方、感じ方の重要な要素となっていることがわかるでしょう。

　つまり、自意識・自我意識の成り立ちには、自分を成り立たせている自らの身体感覚と過去のさまざまな経験の記憶があり、これに、自分と他の人は区別できて、他の人も同じような身体、感覚、感情をもち、同じように思考する人間である、という認識が加わったものでしょう。

　もちろん「自意識とは何だろう」と論理的に考えたときには「自意識

とは何だろうと考えながら我が身体を感じている自分がいる」というデカルトの考えたことが成立しますので、これも自意識の形成に関与しているでしょう。

ナオキ　つまり自意識とは、仲間と自分との関係についての経験、身体感覚、「自分を考える自分」という論理などが複合された概念なのですね。

教授　はい、そうだと思います。

ノゾミ　ではなぜ自分の意識は選りによってこの身体に宿ったのでしょうか。

教授　無限にある生命体の誕生の可能性と無限にある意識の可能性を前提にすればそのような疑問も起こるでしょう。でも自分の意識は自分の心身が経験を積むにつれてそこに芽生え育ったものでしょう。ですから自分の身体を取り換えることはできません。

　動物の中でも特に群れで生活する動物たちの間には、視覚、臭覚などの感覚全体にもとづいて、仲間意識・親近感・個体と全体の関係が成立していて、それにより動物たちが群れを作り生存に役立っていると考えられます。仲間意識と自意識は相互依存の関係にあると考えると、動物にも自意識に類するものがあるのではないでしょうか。

ノゾミ　なるほど、「我」を含めて人の考え方、言葉の意味は経験にもとづいたものであることがわかってきました。

言葉の意味のあいまいさの功罪

教授　言葉は自分の考え方、感じ方を他の人に伝える手段としてなくてはならないものです。でも言葉で伝えられる情報は語り手の思いのほんの一部だという弱点があります。「百聞は一見に如かず」ということわざがあるように、ある人が見たもの、経験したものを他の人に言葉でいくら伝えても伝えきれないものです。

　言葉によれば何事も区別できるのですが、その区別にはほとんどの場合あいまいさ・個人差があります。美しい↔醜い、美味い↔まずい、正気↔狂気、健康↔病気、などがその典型的な例で、これらの言葉を用いた場合、個人差の大きさに驚くことがあるでしょう。ただし、好き↔嫌い、楽しい↔つまらない、などの区別は本来的に個人的な問題と理解さ

れているため個人差はあまり問題とはならないでしょう。また、数学用語、科学用語は世界共通に定義されているため本来的に個人差はありません。

　文章にすると言葉の意味のあいまいさは多少補えますがそれでも誤解は生じます。

　たとえばある人が「私は将来医者になります」と語ったとしても、その一言ではその人がどれぐらいの覚悟をもって医者になる努力をしているのかは正確には伝わらないでしょう。ましてや将来のことは多かれ少なかれ不確定です。どれほどの確率でそれが実現するかまではなかなか分かりません。

　多くの場合、自分の思いとは自分だけのさまざまな思考・経験を積んだ複雑な思いです。それを既成の汎用的な言葉で相手に正確に伝えようとすると、自分の説明に対する相手の反応を見て相手の理解度を推察しながら、さまざまな角度から繰り返し説明するしかないのです。

　法律は明確に違反となる行為を記述しているはずですが、法律の条文の意味にもあいまいさがあり、解釈の余地が残っています。ですから裁判では被告の行為の事実認定とともに、その行為が違反となるか否かについて法律を慎重に解釈して判決を下す必要があるのです。

　民主主義か多数の横暴か、区別か差別か、事件か事故か、病気か気のせいか、などの区別もよく問題になりますが、これらは言葉の意味を知った上での物事の解釈の問題といえそうです。多様な物事を一言ではいい表せないことはよくあることです。

ノゾミ　そうですね。会社の組織的な仕事ではコミュニケーションが不足するとうまくいかないということは日常経験しています。複雑な情報は適切な説明の場を設けて視覚なども活用するとよく伝わりますね。

教授　先に話したように、言葉の意味は言葉を交わす場、環境の影響も受けることにも注意が必要でしょう。いきなり「お前を殺す」といわれるとドキッとしますが、小説の中や冗談の場では気にならないでしょう。

ノゾミ　その通りですね。だから小説は気楽に楽しめるのですね。冗談か本気か分からないことを言われると困ることがありますね。

教授　文芸作品は虚構であっても、いやむしろ虚構と承知しているから

こそ人の想像力を現実から解き放つことができるのですね。読者は無意識的に自分の経験をベースにしつつも、その作品の提示する経験を超えた虚構、ファンタジーの世界に入り込むことでその作品に魅了されてゆくのでしょうね。

ノゾミ　全くその通りです。子供の頃はただ楽しいあるいは悲しいおとぎ話に夢中になっていたのですが、社会経験を積むにつれて複雑な人間心理、人間関係をテーマとした小説が好きになってきました。

ナオキ　私も探偵小説やSF小説は大好きです。

教授　文芸作品に限らず、テレビでは落語、お笑いなど私たちの大切な日常の楽しみが提供されています。これらの面白さも言葉の意味のあいまいさ多様さから生まれたものでしょうね。

ナオキ　ところで、言葉の意味は共有できるという説明を最初に聞いたのですが、後になって言葉の意味はあいまいだという説明を聞きました。どちらが正しいのですか。この質問のおかしさは自分でもわかっているのですがあえてお聞きします。

教授　二者択一的なその質問にはお答えできません。私の説明を要約しますと、言葉によると人は思いを伝え合うことができる、でも言葉、とくに単語の意味はその人の経験にもとづいているため人によって異なり一面的であることもあるということですね。

　このような言葉の性質上、物事は「AはBである」と断定するのではなく、「AはほぼBである」とか「AはBだと考えます」と言って、さらにその理由を説明した方が正確に伝わるでしょう。

ナオキ　そういうことですね。

ノゾミ　でも「私はあなたをほぼ愛しています」といっても愛は伝わりませんね。

教授　なるほど！　言葉は聞き手の心理まで考慮して用いねばなりませんね。

　人はあいまいな表現は正確であっても歯がゆさを感じるためか、何事につけても断定した表現を好みます。ですから正確には「AはほぼB」であることを人は「AはBである」と断定するのでしょう。でもこれは言葉の意味や科学に対する誤解を生みだしているように思えます。

この講話は科学を重視していますので、断定できないことは断定しません。だからといって「歯がゆいはっきりしない話だ」と思わないでください。

二人　講話の目的を心得ていますので心配ご無用です（笑）。

●言葉の周辺

AIと言葉

教授　言葉を説明しましたので、言葉とAIの関係を話しましょう。

　AIの自己学習機能は、人の体験に例えることができるでしょう。ディープラーニングではそれを人を模した思考法で再構成するのですから、人に似た経験が習得されると考えられます。AIはこれに加えて正確で高速の情報処理能力をもっているのですから、人間はこの点では太刀打ちできません。

　でもAIの活躍できる場は限られています。AIの動作原理は数値にもとづいているため、人のように感覚にもとづいて言葉の意味を学習できません。つまりAIは体験的、感覚的な言葉の意味を知りません。言葉も文章もすべて数値の羅列に過ぎないのです。

　AIが質問に答えるとは、数値に変換された相手の質問にもとづき、最適とみなせる数値回答を選びだし構成して言葉に変換して出力しているのです。

　辞書をインストールすると単語の意味を答えるAIが作れます。頻出する短文の質問とその回答をインストールすると簡単な日常会話がこなせるようになるでしょう。

　新たな質問と回答を自己学習できるようにすると最初にインストールされた辞書よりも対応できる範囲はどんどん広がります。でも動作原理は辞書を引くこととほぼ同じです。

　記憶容量の制限がなければ長文とその回答もすべて自己学習できるのですが、記憶容量には限界があります。ですから長文は短文に分けて、辞書上でよく似た文を探し出して、その文に対して回答するというロジックをプログラムする必要もあるでしょう。

　このようなAIは学習を積むと言葉の意味や感覚を知ったふりはできるのですが、それは数値操作で得られた解答にすぎないのですから、未学習の会話では馬脚をあらわす可能性は決してゼロにはならないでしょう。

ノゾミ　そうですね。先日AIの作った俳句を見たのですが、それは模

範的だけれどハッとする独創性をあまり感じませんでした。

ナオキ　そのAIの作った俳句というものも人が選別したものだと思うよ。AIは俳句の意味や人の心の機微を知らないから、ただ自己学習した多数の優秀な俳句を模倣して作ったのでしょう。ノゾミさんの見た俳句はその中から俳句の達人が選びだしたものだから模範的な俳句なのじゃないのかなあ。

ノゾミ、教授　なるほど。

教授　さて、AIについては話が尽きないのですが、時間も遅くなるので残る話はまたの機会にしたいと思います。

　言葉は多様な人間の精神活動をどこまでも表そうとする試みによってどんどん複雑化しました。浅学無知の私ですらまだ説明したいことはあるのですが、基本的なことはほぼカバーできたと思いますので、これで私の言葉の話を終えたいと思います。

ナオキ　私にもよくわかりました。結論は常識的で多くの人々にも大いに納得できるものだと考えます。

　ところで、AIに用いられている数学の成り立ちも言葉の成り立ちのように説明できるのでしょうか。

数学の入口──数の概念と四則演算の成り立ち

教授　できます。数学の成り立ちは改めて説明する予定ですが、それまでのつなぎとして数学の入り口の話をしておきましょう。

　世界の文明が土木測量技術や貨幣制度に支えられて発達したこと、それには数学が必要であることは明らかです。ですから数学は正に人間の知性を動物と分けるものです。

　最近の科学理論の中でも数学は広く用いられています。これは数学が世界で共有されているからでしょう。

　この数学の成り立ちも言葉と同じように経験的なものとして説明できます。

　物の個数について教えられた時のことを思い出してください。先生役の人から指や物を一つ、二つ、三つと示されて覚えたことでしょう。

ナオキ　はい、私は物の種類が異なっても種類に関係なく１、２、３、・・・、

と順番に数えられたときには頭が混乱したのですが、数は物の種類には関係ないと教えられてしぶしぶ納得しました。

教授　誰もがそのような経験・学習によって、**数えられる物であれば何でも１、２、３、・・・、と数え上げることができる。数え上げるにつれて数は大きくなる**、ということを学んだことでしょう。

　数え方をある程度理解できると、同時並行的に、１＋１は２とか、１＋２は３という「足し算、加算」を指や物を使いながら教わったでしょう。加算が理解できると次に加算の逆の計算である「引き算、減算」を、１＋１は２だから２－１は１であると教わったでしょう。

　加算、減算を理解すると次に「掛け算、乗算」を加算の繰り返し、つまり２×３は、２＋２＋２、そして３＋３であると教わったでしょう。

　その後、大きな数については、９の次の数は10、99の次の数は100という「桁どり」の方法も習いました。先人たちの編み出したこの方法によって、数はいくらでも数え上げてゆくことが可能になったのです。

　乗算ができるようになると次に「除算」を乗算の逆の計算として、つまり２×３＝６だから、６／２＝３さらに６／３＝２であると教わったでしょう。

　ピタリと個数を表す数を「自然数」や「整数」というのですが、除算によると1／4などのピタリと納まらない数値である「分数」で表せること、さらにしばらくして1／4を0.25という「小数」で表す「割算」も学びました。

　そして分数や小数が１個の物や１という長さを分割した大きさであることも学びました。概略このような理論・法則を「四則演算」といっています。昔は「算術」といいました。

　このような数の大小関係と四則演算の方法は世界共通であるため、数値と四則演算についても１＋１＝２など万国共通の表現法が可能です。

ノゾミ　小数と分数は何が違うのですか。

教授　小数も分数も大きさを表す数値であるという点では同一です。同一の数値は＝で結べます。ですから1／4＝0.25と表せるのです。小数と分数の違いは表現法の違いだけなのです。

ナオキ　でも小数と分数の違いが集合論の基礎になっているのではない

でしょうか。

教授　よくご存じですね。その通りです。でも集合論はここまでに説明した経験的な数学とは生まれが異なります。そのことは後日、現代の数学を説明するときに説明することにして、とりあえず今日の説明はここまでとしましょう。

ノゾミ　私は数学嫌いですが、ここまでの説明はよくわかりました。

ナオキ　私にもよくわかりました。

●言葉、言語が生み出した多様な精神文化

言葉が表す世界の際限のない拡張

ノゾミ　文芸に限らず言葉によって人間社会は発展しましたね。

教授　はい。人々はその社会の言語、言葉によってさまざまな思いを社会的に共有できるようになりました。

　昔の人々は嵐、日照り、疫病などの原因不明の出来事はすべて神々がもたらすと考えていたようです。人々は事あるごとに、無病、豊作、戦勝など神に祈る儀式を行っていたと考えられています。そこでは神官や祈祷師が祈りを捧げ、神に扮した人たちが登場する演劇も捧げられていたでしょう。

　このようにして言葉の役割は仲間と情報を共有することから、神に願いを託し、神によるお告げを伝えるものへ拡大しました。祭事に関係して多くの神話も生まれたことでしょう。

　社会体制も言葉によって大きく変わっていったのでしょう。同じ言語集団に属する人たちはさまざまな個人的な思いや情報を共有できて、それが彼らの大きな求心力となったでしょう。

　言語集団の中には、言葉を悪用して人をだます悪人も次々と現れるのですが、言葉によるとその社会の誰にでもわかる社会の掟を作ることができるため、そのような悪人を公平に取り締まることもできたでしょう。

　言語集団では、リーダーは武力ではなく演説によってリーダーシップをとることもできます。古代ギリシャの都市国家は「民主主義」といわれるそのような方法で統治されて、そこでは体験できる物事の関係を法則的に考える「科学」や、物事の根本を考える「哲学」という思考法も生れまれたといわれています。

ノゾミ　古代ギリシャ文化は偉大だったのですね。

教授　はい、2000年を経た今もその文化は相当に残っています。でも世界中に誕生した多くの文化の一つであることも確かです。

　さて、言葉がある程度出来上がり、生活に余裕ができてくると、言葉がさらに空想を膨らませる手段、笑いを生み出す手段として発達したと

しても不思議ではありません。

　日本にも和歌や物語は古くから伝わってきました。世界最古の小説といわれる紫式部の『源氏物語』は、当時の貴族社会を題材にして虚実を織り交ぜながら人の心の機微を描いており、今でも世界で読まれています。

　江戸時代になって社会が安定すると、特に庶民の文化が花開いたと言われています。言葉の文化に限っても、俳句、落語、歌舞伎、万歳、等々が生れました。情報を早く広く伝える瓦版も生まれました。

　しかし言葉によって問題も生じました。

　言葉は情報を共有するために編み出されたものです。これを少し曲げて知的な楽しみを作り出すことまでは歓迎されるでしょう。ところが今や事態は様変わりしました。

　世界中に自由に情報が飛び交う現代では、国家、民族、信条などの違いによる価値観の違い、生活レベルの違いなどがあからさまとなり、これによって世界の人々の対立が激化しています。

　そして「正しさなど何もない。自分だけが正しいのだ」と考えて紛争の解決を策略、武力、主義、信条などに委ねる事態が発生しています。言葉を編み出した先人たちの思いとは真反対に、言葉が権謀術数、だまし合いの道具に使われていることは大変残念ですねえ。

ノゾミ　言葉によると嘘もつけますからね。

教授　全くその通りです。言葉はその成り立ちに沿って素直に用いると仲間と理解し合えて仲良く暮らすことができるのですが、曲がった用い方をすると人をだましたり争いに火をつけることもできます。言葉は諸刃の剣です。言葉を用いる私たち一人一人の責任は重いのです。

知性の始まりを先験的とみなした西洋の思想

ナオキ　先生の話は大いに納得できました。実は私は言語、数学、科学の成り立ちを知りたくて市販の本をいくつか読んだことがあるのですが、これまでに提唱されてきたさまざまな分析的な見方を紹介するだけでよくわかりませんでした。ですから逆にこのように常識的で具体的で誰もがわかりそうな言語の成り立ちがほとんど説明されてこなかったことに

疑問を感じます。

教授　私も最初はナオキ君のような疑問を持って、私のできる範囲で再検討したり文献調査をしましたが、自分の見方に問題点は見つけられませんでした。

ナオキ　なぜそうなのか不思議ですね。

教授　でもその理由として西洋には伝統的な思考方法があることに気づきました。

　　古代ギリシャでは言語、論理、数学などの基本的な知性を「ロゴス」といい、「先験的」、つまり経験に先立って存在するものと考えて、このロゴス思想にもとづいた「ギリシャ哲学」が発達しました。

　　ギリシャ哲学は西洋に広まり「西洋哲学」となり、日本でも明治の文明開化によって西洋にならって設立された大学の教育に西洋哲学が取り入れられ、その後知識層に普及しました。このため人間の知性の原理を説いた書物も西洋哲学の影響を受けたものとなり、これがそれらの書物で知性の経験的な成り立ちを論じることなく、分析的に論じるようになった原因となっているようです。

ナオキ　古代ギリシャといえば紀元前の話ですよね。紀元前の石造の遺跡が残っているのは解りますが、思想文化もそんなに永くつづくものなのですか。

教授　キリスト教だって2000年つづいています。7日を1週間とする制度に至ってはそれよりもはるか以前のバビロニアですでに用いられていたということです。

　　社会に広がり定着した考え方は、そのまま継承すれば無難で居心地もよいものです。ですから、一度定着した考え方は長続きする習慣、制度、文化などとなり強い慣性力、持続力をもつことになるのでしょう。これを変革しようとすると強い反作用力が生じるものです。

　　このような理由で、広範囲の理論の原理の書き換えを迫られることになる私のような見方には日本の知識人も敬遠せざるをえないのかもしれません。

ナオキ　なるほど、日本にとって外来の文化、思想であっても一度日本に定着すると強い慣性力が生じるのですね。

ノゾミ　私は「人生哲学」というように「哲学」という言葉を哲学の起源を知らずに気軽に使っていました。それは誤りなのですね。

教授　いいえ。言葉の意味や用法は時代や社会によってよく変わることがあります。「哲学」もそのような言葉ですから誤りとはいえません。ここではオリジナルの西洋哲学の影響を説明するためにオリジナルの哲学の話をしているのです。

ナオキ　なぜ西洋哲学では知性の原理は経験に先立つものという見方にこだわったのでしょうか。知性の原理を石造建築のように強固なものとしたかったのですかねえ。

教授　そうかもしれません。旧約聖書にも「言葉は神から授かった」と記されています。でも、哲学が重視する論理的思考自身にも原因がありそうです。

ナオキ　それはどういうことですか。

教授　この問題に深入りすると今日のテーマである言葉の成り立ちからどんどん離れてゆくのですが、まだ時間もありますので、今日は西洋哲学の問題点を時間の許す限り徹底的に議論したいと思います。いいですね。

二人　はい、願ってもないことです。

●西洋哲学がもたらした様々な問題

経験よりも論理を優先した「論点先取の誤り」

教授 古代ギリシャで言語、論理、数学などの基本的な知性を「先験的」、つまり経験に先立ち存在する「ロゴス」と考えたことについては、ギリシャ哲学の論理面に大きな影響を与えたとされているアリストテレスが指摘した「論点先取の誤り」という問題もあったと考えられます。これは「ある理論の正しさを論証するに当たってその理論の正しさを利用することは誤りである」というものです。

　論点先取の例として「彼は正直者だ。だから彼の言うことは正しい」という論法があります。これは「彼の言うことは誤り」という選択肢を最初から除いているので論理的には論点先取の誤りとなります。でも実態を考慮すると論点先取は必ずしも誤りとはいえません。

　私たちは物心のつくころに、指折り数えて１＋１は２である、１＋１＝２は正しい、と学びました。それにつづく四則演算や数学も正しいという前提で学びました。

　このように理論の学び初めは論点先取の形です。このような理論がなぜ正しいのかというと、学んだ理論にもとづいて次々と編み出される理論が全体として整合的で矛盾が生じないからでしょう。

　言葉の学習も同様です。私たちは物心のつくころに、リンゴを示されてリンゴと学び、ミカンを示されてミカンと学びました。怪訝な顔をすると「リンゴはリンゴだ」と諭されました。この学び方も論点先取の形です。でも学んだ言葉を自分で用いてみるとそれが有効であること、正しいことが納得できました。

　つまり私たちは数学や言語を最初に論点先取の形で教わったのです。先人たちが仲間どうしで共有できる正しい理論や言語を経験から編み出すことができたのも、仲間どうしで共有できる思考やコミュニケーションの方法を形式的な論理だけに囚われずに、試行錯誤的にジェスチャー、表情などの論理以外の方法を交えて編み出してきた結果でしょう。

　その結果として整合的な理論体系がある程度出来上がれば、その中の

個々の理論は「理論体系全体が正しいから正しい」と考えることができます。このようなことから、論点先取は私たちが正しい理論を習得する過程で必然的に生じる論理の形で、私たちは論理以外の方法によって論点先取を乗り越えて正しい理論を次々と習得していることが理解できるでしょう。

　言葉は矛盾やあいまいさを含みながらもさまざまな理論を構成することができます。これを「言葉の理論体系」といいましょう。よく考えてみると、論点先取とならない正誤の判断とは、「1＋1＝2と1＋1＝3のどちらが正しいか」とか、「ミカンは黄色か、赤色か」などの、ある程度正しく出来上がった同一理論体系内の理論どうしの比較において可能であることがわかります。

　数学理論と言葉の理論との直接の比較は困難ですから、「理論の正しさは各理論体系内でつじつまが合っていることによってのみ証明できる」ともいえるでしょう。

　ですから、理論の始まりを「原理」ということにすれば、**論点先取の形を避けた哲学では原理の正しさを論じることはできない、だから原理を経験に先立ち与えられたものと考えざるを得ない**、ということになります。

ノゾミ　すると西洋哲学は自縄自縛状態になっているのですね。

教授　そうだと思います。

ナオキ　「理論体系」という言葉は初めて聞くのですが、数学と言葉の理論体系は異なるのですね。

教授　はい。現代では数学、論理学、言葉は一つの理論体系で、その基礎に「集合論」があると考えられているのですが、その方がおかしいと思います。私たちは語学と数学を分けて教わりました。そして言語と数学を分けて考えています。ですから言葉の理論体系と数学の理論体系は異質で独立していると考えられます。このことは今後折に触れて説明してゆきましょう。

ノゾミ　私は語学は好きですが数学は嫌いです。ですから言語と数学は別々と考えた方が経験にも一致しますね（笑）。

ナオキ　どちらにしても、西洋哲学では原理の正しさは論証できないの

ですね。

教授　できません。原理の正しさを論証しようとすると、「正しいものは正しい」という論点先取の形となりますからねえ。これは論理学では「A＝A」と表して、「トートロジー（同語反復）」といって無意味な形として嫌われています。

　余計な話かもしれませんが、「彼は正直者だ」という話にもどって考えてみると、彼が嘘をつけば彼が正直者であることは直ちに否定できます。ところが「彼は正直者だ」ということを証明しようとすれば、彼自身による日々の正直な言動の積み重ねでしか証明できません。理論の正しさによく似た形ですね。

ノゾミ　なるほど、教訓になる面白いたとえですね。

ナオキ　でも哲学者は最後の手段として「たとえすべての原理が経験から編み出されたことが説明できたとしても、原理がそれ以前にあったからこそ、それを経験的に習得できたのです」と反論するかもしれませんね。

教授　その通りです。物事の起源をどこまでもさかのぼって、この世は天から与えられたと考えると、この世のすべての物事は天与のものとなりますから、これに反論はできません。でも私はこの世が天与のものか否かを議論しているのではありません。私はただ「人の知性は経験から編み出されて誰もが経験的に習得できている」ということを主張しているにすぎないのです。もちろんこの見方は究極の理論ではなく、これを認めると「知性を経験的に習得する能力を人はどのようにして獲得したのか」という新たな疑問が生れます。でもこれは当然のことで、未知の疑問点を一つ解決することで新たに生まれる次の疑問点を考えることは科学的思考そのものなのです。

ナオキ　すると哲学者にも「理論の原理を経験的に習得する能力は経験に先立つものだ」と主張する余地が残っているのですね。

教授　はい、哲学者に一歩下がってそう言っていただくことになれば本望です。

西洋哲学における「経験」の扱い、科学との違い

教授 ここまでの話を要約しますと、西洋哲学は言葉、論理、数学など
を先験的な、つまり人が経験に先立って持っている原理、知性とみなし
て、その経験的な成り立ちには言及していないこと、その大きな理由と
して、論理を優先した哲学で論点先取の誤りを避けるためと考えられる
ことを説明しました。これが西洋哲学、論理学、言語学などを特徴づけ
ています。

ナオキ 経験を論じる哲学というのはないのですか。

教授 経験論とか経験主義といわれている哲学の流れはあります。でも
そのような哲学も、理性ともいわれている言語や論理などの方法は経験
に先立ち人に備わったものである、という前提に立って経験を論じたも
のです。

　哲学界の巨人ともいわれているカントは経験論の流れを汲んでいます
が、彼が19世紀に著した代表的な著書『純粋理性批判』では、理性を論
理的な「純粋理性」と応用的な「実践理性」に分けて、純粋理性は先験
的に備わったものであることを論じています。

　もう一例紹介しましょう。西田幾多郎は西洋哲学にインド哲学を加味
した『善の研究』の著者として有名です。その中で彼は、我々、そして
宇宙は「純粋経験」「知的直観」により深奥において統一されていると論
じています。私はそれを読んだとき神秘性を感じ感動しました。

　でも今よく考えてみると、「純粋理性」「純粋経験」「知的直観」のすべ
ては、体験が経験として咀嚼され記憶される人の心の働き、そして言葉、
数学、科学を編み出して用いている人の心の働きとして説明できるので
はないでしょうか。

ノゾミ なるほどそうですね。でも神秘性がなくなるのは残念ですね。

教授 いいえ。森羅万象の宇宙の中から知性を編み出して様々な文化を
築いてきた人間自身だって十分に神秘的な存在でしょう。

　哲学の流れを汲む心理学でも経験はあいまいであると論じられており、
その典型的なものは「夢と現実の区別は相対的である。だからこの世は
すべて夢の中にあるとも考えられる」という説です。「感覚は相対的で当

てにならない」ということもよく論じられています。

　しかしこれに無条件には同意できません。**感覚や経験などにあい̇ま̇い̇さ̇があるからこそ、先人たちはその中から誰もが納得して共有できて仲間に意志を伝える方法、考える方法として言語、数学、科学などといわれている知性を努力して編み出してきたのです。**これはこの講話のメインテーマです。

論理学

　「論理学」と呼ばれている学問はロゴスを用いた哲学的思考法の骨格といえるものです。参考のためにこの論理学の概要を説明しましょう。

　「真」「偽」の判定が可能な「～は～である」の形の文を「命題」といいます。

　A、Bをある名称または命題とすると、主なAとBの論理関係と推論規則は次のようなものがあります。（　）内は論理式です。

　そういって教授は次のように書き出しました。

論理関係
- AとBは等しい$(A=B)$、これは$(A \leftrightarrow B)$とも表す。
- AおよびB$(A \land B)$
- AまたはB$(A \lor B)$
- AはBではない$(A \neq B)$
- AならばB$(A \rightarrow B)$、これはAはBに含まれる、$(A \subset B)$とも表す。

推論規則
- 排中律：$(A=B) \lor (A \neq B)$
- 推移律：$(A=B) \land (B=C) \rightarrow (A=C)$

教授　これらとは違って、AはAである（$A=A$）、という論理は形の上では正しいが、新たな意味をもたらさないので、「トートロジー」といわれています。

ナオキ　数学の場合は同一の値が＝で結ばれていますがトートロジーで

はないのですか。

教授　「花は花である」や「２＝２」など表現法も含めて同一の場合に限ってトートロジーといいます。その他の場合は、命題、定義、解などといいます。たとえば「１＋１＝２」は「１＋１の解は２」であることを表しています。

　Ａ＝Ａですから「ＡはＡではない（Ａ≠Ａ）」という論理は、「矛盾」として排除されます。

ナオキ　１＋１＝３も矛盾ですよねえ。これを排除できないのですか。

教授　１＋１＝２の場合に限って数学理論が矛盾なく組み立てられます。ですから１＋１＝３は誤りです。

ナオキ　そうですね。

教授　排中律を論理式で表しましたが、ノゾミさん、読めますか。上の論理記号を参考にしてください。

ノゾミ　はい。「ＡはＢであるかＢでないかのどちらかである」ですね。

教授　よくできました。排中律の実例として「鉛筆は消しゴムか消しゴムでないかのどちらかである」があります。でも「山田氏はラーメンが好きか、好きではないかのどちらかである」と言うと、「好きでも嫌いでもない」状態は無視されるので、必ずしも実態に適用できるわけではありません。

　ではナオキ君、推移律を読んでみてください。

ナオキ　はい。「ＡならばＢ、かつＢならばＣならば、ＡならばＣである」ですね。

教授　その通りです。推移律は三段論法として親しまれています。実例を挙げてみてください。

ナオキ　はい。「人は動物である。動物は物を食する。したがって人は物を食する」といえますね。

教授　はい、よくできました。

　では既存の論理学では「先験的」とされている論理関係の由来を考えてみましょう。

　このような論理関係、推論規則は言葉で考えたり会話する際に自然に用いられていることに気づくでしょう。さらに今までに説明した言葉の

成り立ちを思い出してみると、論理関係、推論規則は先人たちが単語や文を編み出す際にも用いていたことに気づくでしょう。

後に説明する数学の話の中で数学的推理とは数の性質についての推理なのですが、これも論理関係や推論規則の形となることを説明します。

ですから**論理関係則、推論規則は先人たちが経験的に言葉や数学を編み出してゆく思考過程で生み出されて一般化した思考のパターンである**といえるでしょう。

では話を既存の論理学に戻しましょう。

論理の形は概ね「演繹的論理・形式的論理」、「帰納的論理・認識論的論理」、「様相論理」に分けることもできます。

演繹的論理はある前提条件、通常は「公理」といわれる普遍的命題や前提のない仮定から個別的命題を導き出す方法で、数学・幾何学の証明がその典型例とされています。

帰納的論理は個々の物事から一般的な命題・法則を導く方法で、導かれた結論は絶対的に正しいとは限らず、蓋然的であるといいます。

物事は、可能的か、現実的か、必然的かなどの見地、つまり蓋然性で切り分けて論じることもできます。このような理論を「様相論理学」といいます。

さらに現在では言語、数学、論理学の基礎には集合論があると考えられています。

ノゾミ　難しいですね。

教授　論理学が重視する「命題」、「論理関係」、「推論規則」の三要素を用いて理論を考えるとこのような形になるのでしょう。でもすでに説明したように言葉の成り立ちに従って理論を考えてみると、理論は三つの形に整理できます。こちらの方が思考の実態に即していてわかりやすいでしょう。

さて、言葉の論理を駆使した哲学の理論にはどのようなものがあり、経験にもとづいた科学とどのような違いがあるのか。次にこのことを議論しましょう。

いくつかの哲学的テーマの問題点

教授 まずは「**独我論、不可知論**」です。

先ほど「我思う、ゆえに我あり」というデカルトの言葉を説明しました。科学者でもあったデカルトの本意ではなかったと思うのですが、この言葉にもとづくと、「確実な存在は我だけで我以外の存在は不確実だ、夢のようなものだ」と考えることもできます。このような考え方を「独我論」といいます。古くからある「感覚を引き起こす原因となるものが実在するかどうかは知り得ない」という「不可知論」とも似ていますね。

独我論、不可知論は共に経験にもとづいた科学の考え方とは両立しません。ノゾミさん、なぜだかわかりますか。

ノゾミ 独我論、不可知論は科学の根拠である経験を全否定する理論ですから科学は成り立ちません。

教授 その通りです。では不可知論を考えてみましょう。

哲学では実在という言葉は「あの人物は実在した」というような日常的な意味ではなく、諸説ありますが簡単にいうと「人の感覚から独立したもの（の存在)」を意味します。

仮にそういうものがあったとして、それを理論で表せたとするならば、それは疑問を呈する他の理論のつけ入るすきもない究極的で完全な理論でなければならないでしょう。

一方、科学は物事を観察してそれを法則として表すものですが、どのような法則であっても、得られた法則にもとづいて新たな疑問が生じるものです。ですから完全な理論は努力目標としてはあり得ても、科学の方法でそこに到達することはできません。

つまり経験的、科学的には「不可知」な領域は必ず残るのです。その点を哲学的に議論してもそれは「非科学的推理」といわざるを得ないでしょうね。

次に独我論を考えましょう。

自分たちの幼い頃の記憶を思い起こしてください。仲間をいじめると年長者から「仲間もあなたと同じ人間なんだからいじめてはだめだよ」とたしなめられたでしょう。私たちはそのような経験によって自分と他

者が同じ人間である、他者にも思いやりが必要だと教わってきました。もちろん自分の知性も他者から教わったものであることを知っています。

　独我論を成立させようとすると、これらの経験を全否定して、①自分は知らず知らずのうちに勝手に生まれ育ち、勝手に暮らしている、②他者は自分と対等ではない、と考える必要があります。これは先人たちにより編み出された私たちの知性の成り立ちを否定しているのみならず、私たちの常識や社会の成り立ちにも反しているでしょう。

　独我論は理論上の可能性だけを追ったバランスを欠いた理論といえます。もし独我論をまともに信じれば、その人の人生は支離滅裂になりますよ。注意してください。

ノゾミ　そうですね（笑）。

教授　次に復習になりますが「**存在**」と「**実在**」という概念を考えてみましょう。これも哲学のテーマの定番です。

　ナオキ君、「見えない物は存在するのかしないのか」と問われると君ならどう答えますか。

ナオキ　ウーン、「存在」の意味に関わってきそうですねえ。

教授　はい。ではヒントをだしましょう。科学では観察されたことは「存在する」ともいいますが、あまり使わない言葉です。

ナオキ　わかりました。存在の意味は科学的に定義できません。もし見えないものがあるとすれば、物陰に隠れている、遠かったり小さかったりしてよく見えない、などの見えない原因を調査してその結果を答えればよいのです。心に思い描いた物も眼には見えませんね。

教授　正解です。

　では次に「**唯心論と唯物論**」です。これも哲学では古くから対立してきました。

　生命やそこに宿る精神の成り立ちについては、現在の物理・化学の理論では全く手も足も出ません。唯心論と唯物論の対立も荒っぽくいえば、理論でうまくつながらない心と物のどちらに重きを置いて語るかの違いといえるでしょう。

　科学はとかく唯物的に見られがちですが、**科学には観察の対象となる物事とそれを観察して理論づける人の心身の働きが共に不可欠です**。ど

ちらが優先するというものでもありません。

ナオキ　マルクスの「**史的唯物論**」も同様ですか。

教授　え?!　マルクスの理論は同じ唯物論といっても歴史観、経済、価値観、などが関係した複雑な理論です。ですから「人間と社会の科学」に属するテーマです。でもせっかくですからこれを考えてみましょう。

　私は人々の生きがい、最大の関心事は自らの不満感を解消して満足感を得ることだと考えています。その実現のためには安定して暮らしやすい社会、経済、政治などが必要となるのですが、これらはこの目標達成のための「手段」の一つという意味合いが強いと思います。これに加えて歴史という因果関係の解釈には多様な可能性があります。

　そのような多様な選択肢のある中でマルクスは自らの関心によって、経済という手段に軸足をおいて人類の歴史を解釈したのです。ですからマルクスと同じような関心をもつ人は史的唯物論を重視するでしょうが、関心の異なる人にとっては数ある思想の一つにすぎないでしょう。

　史的唯物論には史実などの科学的な要素が沢山ちりばめられていたとしても、それは主張が科学的であることの必要条件ですが十分条件ではありません。

　マルクス主義の根強い人気の一因として、経済優先の現代社会があると思います。でも私としてはマルクス主義よりも、世界の誰もが共有できる科学の方に関心がありますね。

ナオキ　なるほど。人は自分の関心、価値観によって理論、思想を作り上げるのですね。

教授　そうですね。では次へゆきます。

　哲学では「一切の認識・思考などは人の心の働きで成り立つゆえに主観であり、認識される真理も主観的である」との「**主観論**」と「主観を超えて共通的に認識できる客観といえるものがある」との「**客観論**」の違いもよくテーマになります。ノゾミさん、この違いを科学的に考えるとどのように説明できますか。

ノゾミ　今までの先生の話によると、科学も言葉もすべて人の知性が編み出したものですからその点からは主観的といえそうです。でもそのようなものであってもお互いに納得して共有できるものであれば客観的と

いえそうですねえ。

教授 はい、その通りです。科学や言葉は主観的になりがちな物事の解釈について、先人たちがお互いに納得して共有できるものを目指して編み出してきたものです。ですからその限りでは客観的といえるでしょう。

ナオキ 言葉も科学も時代とともに変化しますがそれでも客観的といえますか。

教授 言葉も科学も人々が物事に対する認識をお互いに納得した形で共有して、それを生活やコミュニケーションに役立てる目的で編み出されたものです。

その目的は相当に達成されたのですが、でも科学理論は実態を余すことなく表しているわけではなく、新たな発見により、より実態にあったものへと改良が必要でした。言葉は自由に使えるがゆえに、次々と言葉の文化を生み出しました。これが変化の理由です。

変化だけを捉えるとそれは客観的とはいえませんが、共有できる部分は「客観的」といえるでしょう。

数学は数の概念と四則演算に限れば誰もが納得して共有できて変化すらしません。ですから人が編み出したものですが全く客観的です。

ナオキ なるほど、目に見えなくても他者と心で共有できるものは客観的といえますね。

哲学によると真理や生きる意味を発見できるのか

教授 科学と哲学の性質、役割の違いをさらに説明しましょう。

改めて説明しますが、科学的な思考では思考の成り立ちと物事の成り立ちとが密接に関係しています。ところが思考の原理を経験に先立つものとした哲学では、この関係を深く追求することはできません。

世間には「科学は仮説を論じ、哲学はその仮説の根拠を論じる」という格言があるのですが、私は逆に「哲学の科学」が可能であって、「科学は観察、体験したことの法則性とその活用を論じ、哲学は観察、体験できないことを大胆にも言語の論理で推理する」といえると思います。

こう考えるとさらに、科学は実態に即しているため実態に適用可能だが未知の領域が広く残されている、哲学は未知の領域を言語の論理で推

理できるが、言いっ放しに終わって誰もが納得して共有できるまとまった結論に到達し難い、という今日の実態が説明できます。

また「科学は生きる意味を与えてくれない」という人もいます。なるほど哲学は夢や希望を科学の制約を超えて自由に語ることができます。ですから哲学的に物事を考えることに喜びや生きがいを感じることができて、これが今日でも哲学議論が延々とつづいている理由と考えることもできるでしょう。

でも夢や希望を現実の世界で実現しようとすれば科学的思考が必要になるのです。そのためには先人たちが積み上げてきた多くの科学理論の少なくともその関連部分を知る必要があります。これには努力を要するでしょう。でも私は実現の可能性のない夢を追うよりも、関連した科学理論を学びながら現実に根差した科学的な思考で夢の実現の可能性を追うことが楽しいのです。ささやかでもその夢が実現できればもっと楽しいだろうという期待感もあります。科学者たちも同様にさまざまな科学的な夢を実現してさらには社会へも貢献できることを人生の目標にして科学の発展に尽くしているのだと思います。

哲学はプラトンの「善のイデア」や「三角形のイデア」でも想像がつくように、始まりは真理を探究するものでした。それが「ロゴス」という最初のボタンの掛け違いによって、真理を見失ってしまったのです。

ノゾミ そういうことですか。それでも文化は大切ですよね。

文化としての西洋哲学

教授 はい、多彩な文化は人の心を豊かにしています。哲学も物事を論理的に考える力をつけます。その意味で文化を守ることは大切です。

ところが今日では世界中で情報が共有されて思想、文化、価値観の違いがあからさまになり、それが原因となって対立が激化しています。**さらに「共有できる正しさなど何もない。自分が正しい」と考えて紛争の解決を策略、武力、偏った主義、信条に委ねる事態が頻発しています。**

この対策として行われている人々の相互訪問やスポーツ交流は、お互いの心を開く一定の効果はありますが、このような交流で生まれる共感、連帯感は情緒的で移ろいやすいものです。**確固とした連帯感を生むため**

には、永続して共有できる人の知性の正しさを明らかにしてその知性の力を信じて話し合うことが大切でしょう。

　個人のレベルでも問題があります。**真理は相対的だという主張ばかりが受け入れられている今の社会では、ナオキ君のような真理を究めたいと願う人の夢や「考える自由」が実質的に制限されてしまいます。**

　また、人の知性の原理を経験に先立つものとしたままでは、知性を経験にもとづいて試行錯誤を重ねて編み出してきた声なき多くの先人たちにも申し訳ないでしょう。

　これらのことから、混迷を極める今の時代に世界中で共有できる知性とは経験に根差した言語、数学、科学などであることを明らかにすることは非常に大切だと思います。

　私たちは誕生以来の経験によりこれらの知性を獲得し、これらの知性を用いてコミュニケーションをとりあったり考えたりしているのです。このことは言語や数学を学び使いこなしている私たち自身が一番よく知っているはずです。私たち自身の経験にもとづいて推理すると、言語、数学、科学などの知性の成り立ちは比較的シンプルに解明できるのです。

教授　私は哲学よりも科学が肌に合っているせいか、哲学を語るとどうしても批判的になってしまいます。でも、『マイペディア』にも哲学の成り立ちを示唆した記述があります。

　教授はそういって手元の電子辞書の『マイペディア』の哲学の解説を読み上げました。

教授　「（前略）哲学は自然・人文・社会諸科学と密接な関係をもつが、最後にはさまざまな経験を統合する基本的観点をつくる知的努力となる。西洋にあってはこの知による知の根拠づけとも言うべきこの哲学の長い伝統があり、哲学と言えば西洋哲学を指すことが多い。文明史的観点から西洋哲学を相対化することは可能であるし、場合によって必要であるものの、ロゴス（言葉、理性）の運動を極限まで押し進めるという徹底性は他の思想伝統には見られない特質であって、安易な批判や超克こそむしろ警戒されるべきである」

　これは西洋哲学のユニークさとその文化的価値を強調したものでしょう。

二人　はい、そうですね。

教授　ではせっかくですから、西洋哲学の文化的価値をさらに考えるために、二三の西洋哲学に属する理論を説明しましょう。

言葉と論理による集合とパラドックス

教授　たとえば「赤い花の集合」は言葉で定義された集合で、この定義により誰もがバラやチューリップの赤い花から成る集合を思い浮かべることができるでしょう。しかし言葉の論理により集合を定義すると時に矛盾となる集合も生じます。このことを説明しましょう。

　ノゾミさんへ聞きます。「クレタ人はみんな嘘つきだ」と一人のクレタ人がいいました。この人は嘘つきでしょうか。

ノゾミ　えーっと。まずこの人が嘘をついたと仮定すると、「クレタ人はみんな嘘つきだ」は「クレタ人はみんな嘘をつかない」との意味となり、この人をクレタ人から除外せねばなりませんね。逆にこの人は本当のことを言ったと仮定すると、この人は嘘つきではなくなるため、「クレタ人はみんな嘘つきだ」は嘘になります。ですから発言者をどちらと考えても矛盾が生じます。

教授　よくできました。その通りです。このような肯定しても否定しても矛盾が生じる言葉による理論は「パラドックス」といわれています。

　ではもっと難しい問題を出しますよ。頭の体操のつもりで考えてみてください。この問題は発見者の名にちなみ「ラッセルのパラドックス」といわれています。

　それ自身を要素として含む集合が定義できるとします。するとどのような集合もそれ自身を要素として含まない集合、「R集合」と、それ自身を要素として含む集合「非R集合」の、どちらかに分類可能でしょう。

　たとえば「花の集合」は、この定義自身は花ではないためR集合です。また「10文字の言葉の集合」はこの定義自身が10文字の言葉であるため非R集合です。

　次に、「すべてのR集合を要素とした集合」を集合Xとします。すると集合Xはどちらの集合でしょうか。ナオキ君、どうでしょう。

ナオキ　ウーン、難しいですねえ。まず集合Xの定義「すべてのR集合

を要素とした集合」はＸの要素には該当しないので、ＸはＲ集合といえるでしょう。

　そこでＸをＲ集合と仮定します。するとＸはＸの定義「すべてのＲ集合を要素とした集合」により、Ｘの要素でなければなりません。これはＸが非Ｒ集合であることを意味します。ですからどちらと考えても矛盾が生じて正しくありません。

教授　その通り、よくできました。ラッセルのパラドックスは、真か偽かが必ず決定できると考えられていた論理で定義された集合からも矛盾が発生することを示したことになり、集合論の基礎を揺るがす「数学基礎論論争」を引き起こしました。

　私の見方ではこれは論理の誤用、そういってまずければ自由すぎる使用の結果であり、理論の範囲に言葉の集合も加えた集合論の弱点です。もちろん数学とは関係ありません。

ナオキ　なぜそのような集合論が広く流布しているのですか。

教授　一言でいえば集合論が西洋の思想文化となっているからでしょう。このことについては現代の数学の説明の中でさらに説明しましょう。

言語学と構造主義

教授　では最後になりますが、今日の最初の言葉の話に関連して哲学的な言葉の理論である「言語学」について概説しましょう。

　『広辞苑』によると、言語学とは「人間の言語の特性・構造・機能・獲得・系統・変化などを研究する学問。音韻論・形態論・統語論（統辞論）・意味論・語用論などの分野がある」ということです。

　近代の言語学を語るとき、ソシュールの名は欠かせません。

　彼は言語をラング（言語、同じ共同体の成員が共有する音、文法、意味に関する規則の体系）とパロール（個々の言語使用者による特定の状況での使用によって具体化したもの、言）に峻別して、言語学はラングを対象とするものであると主張しました。

　さらに彼は言語の研究法として、共時（同時代の）言語学と通時（歴史的）言語学を分けるべきだと主張しました。

　ソシュールの提唱した言語の構造を分析する方法は「構造主義言語学」

といわれています。

　この見方は、物事・現象をできる限り物事・現象に沿って分析してゆこうとする「構造主義」という哲学を生み出し、「現象学」という哲学の分野にも新たな流れを生み出しました。

ノゾミ　先生のお話とは様変わりですね。種々の言語学の分野があることもソシュールの方法も分析的ですね。

教授　その通りです。

　先に説明したように、論理関係、推論規則、過去、現在、可能性の表現などの方法は先人たちが言葉を編み出してゆく中で考え出され共有されて、言葉を構造づけた方法です。その過程では言葉の意味や表現法を新たに恣意的に編み出すことを制限する力が大きく働いていたわけでもないので、言語系全体は結果的に複雑な構造になったのでしょう。

　ですからそのような言語の構造に対して、言語学のように多面的な構造に従って分析することは可能ですが、先人たちによる言葉の成り立ちを軽視して構造のみを論じる言語学は、言葉多くして言語の本質に迫っていないのではないかと思います。

ノゾミ　はい、そう思えますね。

教授　言葉は経験にもとづいて編み出されたために、ここで説明したように経験という視座から考えると、言葉の構造を最もシンプルに説明できるのです。

　科学も数学も同様のはずです。その本質に迫ろうとすれば、それを編み出した先人たちの試行錯誤を交えた知的営みを解き明かす必要があるでしょう。

　このような「知性の発生学」ともいえる学問がないかと探したのですが、私の見出せた唯一の「〜発生学」という名称をもった学問は「生物発生学」でした。

　このことから、現在の「言語学」とは言語を既成のものとみなして分析する「言語の哲学」なのだとの結論に至りました。

　当たり前の話ですが、言葉が何であるかは言葉を学んで使っている私たち一人一人が一番よく知っているはずです。それはないと信じていますが、もし言語学者の間に私のようなシンプルな「発生言語学」は理論

とはみなせないという考え方があるとすれば、大変残念なことです。

ナオキ　先生の言葉に意を強くしました。経験にもとづいた科学的思考が最強の共有可能な思考法ですよね。

教授　はい、私もそう考えています。

　さて、ここまで西洋の言葉の理論の問題を考えてきましたが、人間は言葉を編み出したことによって自らの心理に関係したもっと本質的で不可避な問題を背負ったように思えます。

　つまり、言葉がなければあいまいなままであった個人や社会による人の感じ方、考え方、価値観の違いが言葉によって明確になり、それによって新たに様々な個人的悩みや社会的対立が生まれたということです。

　おっと、ついつい話に熱が入りました。時間も遅くなりましたからこの問題については「人間と社会の科学」としてまた考えてみることにして、これで今日の話を終えたいと思います。

二人　大変興味深い話でした。ありがとうございました。

教授　次回のテーマは、話の筋としては「数学」としたいのですが、現代の数学はどんどん複雑化して理解困難になっています。ですから数学は最後に取っておいて「科学の成り立ち」ということにしたいと思います。先ほど数学の入り口として説明した数概念と四則演算の成り立ちがわかっていれば科学理論も理解できますので。

　それでいいでしょうか。

ノゾミ　もちろんです。数学嫌いの私に配慮していただいてありがとうございます（笑）。

　二人は次回の約束をして老教授の研究室を後にしました。

●第2話
科学の成り立ちとその展開

　　ノゾミさんとナオキ君は最初の講話から日も浅くして次の講話を聞く
ためにヨッシー教授の部屋を訪れました。

　　ヨッシー教授は聞いていたヘンデルの曲をそのまま流しながら、初回
と同様に美味しいコーヒーを淹れて二人を歓迎しました。

●科学の成り立ち

科学は法則の発見に始まる

教授　前回お約束した通り、今日は科学の話をしましょう。

　　前回の話の中で言葉による三つの理論的思考法のパターンを説明して、
それらが科学理論と変わらないことを説明しました。

　　今日は科学の始まりの例として、その中の一つの思考のパターンであ
る原因と結果からなる「法則」の発見を例にして説明しましょう。

　　私たちのはるか祖先の人々は、自然に木がこすれて発火することを目
の当たりにして、火を起こす方法を知ったと考えられています。この出
来事を「木がこすれた。発火した」と羅列しただけでは単なる観察した
事実です。ところが**「木がこすれると発火した、木がこすれると発火す
る」と推理すると、観察した物事から因果関係のパターンとなる「法則」
を「発見」したことになります。**さらに人が自然をまねて木をこすって
火を起こせば、この法則が実証され利用されたことになります。

　　また、どのような発見であっても、それを仲間と共有するためにはあ
る程度法則的な説明が必要ですから、**発見とはその物事についての法則
の発見でもあります。**

　　たとえば「人魂」を発見したという主張は、「人の魂が存在して観察で
きる」という法則の発見の主張でもあります。

ノゾミ　なるほど。無意識的であっても言葉によって法則的に説明して

いるのですね。でも人魂は科学的ではないですよね。

教授　人魂の観察が困難で、さらに「人魂」の意味する人との関係があいまいである限りはその主張は科学法則にはなり得ません。

ノゾミ　なるほど、わかりました。

教授　科学の話をつづけましょう。科学的な法則を工夫して用いることを「発明」といいます。木をこすって火を起こす仕掛けを工夫して作ればそれは「発明」といえます。発明には法則を実地にうまく活用する「技術」も必要でしょう。なお「法則」とは物事の関係を表したもので理論を構成する要素ですが、「理論」ということもあります。

　昔の人々は火の起こし方と同様に自然現象を観察して法則を発見して利用することで槍や土器などの道具も発明したのでしょう。さらに昼夜や四季が周期的に訪れることを知って、めぐってくるはずの暗い夜や寒い冬の生活の備えをしたのでしょう。

　科学の始まりはこのような「経験則」ともいわれている日常体験の積み重ねから法則を得て、その活用や対応を工夫することにすぎなかったのです。そして昔の人々はこれらのことを生活の知恵や習慣として子孫に伝えていったのです。

　言葉の問題ですが、法則を活用する工夫は広い意味での「発明」といえるでしょう。

　木がこすれると熱くなり発火する理由、投じた槍が動物に突き刺さる理由、土を焼くと土が固まる理由などについてもその後の科学の拡大により理論的にカバーされました。恐らく君たちもその理由は学んだでしょう。

　人類は古くからこのようにさまざまな物事に潜む法則を発見し利用しながら生活を豊かにしてきました。近代になって電気が発見されて電気を利用した便利な装置が発明され、今日の電化生活、情報化社会への道が開けたのです。今日の私たちの豊かな暮らしは、まさに古くからつづいてきた科学の蓄積によって切り開かれ支えられてきたといえるでしょう。

ノゾミ　はい、何となく科学の成り立ちと科学が共有されている理由がわかってきました。

教授　ではここまで理解していただいたところで、「科学とは何か」という問いに対する解答をズバリ申し上げましょう。ここからは世間に流布している科学論とは異なりますが、その理由は追って説明しますのでここでは不問にしてください。私は科学とは大筋として次のようなものだと考えています。少々かたい言葉が並びますが解らなければ質問してください。

　科学とは誰もが自ら観察、体験できる物事・現象の中から人々によって共有可能な法則として発見され、その法則を利用してきたことの積み重ねです。ですから科学法則とは、たとえ又聞きや専門的な法則であっても、発見者と同様の条件が整えば自ら観察、体験してそれを確認できるものです。

ノゾミ　思ったよりも簡単な定義ですね。私たちは科学の多くを学校の授業で学んだのですが、するとそのような科学もこの条件に当てはまるのですね。

教授　そうです。学校の授業で教えられる科学はすでに科学として認められた理論なのですが、又聞きの形ですね。さらにその理論のすべてを学校で観察、体験することは不可能ですね。

　そこで科学法則を誰もが観察、体験できることを教育するために、学校教育では学校で観察、体験可能な科学法則のいくつかについては、カリキュラムの中に確認する実験が組まれています。経験則は日常的な体験学習によっても学べるでしょう。

ナオキ　どのような理論であっても、それが科学かそうでないかは明確に区別できるのですか。

教授　**今日では科学か否かの認定が比較的明確にできる科学分野の法則に限って認められたものを「科学法則」といっています。**この分野とはほぼ自然科学、医学です。この承認の仕組みについては後ほど説明しましょう。

　ここでは、未承認であっても誰もが観察、体験できると思われる法則を「科学的法則」ということにしましょう。世の中には「科学的」か否かの判断すら困難な理論が多数流布しています。これらの理論について科学の視座から考えることもこの講話の大きな役割です。

この話は後回しにして、ここでは引きつづきお二人が興味を持ちそうな発見や発明を手中にする方法と科学の成り立ちの話をつづけましょう。

どうすれば発見・発明できるのか

ナオキ　画期的な発見・発明をすると社会貢献できるし、時にはノーベル賞などももらえて素晴らしいと思うのですが、発見・発明は難しいのでしょうね。

教授　ノーベル賞級の画期的な発見・発明はさすがに難しいですが、仕事のやり方を改善して効率アップを図る、調理方法を工夫して美味しい料理を作るなど、誰もが日常的に「創意工夫」といわれている小さな発見・発明をたくさんしているはずです。

　ナオキ君の発見・発明に役立つかどうかはわかりませんが、いくつかの発見の方法、パターンを説明しましょう。

　石ころ、動植物、自然現象、病気などの日常的な物事であっても、それを注意深く観察すると偶然に見たこともない物事を発見することがあります。このとき既存の科学理論を調べてみてその発見を説明できる理論が見つかれば、それは個人的な発見であり社会的には発見と認められないでしょう。でもその発見を説明できる理論がまだ仮説の場合はその理論の実証例となるため、晴れて発見と認められることがあります。

　その発見が既存の科学理論で説明できない場合は、何はともあれさまざまな証拠を用いて発見そのものが科学的に正しいことをまず証明する必要があります。晴れてその発見が社会的に認められれば、発見にもとづいてさらにその発見を説明する新たな科学理論も生まれてくるでしょう。

　発見を目指して発見にたどり着く方法の一つには、理論の指し示す先に発見すべき新たな物事を探す理論先行型の発見があります。このような発見は理論が先行してその裏付け証拠を得ようとする理論物理などの分野によくあります。

　新薬や新機能材料の発見、開発などのニーズが先行した分野では、関連理論の有無にかかわらず目的とする発見を手探りで探索せざるを得ません。これは手間と忍耐力のいる仕事ですが、少しでも関連する理論や

自分の経験則から類推してゆくと探索の範囲を狭めることができるでしょう。最近ではこの類推にもデータを数値化してAIを活用する方法も始まっています。

　なお、発明もニーズが動機となった新たな物事の創造的発見といえるでしょう。

　純理論上の発見もあります。「万有引力」を発見したニュートンは自ら天体観測をそれほど行ったわけではありません。彼はそれまでガリレイ（ガリレオ）、ケプラーらによってバラバラに提唱されてきたいくつかの物体や天体の運動法則群を、万有引力という新たな概念によって今日「ニュートン力学」といわれている一系の理論に統合したのです。大発見といわれている理由は、これにより地上と宇宙を統合した力学的世界観の提示に成功したからでしょう。

　アインシュタインの発見した「相対性理論」もそれまでバラバラであった光の速度に関係した法則群を、「光速は一定」を原理とした一つの物理的時空間に統合したという理由で大発見と評価されています。

　これらのことからわかることは、**理論的な発明発見は現実の物事から飛躍した所にあるのではなく、同じ物事をそれまでの常識とは異なる関心、それにもとづく視座から展望した新たな風景として得られる**、ということでしょう。ですから発明発見のコツがあるとすれば、まずは関連した物事や事象、科学法則をよく学んで、次にそれを展望する新たな視座の可能性を探ることでしょう。よく仕事から離れたときによい発想が浮かぶといいます。その理由は仕事から離れると既成の物事の解釈、科学法則の見方から解放されて自由な思索ができるからでしょう。

ナオキ　よくわかりました。実行できればよいのですが……。

教授　発見について補足しますと、発見であってもコロンブスによる新大陸の発見は科学法則とはみなされていません。これは新大陸の存在はとくに科学法則として説明する必要がないからでしょう。でも新大陸における新種の生物などの発見は、関連する科学理論に影響するので、法則による説明、位置づけが必要となります。

ナオキ　なるほど、科学の対象も限られているのですね。

教授　人々の関心の向かないものには科学も必要ないですからね。科学

とは無関係だった新大陸の成り立ちでしたが、時を経てウェーゲナーの「大陸漂移説」という理論が生れたことで、新大陸はこの説の実証例として脚光を浴びることになりました。

ナオキ　なるほど、面白いですねえ。

教授　さて、ノゾミさんが取り組んでいる日常的な仕事の改善についていえば、発明発見の王道を行くならば、自らの経験則を生かしながら新たな見方で新たな方法を工夫することが考えられます。

ノゾミ　でも難しそうですね。

教授　では次善の策として、その分野の他の人の優れた事例を調べてそれを模倣する方法もあるかと思います。

ノゾミ　なるほど、そういうこともアリですね。

教授　一人で考えるよりも先行する人たちの知恵を借りた方が成功率が高くなるのは当然でしょう。

　これに関連しますが、実用新案・特許制度は先行した発明を保護したり合法的に他の人が利用できるようにするために制定されました。早すぎて忘れ去られた発明発見が、その後生じたニーズにより再発見されることも歴史上よくあることです。

科学的な理論の思考法の三つのパターン

教授　言葉の説明の中で、日常的に用いられている三種類の理論的思考法のパターンを説明しましたが、これは経験的で科学的な理論にも用いられています。大切な所なのでこれをさらに考えましょう。ナオキ君、三種類のパターンを覚えていますか。

ナオキ　えーっと、ⅰ）言葉による階層的な分類、定義、ⅱ）因果関係、ⅲ）数、数式、図、の三つのパターンですね。

教授　よくできました。これを具体例で説明しましょう。

　ⅰ）の例　「今日はリンゴよりもミカンが食べたいな。いやもっと他の果物の方がいいかな」と考えたとしましょう。自分の好みを表すこの考え方は私たちが習得した「言葉で分類、定義したリンゴ、ミカン、さらにそれらを含む果物という言葉で定義した理論」に支えられて成立しています。この理論は「植物分類学」という科学理論の一部となっていま

す。

　ⅱ）の例　最初に説明した「木がこすれると発火する」という理論は、「木」「こすれる」「発火」という言葉を前提として「木がこすれる」という現象と「木が発火する」という現象を因果関係で結んで成立したものです。

　このパターンの理論は他に、人は誕生とともに歳をとってゆく、春が過ぎると夏が来る、ガラスに石をぶつけると割れる、人は成功すると喜ぶ、などいくらでもあります。

　ⅲ）の例　ニュートン力学、相対性理論が該当します。原子論などの物理・化学の法則の多くもこの形となっています。

　化学反応には「木が燃えると灰になる」など不可逆的な因果関係を表す法則はあるのですが、「水の中への食塩の溶解度」など可逆的な平衡反応を数式で表した法則もあります。

　このタイプの理論の特徴ですが、数式は連続量を表すことができるため、数式で定義した言葉の意味が拡大されるのです。

　たとえば、アリストテレスの物の動きについての理論は、「静止態」と「動態」に２分割するのみだったのですが、数式で表された「速度」によると、速度０である静止態を含めた連続的な理論を組み立てることができます。

　最近ではビッグデータをAIで解析して世論の動向や疫病の流行を予測しています。これは問題の解決となる理論を論理などで定まる手順だけに頼るのではなく、コンピューターも援用して経験的な知識や観察できたデータを活用して数学モデルなどによって試行錯誤的に探索して発見するもので、「ヒューリスティックス、発見的手法」といわれています。

　科学とはいいませんが、日常的な思考にも数や数式の形はたくさんあります。これは近代になって科学によって生まれた機械や概念が日常に溶け込んだからです。

　例えば６時を指す時計を見て「今６時だから１時間経ったら７時だ」と考えたとすると、その考えには時計の文字盤と針の位置の関係を表す図形の理論や、６＋１＝７という数式が含まれています。

　よく考えてみると、どのような科学法則も基本的にはこれらの思考法、

表現法を組み合わせていることがわかるでしょう。論理学、命題はこのうちのⅰ）の言葉、言葉から成る文の形に関心をもって編み出された理論と考えられます。

ナオキ　自分では自由に思考していると思っていたのですが、思考法の種類は意外に限られているのですね。

教授　そうですね。筋だった思考法には表現法が伴う必要があります。表現法を伴わない方法で思考のステップを進めてゆくことは困難ですし、他の人に伝えることもできません。ですから、言葉、数学、幾何学という限られた思考法、表現法の範囲でもって知的思考の方法、範囲も定まるのですね。

　先に話したとおり、実態としてよくある好き嫌いや一時的な感情による判断は人間の複雑な心理にもとづくため、後に「人間と社会の科学」の中で考えてみましょう。

●科学理論の性質と特徴

科学が細分化・専門化する理由

ノゾミ　最近の科学は細分化・専門化していて私たち素人にはよくわからないのですが。

教授　そう思われる方もたくさんいらっしゃるでしょう。

　近代になり科学の領域は拡大、深化、専門化してきて、誰もが実際上直接確認できない科学法則がどんどん生まれています。私もその多くを知りません。でもそのような法則であっても、もし条件さえ整えば誰もが自分で確認して納得できるはずです。だから科学は個人の立場や考え方の違いを超えて誰もが納得して共有できる可能性があるのです。非科学的な思想・信条の持ち主だって、丁寧な説明を聞いて科学を体験できれば科学を表立って否定することはできなくなるでしょう。

ノゾミ　はい、わかりました。でもなぜ科学は専門化する必要があるのですか。

教授　**科学法則は観察にもとづいているものですから、その観察が成り立つ範囲で有効な法則です。そこから外れるとその法則の有効性は保証できないでしょう。**

　たとえば「木がこすられると発火する」という法則の有効範囲を考えてみると、自然界では木がこすられても発火しない事例の方がはるかに多いでしょう。ですからこの法則の例外事例を減らそうとすれば、この法則の成り立つ範囲、つまり発火条件を限定しなければなりません。また日常的に用いられる言葉の意味はあいまいなこともありますし、特定の科学理論に適合するとは限らないので、発火条件を限定しようとすれば、**理論に合った科学用語**も必要となるでしょう。

　すると「木がこすられると発火する」という法則は「木はその木の発火温度以上に加熱されるように強くこすられると発火する」と発火条件を限定して書き換えられることになります。また「木」に替えて「個体の可燃物」という新たな科学概念を使えばこの法則の有効範囲はさらに正確に表せます。

科学の発展する原動力には人がどこまでも持つ「なぜだろう」という知的好奇心がありますから、既知の科学法則に例外や説明不足が見つかればその原因を解明しようとする科学が生れるのです。このような形で科学は各分野で段階的にどんどん専門化しながら発展してきたのです。

　科学とは人間の物事・現象に対する認識度を次々と深めてゆく試みです。その結果として専門的な理論、科学用語が増えて、結果的に一般の人々が理解しにくくなるとしてもそれはやむを得ないことです。

　でも強調したいことは、むしろ経験則に近いシンプルで初歩的、日常的な科学であるほど役立ち易いということです。

　たとえば料理にあたって「食材の量や重さ」はシンプルで役立つ科学的概念です。土木、機械技術者はさらにそこから一歩進んでニュートンの力学法則を活用しています。いずれの場合も、広大な宇宙を対象とした相対性理論も極小の素粒子を対象とした量子論も必要ないのです。

　このようなシンプルな科学が世界の誰とも共有され易いことは当然です。

　また、科学法則を利用しようとすればどの段階の法則を選択するかが問題となります。火を起こす場合、物をこすって発火すればそれでよしですが、発火しない場合は「この法則の「物」とは可燃物に限る」という新たな法則を知らなければ科学不信に陥るでしょう。「可燃物を発火点以上に加熱すると発火する」という法則の方がより正確なのですが、いきなり「可燃物」や「発火点」という科学用語を用いると、それを知らない人が科学を利用できなくなる恐れがあります。

科学理論における言葉、数学、写真と図の役割

ナオキ　私は科学論文を書いたことがあるのですが、そこでは言葉、数学、写真、図面などが使われています。これにはどのような役割があるのでしょうか。勝手に使ってもよいものでしょうか。

教授　繰り返しますが、理論は言葉、数学、幾何学で表されます。この理由はこれらの表現手段は世界中の誰もが経験的に習得できてほぼ誤解なく共有できるからです。

ナオキ　理論は写真や図面などでは表現できないのですか。

教授　できません。

　写真や複雑な図面には膨大な情報が含まれているため、それを見て理解したと思っても人により理解が異なる可能性があります。直線、円、四角形などのシンプルな図形は見ただけで共通した理解が得られることが期待できます。しかし、期待ではなく、理論が共有できたことを相手に確認することも必要で、その方法として理論を言葉や数式で表すことが必要となるでしょう。

　写真や動画があると観察したことをその場で共有できます。グラフや図面があると観察データや数式で表した理論などを視覚に訴えてわかりやすく説明できます。ですからこれらは理論そのものではなく、理論を理解しやすくするための補助手段でしょう。もちろん補助手段も重要ですが。

ナオキ　言われてみればその通りですね。

教授　念のためにいえば、数、数式、図だけでは具体的な物事を特定できないため、理論を数、数式、図で表した場合は、その数、数式、図は何を表すのかという言葉による説明が必要です。

人間と社会の科学について

ノゾミ　最近「人間の科学」とか「社会科学」という言葉をよく聞くのですが、人間や社会も科学の対象にできるのですか。

教授　人間の営みのほぼすべては観察可能ですから科学の対象となります。

　人間の科学は最近注目されてきたもので、政治学、経済学、社会学などの社会科学、歴史や文学などを含む人文学、さらに精神医学、動物行動学などを含む、というのが一つの考え方のようですね。これと区別して従来の科学を「自然科学」ということもあります。

ノゾミ　心理学も人間の科学ですね。

教授　精神医学に含まれます。人間の知性や有形無形の思想、文化、それらを含む社会の成り立ちには人の思い、好み、そこから生じる言動が関与しているのですから、心理学は重要な人間の科学といえるでしょう。

　今日の心理学はギリシャ哲学の一部として始まり西洋で発達してきた

という経緯をたどってきたせいか、西洋の価値観にもとづいた理論も多いのですが、最近では「科学」といえる実証にもとづいた理論も増えてきました。

　人々が集団的に生活する場である社会や、生活の糧を得る経済の仕組みも大切です。それらの学問は「社会学」「経済学」といわれています。社会における人間心理を論ずる学問は「社会心理学」といわれています。

ノゾミ　あまり「科学」とはいわないのですね。

教授　これらの学問には科学か否かの判断が困難な個人的な思想、学説も多く含まれているため、あまり「科学」とはいわないのでしょう。

ナオキ　歴史も科学といえるのでしょうか。

教授　歴史学のうち、実証を目的とした遺跡の発掘や文献調査などは自然科学とあまり変わりません。でも当時の人々がどのように考え行動したか、それがその後の世界にどのように影響してきたかを推理して論じる歴史の解釈となると誰もが共有できる科学的な理論は得難くなります。この理由は次のように考えられるでしょう。

　歴史の解釈とは記録、記憶として残された出来事の中から原因と結果から成るストーリーを推理することで成り立っているでしょう。ところが人々の営みはあまりにも複雑多様で、すべての記録、記憶が残されているわけでもありません。特に過去の当事者たちの心の動きは不明です。そのような中からある出来事を「結果」と定めて、それにもとづいてその原因となる出来事を科学的に関連づけて選び出すことは極めて困難です。たとえ関連づけたとしても、出来事に関与した人々の意思、心の動きについては推測が避けられないでしょう。このため、歴史家が異なると他の解釈、他の因果関係から成る歴史もあり得るでしょう。

　これが人間の歴史の解釈が幅広くできて、科学となり難いことの大きな理由でしょう。

ナオキ　そうですね。よく「歴史から学ぶ」ことの重要性が強調されていますが、するとあまり歴史から学ぶことはないのですか。

教授　歴史書には一個人が生涯かけても体験できない様々な出来事が記されています。ここからは「歴史の教訓」を知ることができます。ただ歴史書は著者の歴史観が表れているのですから、内容が偏っている可能

性について注意する必要はあります。

　因果関係から成る理論は山ほどあるのですが、**科学的な因果関係とそうではない因果関係はほとんど別物である**ことは後で説明しましょう。

ノゾミ　それでも歴史小説、歴史ドラマは大好きです！

教授　歴史好きの人は大勢います。それは恐らく過ぎ去った出来事や過去の人物をリアルに想像できて、さらに「あの時、彼が決断すればどうなったか」などと異なる歴史を相当自由に推理できるからでしょう。

　人は未来に対する夢も持っているのですが、未来を推理しようとしても手がかりが少ないため、歴史小説、推理小説のような具体的で魅力的な推理はなかなか成り立たないでしょう。

ノゾミ　そうですねえ、未来に実現したい夢はあるのですが達成への道筋はまだ漠然としたままです。

　ところで宗教は科学ではないと思いますが、宗教論は科学でしょうか。

教授　宗教者がその立場から論じる宗教論は科学的ではない内容が含まれている可能性はあります。でもここまでに説明した科学の成り立ちに沿って中立的に宗教を論じればそれは科学といえるでしょう。

　このような人間と社会の科学については、機会を改めて考えてみましょう。

日常的にみられる科学的バランス思考

ノゾミ　科学って複雑ですね。だから物事を科学的に考えることがなかなかできないのですね。

教授　そう思われてもやむを得ない面があります。でも私たちは日常的にさまざまな科学法則や経験則を利用しています。

　例として毎日の料理の場面を考えてみましょう。料理を始めようとすると次々と疑問が湧いてくるでしょう。用いる食材はそろっているか。新鮮で問題ないか。このサイズに切った大根は何分加熱すると柔らかくなるか。煮汁に何分おくと味が浸み込むか。この料理にはどの程度の塩、砂糖、醬油などの調味料を加えると食する人に美味しいと感じてもらえるのか。この程度の塩分は健康を害さないか。栄養のバランスはとれているのか。

このような疑問に答える科学法則、経験則を次々と思い出しながら、その法則の教えに沿って料理してゆくことで食する人に適した美味しい料理はできあがります。

ノゾミ　たしかに、美味しい料理は科学的で経験的な研究の成果といえますね。

教授　この例のようにある物事を科学的に判断しようとすると、記憶にある多くの法則群から関係ないと思われる法則群を除いて利用できそうな法則を選択する必要があります。物事が複雑であれば幾つかの選択肢が残るかもしれません。そのときはその選択肢の有効性をお互いに比較して結論を導き出すことも必要でしょう。有力な選択肢がなくなることだってあるでしょう。そのときは潔くギブアップして「わかりません」といわざるをえないでしょう。

　これらの日常的に用いられている思考法は「科学的バランス思考」略して「科学的思考」といっても良いでしょう。かつて科学は個別的な法則の集まりでしたが、科学法則が充実してきたおかげで、私たちは幅広い問題について解決につながりそうな法則をいくつか選び出して科学的思考ができるようになりました。

　このような複合的な科学的思考について他の人の十分な理解を得ようとすれば、結論だけではなくこれらの思考過程もわかりやすく説明する必要もあるでしょう。

二人　なるほど。日常的な思考の多くにも科学が関係していることがよくわかりました。

教授　では後回しになっていた発見された法則が科学法則と認められる必要条件について説明しましょう。科学理論が高い信頼性を得て多くの人々に共有されるのも、次のような社会的な審査に合格したものだからです。

科学の条件──誰もが確実に検証できること

教授　先に科学法則とは、たとえ又聞きや専門的な法則であっても、物や法則を発見した人と同様の条件が整えば自ら観察してそれを確認できるものだと説明しました。

最近では一般の人が近寄りがたい専門的な科学法則が増えてきました。少数の専門家しか近づけない特殊な分野もあります。でもそのような分野の物や法則の発見であっても、発見者と同じ観察体験ができて発見者と同じ法則的解釈ができる、と判断できるか否かが確認されます。ですから検証といっても実地検証とは限りません。

　UFOのように断片的な目撃情報だけの段階ではその再検証は困難であるため判定は持ち越されます。

　新たな発見が認められれば、それはすでにある科学法則の実例であるのか、その発見を説明する新たな科学法則が必要となるのかが学会などで議論されます。後者の場合はその発見を原点として発見を説明する新たな一連の科学理論が生まれるでしょう。

　専門家ではない私たちはその判断を学会や専門家に暗黙的に委任しているのです。

ナオキ　学会や専門家による判断は常に正しいのでしょうか。

教授　その問題は後ほど改めて説明しましょう。

科学法則の条件──科学理論としての価値が認められること

教授　誰もが常日頃の体験の中から格言や法則のようなものを山ほど学び取っているでしょう。これらは「経験則」といわれています。経験則は観察、体験から得られた法則という点では科学法則と同じです。

　経験則の中には科学法則とはいえない個人的な思い込みや特定の個人にしか通用しない法則もあるでしょう。しかしながら誰もが共有している重要な経験則でありながら、科学法則とはいわないものもあります。

　たとえば「石コロの多い道を歩くとつまずいて転びやすい」や「風の吹く日にはゴミが目に入りやすい」という生活の知恵は、ほぼ誰もが共有していて事故防止の観点からも重要な経験則です。しかし今のところこのような経験則は科学法則とはいわれていません。この理由はこれらの経験則が現在の科学理論体系の中で重要な役割を果たせるとは考えられていないからでしょう。

　この他にも「昼は明るく気温が上がる」「冬は寒く雪が降る」「人は楽しいと笑い悲しいと泣く」「人と食事を共にすると親しくなりやすい」

「人々は生きがい楽しみを求めて生きている」などの日常的に重要な経験則は山ほど考えられますが、これらも取り立てて科学法則とはいわれていません。その理由はあまりにも日常的で常識的だからでしょう。

ナオキ　なるほど、さまざまな経験則のごく一部が科学法則として認められているのですね。

教授　そうです。職人の技も技能と経験則で成り立っているといえるでしょう。職人が習得して活用している経験則は膨大なものでしょう。その中には言葉では表せない感覚が関与して技能と区別のつかない経験則もあるでしょう。職人はこのような経験則を言葉で伝えることの限界を知っているからあまり言葉では伝えないのです。職人の弟子たちは職人の技をよく観察して盗み出して、自分で試行錯誤を繰り返しながらその技能と経験則を自分のものとして習得する必要があるのです。

　私たちだってよく考えてみれば体験から習得した山ほどある技能と経験則を職人のように無意識的に思考や運動のときに活用していることに気づくでしょう。

　重ねていいますが、経験則も科学法則も観察、体験から得られたものであることには変わらないため、この区別は相対的です。単なる経験則と思われてきたものが人のもつ世界観や社会観を革新する重要な科学法則として突然脚光を浴びることもあります。

　たとえば「リンゴは木から落ちる」という日常的な経験則は、ニュートンによって天体の運行までもが説明できる「万有引力の法則」という燦然たる科学法則に装いを改めました。「高温多湿の状態では食物は腐りやすい」という経験則は、パスツールによる細菌の発見をもたらし、疫病の防止や発酵食品の開発に役立っています。

　「人は楽しいと笑い、悲しいと泣く」という経験則もこの理由が科学的に解明できれば、人の幸せに貢献できる画期的な科学法則となるでしょう。いや、これは個人的見解ですが（笑）。

　このような訳で誰もが共有できる常識的な経験則は潜在的な科学法則といえるでしょう。

発見、法則を科学と認める社会的な仕組み

教授　ここまでの話から察しがつくように、科学法則とは社会的に認められたものです。そこで、提唱された法則や発見が科学として認められる社会的な仕組みを説明しましょう。

　西洋では近代の科学理論の発展に触発されて科学の学会や専門誌が創設され、それ以降に提唱された法則、発見については、そこで検討されて納得ずくで科学的であるか否かが定まってきました。一旦科学と認められた法則、発見でもそれに疑問を抱かせるような新たな証拠が出てくれば再検討されます。

　つまり関係する学会や専門誌が裁判所の役割を果たしてきたのです。それに加えて科学を自任するそれら学会の検討過程は世界的に公開されているため、それが科学理論を広く世界で共有できるものとする大きな力になってきました。

　学会では個々の科学用語についても共有できる意味をもたせるために、他の科学用語や経験的な言葉で定義するように努力しています。

ナオキ　論文にその主張の根拠となるデータや写真が添付されていると、それらが共有できて論文の審査がやりやすくなるのですね。でも時々科学論文のデータのねつ造が社会問題となっていますね。

教授　はい。審査員でもなかなか気づかない巧妙なデータのねつ造も時々ありますねえ。これは論文の著者のモラルの問題といわざるを得ないでしょう。でも審査・査読はごまかせたとしても新たな科学論文には世界中の関心が集まる訳ですから、ねつ造論文は時と共に批判されて消え去る運命にあるでしょう。そのような運命をたどった過去の論文は枚挙にいとまがありません。

ノゾミ　では、データは正しいとした場合、専門誌や学会は論文を常に正しく審査しているのでしょうか。

教授　審査において明らかな誤りが見つかった論文は却下されます。この関門を通った論文の説明する新たな物や法則の発見について、それがデータの妥当な解釈でありかつ科学的価値のある発見であるかを判断することは、専門誌や学会の重要な役目です。

裁判所と違って専門誌や学会は、歴史的に特定の学者たちが発起人となって設立されたものが多いのですが、科学の分野には世界的に多くの専門誌や学会があり、そこでの議論や結論は公開されているので、常に相互チェック機能が働いて自然に他の分野の科学理論とも・つ・じ・つ・ま合せの力は働いているのです。

　なお、新たな発見・発明となるか、それが誤りかの判断が困難な問題は、新たな判断材料が出てくるまで仮説のまま保留されるのが常です。

　物理・化学以外にもさまざまな分野に科学と認められた理論はあるのですが、医学や人文科学となると対象が多岐にわたり、誰もが経験的に再確認できるとは限らない難問も多く提起されるので、発表されても認定の伴わない理論も多くあります。

ノゾミ　なるほど、学会や専門誌上の検討の過程と結論は公開されているので立場の違いを越えて世界の人々が納得できて共有できるのですね。

教授　実はそれがそうとも限りません。古くから続いてきた学問の分野には科学と非科学の区別も明確ではない伝統的な立場をとる専門誌、学会もあります。そこでの議論や結論は公開されていても納得できない人がいるでしょう。そのような人が投稿しても門前払いされかねません。

　もちろん進取の気風で自己研鑽に励む学会もあります。その一方では人間社会の常として、保守的ゆえに居心地が良く長続きしている学会もあるでしょう。

　これの逆のケースとして、「地動説」や「進化論」のように専門家が科学と認めても、保守的ゆえに居心地の良い人間社会がすぐには受け入れてくれないこともあります。このことについては後ほど改めて説明しましょう。

哲学的な「科学論」のおかしさ

ナオキ　科学の原理を知りたくて市販の本を読んだことがありますが、様々な説を紹介しているだけで良く理解できませんでした。なぜでしょうか。

教授　それは、一般に「科学論」と呼ばれているものは西洋に発した「科学哲学」だからです。そこではここまで説明してきた科学の成り立ち方

がほぼ無視されているのです。

　次にその二三の例をざっと紹介しましょう。ここまでの科学の成り立ち方の説明が理解できていればそのおかしさがわかるでしょう。

　20世紀の前半に哲学の革新を目指した科学者と哲学者たちが共同して「ウイーン学団」という団体を立ち上げました。

　そこでは「科学理論とは検証可能なもの」という定義が議論されました。しかし既存の科学理論に当てはまらない事例が発見されれば既存の理論の検証はできなくなったと考えることもできます。そこで次に「科学理論とは反証可能なもの」という定義が議論されました。科学理論は新たな発見で新たな理論に置き換わるとも考えることができるため、このことを「反証可能性」と言い表したのです。

　1960年代になって科学哲学者クーンは「ある科学理論は別の科学理論により打倒される。これは二つの理論が通訳不可能だからである。この現象をパラダイム転換という」と主張しました。そしてパラダイム転換の例として「アリストテレスの運動学⇒ニュートン力学⇒相対性理論」とつづく理論の転換を挙げました。

　ナオキ君、これらの議論のおかしさはおわかりでしょう。

ナオキ　はい、科学理論は検証可能であることは当然です。でも反証可能性についていいますと、それぞれの科学理論は理論を提唱した人の関心と視座にもとづいて生まれました。ですからある理論と合わない事例があっても、それが理論の提唱者の関心の外にある場合は直ちに「反証」とはいえないでしょう。それぞれの理論の有効範囲をよく比較すべきです。

　次にクーンのパラダイム転換説ですが、同一分野の理論であっても理論を提唱した人の関心、視座が異なれば異なってくるでしょう。ですからニュートン力学と相対性理論は時と場合によって使い分けるものであって、相対性理論がニュートン力学を打倒したわけではないでしょう。申し訳ないですがアリストテレスの運動学は知りませんので何ともいえません。

教授　よくできました。満点の解答です。

　「アリストテレスの運動学」についていえば、その中に「物は静止態と

運動態に分けられる」「運動している物はやがて静止する」という法則があります。今日から見るとずいぶん時代遅れな感じがしますが、地上での物の動きのみを対象とすれば常識的な経験則だったのではないでしょうか。

　すべての理論は人々が編み出したものであり、その中でも科学理論は世界の誰もが観察、体験できて共有できるという基準にもとづくものです。そして人々の物事・現象に対する認識の深まり広がりに応じて科学理論も深まり広がることをここまでに説明しました。

　ところがここで紹介した科学論はすべてこのような科学理論の成り立ちを論じることなく、出来上がった科学理論のもつ性質のいくつかを一面的に指摘しているにすぎません。

　樹木は季節の変化に応じて成長速度が異なり、これが木目となって現れているのですが、このような議論は、ちょうど樹木の成長過程を知らないで、その切り株を観察して木目が多いとか少ないとか、木目が同心円であるとか偏心しているとか、木目の性質を列挙して議論しているようなものです。樹木の成長に注目しない限りこのような議論はどこまでもつづいて収束しないでしょう。

ナオキ　なるほど、現行の「科学論」を読んで感じる歯がゆさ、違和感、難しさの原因がよくわかりスッキリとしました。

●いくつかの基礎的で科学的な理論

教授 ではここから科学の各論に入ることにして、まずいくつかの今日の科学の基礎となっている理論の成り立ちを考えてゆきましょう。

二人 よろしくお願いいたします。

温度計と原子論と観測の限界

教授 ノゾミさんが「今日は寒いね」といったところ、これを聞いたナオキ君が「いや、むしろ暖かいよ」と答えたとしましょう。これは個人的な好み、感覚の違い、あるいは着ている服装の違いのせいで、このままでは二人は合意できません。

「温度」は今では当たり前のように用いられている概念ですが、温度計は17世紀に西洋で発明されたものです。温度計によって暖かさ寒さを誰もが共有できる温度という客観的な数値によって表すことができるようになりました。これによって、もし気温が高いのに寒さを感じたら温度を疑うよりもまず自分の体調や服装を疑うべきだ、といえるようになったのです。

近代原子論の発達により温度の正体は分子、原子の微細な振動の強さであることがわかりました。そして温度が上がると温度計に使われたアルコールや水銀の分子、原子が熱振動により膨張することで温度が測れることが理論づけられました。分子、原子の振動が完全に止まる温度−273.15℃を絶対0度といい、それより低い温度はありません。

この発見以前は温度を与える役割だけを演じる熱素という微粒子があると考えられていたということです。

万物は原子という小さな粒子から成るというアイデアとしての原子論はすでに古代ギリシャにあったのですが、18世紀末から19世紀にかけて多くの科学者による実証にもとづく推理の積み上げの結果として近代原子論が成立しました。

お二人は知っていると思いますが念のために原子の構造をざっと説明しますと、

・原子は原子核とその周りを取り囲む電子から成る。

・原子核は正の電荷をもつ陽子と電荷をもたない中性子が集まって成る。

・原子には負の電荷をもつ電子が陽子と同数含まれており、電気的なバランスがとられている。

・原子が含む陽子の数（＝電子の数）が異なると原子の性質が異なる。その違いは原子名・元素名で区別される。

　というようなものです。最も簡単な水素原子を図解しましょう。

　そういって教授は次のような図を描きました。

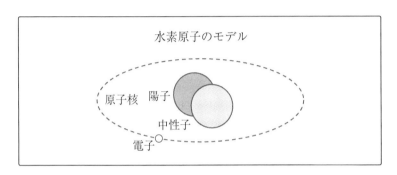

水素原子のモデル

原子核　陽子

中性子

電子

　近代原子論の初期の原子モデルは球状の陽子、中性子が集まった原子核の周りに球状の電子が周回するものでした。ところが原子核、電子の位置について測定を積み重ねるにつれて確定値が得られ難いことがわかり、その位置は確率分布といって雲のようにある広がりをもつものに改められました。このような理論を量子論といいます。特に電子、光子のような小さな粒子にこの傾向が強く、その位置と速度を同時に観測して確定することはできません。

ノゾミ　目に見えなく、雲のような存在の原子が本当に存在するといえるのですか。

教授　原子は数学、図形、確率論で表されたモデルに過ぎないのですが、近代原子論は成立してから今日に至るまで物理・化学分野の基礎理論として大いに役立っています。このような実績により近代原子論は実態をよく反映していると考えられていて、現在でも世界的に共有された科学理論となっています。

　原子そのものは小さすぎて、肉眼はもちろんのこと光学顕微鏡でも見

えないのですが、最近では他の物理的な方法で観察できるようになってきました。

　二人も知っている通り、今日では物理学の進展、観察方法の進展につれて原子を構造づける素粒子類がさらに発見されつつあります。現在では一応「標準モデル」といって素粒子は16種類に分けられるとされていますが、それだけでは説明しきれない観測結果も得られています。ある素粒子が発見されても「その素粒子の構造は？」という疑問が必ず生じるわけですからこの探求には終わりがないでしょうね。

　ノゾミさんの質問に対する答えとしては、観察結果が科学理論として説明できれば「存在する」といっても矛盾はない。「本当に存在するか」との質問には「本当の存在とは何か」という問いをお返しするしかないですね。

ノゾミ　では目の前のコーヒーカップのように存在しないのですか。

教授　原子は小さすぎてコーヒーカップのように目で見たり手で触れたりできるような存在ではない、といえばおわかりでしょうか。

ノゾミ　なるほど、**科学には究極の理論、根本原理、絶対的存在という概念がなく、対象によって理論、用語を選ぶ必要があるのですね。**

教授　そうですね。知的な人間が究極の理論、根本原理、絶対的存在を目指す気持ちはよく解ります。ですが、科学は人間が観察、体験できる物事の中から理論として表せるものを表しているわけですから、自ずと限界が生じます。

　シンプルな図形モデルで表した初期の原子も、雲のような確率モデルへ変身せざるを得なかったのです。

　では次に近代科学を支えている「長さ」「空間」「速度」を科学的に説明しましょう。

長さ・距離の科学

教授　私たちは体験を通して日常的に用いられている長さという概念を習得しました。大昔の人々は歩幅や両手を開いた長さなどを使って距離や物の長さを測っていたと考えられています。でもそれでは個人差があって不正確です。きっと誰かが適当な棒切れを用いて物差しを作って、「こ

の物差しで測った長さを共通の長さにしよう」と提案し、それが周囲の人々に広がっていったに違いありません。

　そのため昔は国や地方によってさまざまな長さの単位が用いられていました。フィートや尺などの単位はその当時からの名残です。

　異なる単位で表された長さを比較しようとすれば、どちらかの単位へ換算する必要があります。「メートル」という現在の国際的な単位は、このような不便さを解消するために1875年に赤道から北極までの距離の１千万分の１の長さとして国際的に規定されたものです。メートル原器は狂いの少ない白金イリジウム合金で作られました。最近では更に精度が高い光の波長で規定されるようになりました。

ナオキ　光の波長で規定されて誤差は０になったのですか。

教授　光の波長で測る長さは精密です。ですからその誤差は実用上問題にならないでしょう。

　仮に誤差０の物差しがあるとしてその性能を考えるならば、１ｍが100cm、１ｃｍが10mm、時と場所を変えてそのどの長さを取っても対応する長さが全く変わらない物差しでしょう。でも現実の物差しの長さは絶対的に不変であることも、測定誤差が０であることも確認できません。つまり**誤差０の物差しとは誰もが頭の中でのみ描くことのできる「物差しの理想モデル」**です。

　「正確な長さ」という概念はシンプルで世界中で共有可能ですが、それを支える定義は以上のような幾何学上の線分の長さを用いたもの以外にはあり得ないでしょう。ですからこれを「数学的長さ」ということにします。

　数学的長さは純粋な理論であるために、誰もが思い描くことのできる「正確な長さ」の正体だと私は考えています。君たちは幾何学や座標幾何学をある程度学んだと思いますが、その理論では１という長さの線分はどの位置に持ってきても正確に１ですよね。この考え方によって幾何学が成り立っています。

ナオキ　言われてみればたしかにそうですね。

教授　幾何学での直角もどこへ動かしても直角で狂いがない理想的直角です。

ナオキ　たしかにそのような考え方で幾何学理論が成立していますね。

教授　そうです。このことはさらに数学、幾何学の話の中で考えることにして、次に時間と時計の話をしましょう。

時間と時計の科学

教授　人類は誕生以来ずーっと昼夜や四季が規則的に訪れる地球に暮らしてきたのですから、人々はその自然の移り変わりを「時の経過」とみなしてきたことでしょう。この自然の移り変わりは太陽の動きがもたらすもので、現在では太陽などの天体の動きは物理学で理論づけられています。ですからこれは「**物理的時間**」といわれています。

　私たちも物理的時間である年月と共に成長していることを実感できます。そして、時間の経過と共に新たな体験が過去の体験の記憶の上に次々と積み重なってゆきます。これが私たちの意識の中で過去から現在に至る時間概念を形成しているのでしょう。さらにこの記憶の積み重なりは未来へもつづくと予測できます。このような時間概念は「**心理的時間**」といわれています。

　子供の頃を振り返ると一日の間にもずいぶんと波乱万丈な出来事があり、一日を長く感じたものです。これはきっと子供の頃の身体活動とそれに伴う心の活動のリズムが速く活発だったので相対的に一日を長く感じたのでしょう。このような身体活動のリズムにもとづく時間は「**生物学的時間**」といわれています。

　時は過ぎて今の私の毎日はぼんやりしているうちに過ぎることが増えました。これはきっと年齢と共に身体活動のリズムが生み出す生物学的時間が遅れがちとなって、相対的に物理的時間の経過を速く感じるようになったからでしょう。君たちもやりたいことは若いうちにどんどんやらないと後悔しますよ（笑）。

二人　はい、わかりました。

教授　過去から現在、そして未来へという心理的時間、生物学的な時間の進む方向は誰もが同じです。ところが、その速さの感覚には年齢差や個人差があるため、人々の共通の時間尺度にすることはできません。これとは違い人々は古くから自然現象である昼夜や四季の変化の周期は、

誰もが共有できて等速的に進む時間の流れと考えてきたようです。

ナオキ　アッ、すいません。「等速的」という意味はなんとなくわかるのですが、定義はできるのですか。

教授　後ほど「等速」という意味を「数学的時間」「理想の時間」によって説明しますので、それまでこの言葉をそのまま使わせてください。

ナオキ　了解です。

ノゾミ　現在では1年は約365日、1日は24時間という区切りとなっていますが、これは科学的なのですか。

教授　はい、地球は自転しながら太陽の周りを公転しています。地球の自転軸が太陽を巡る公転軸から傾いているため太陽を1周する間に四季が訪れます。地球は太陽の周りを一周する間に365回余り自転しています。ですから一年を約365日とするのは科学的で、これを「太陽暦」と言います。でも地球が一回転する時間を何等分して1時間にするかを定める科学的な根拠は特にありません。一日を24時間に分ける習慣は西洋では古くからあったのですが、現在では世界中で共有されています。西暦年号、月日や週の区切りについても西洋からのものです。

　ちなみに多くの古代文明において、暦は月の満ち欠けを基準とした「太陰暦」だったそうです。これは太陽の一年の動きよりも月の満ち欠けの方が観察しやすかったからでしょう。時間は昼間と夜間の長さをそれぞれに等分割する「不定時法」だったそうです。これは照明のない時代の人々の活動が昼間に限られていたからでしょう。これに対して一日の長さを等分割する方法は「定時法」と言います。

　日本でも明治になってそれまで用いられていた太陰暦と不定時法は西洋由来の太陽暦と定時法に改められました。

　でも個人的な意見をいわせてもらえば、2月を28日にせずに、すべての月を30日か31日かにした方が月の進み方が均一化されて何かと便利ですし、一週間も6日とした方が週に2日毎、3日毎の予定が等間隔で立てられて何かと便利だと思いますね。それもこれも伝統の重みですね。

ナオキ　なるほど、ここにも伝統の重みが働いているのですね。

教授　では次に「時計」の話をしましょう。太陽の方向で時間を測る日時計は世界各地に遺跡として残っています。中国や西洋では14世紀ご

ろに簡単な機械式時計が現れたようです。その後テンプや振り子が発明されて機械時計の性能が上がり、精度の高い時間が測定できるようになりました。

　これによって、今日では常識となっている車の速度を測ったり時間刻みのスケジュールを立てることが可能となって、人々の生活は大きく変わっていったことでしょう。最近ではクォーツ時計や原子時計が発明されてますます時間の測定精度は高くなりました。

ナオキ　最新の時計の誤差は０と考えてよいのですか。

教授　物の長さの議論を思い出してください。この質問に答えようとすると誤差０の時間とは何かを考える必要があります。それは「等速で進む時間」であることは明らかでしょう。これはシンプルな概念であるゆえに誰もが納得できて共有可能な抽象的な「理想の時間」でしょう。

　理想の時間の性質を具体的にいえば、１日24時間、１時間60分、１分60秒、そのどの長さにおいても、時と場所を変えても対応する時間の長さが同一不変であることでしょう。しかしいうまでもなくこれは理論による定義にすぎません。実際に計測しようとしてもどの一つの条件についても誤差０で計測することは出来ません。

　理想の時間は数を用いた理論上でしか定義できないのです。ですから「**数学的時間**」ということにしましょう。まとめていえば「等速で進む時間」「理想の時間」「数学的時間」はすべて心の中に生じるほぼ同一の時間概念ということです。

　数学的時間は心に描かれたモデルであるため実在せず誰も見ることができません。でもそれゆえに狂いがなく等速のイメージが描ける理想の時間であって、誰もがもつことのできる「等速で正確な時間」の正体だと考えられます。

　以上の説明が先ほどナオキ君が質問した「等速的」という意味の経験的、科学的な解答ともなっているでしょう。

ナオキ　なるほどそうですね。

教授　ただし、数学は純理論であるため通常の時間の進む方向を正で表すと、それを負で表した逆進する時間も考えることができます。実際、数学的時間を用いた物理学の理論は時間を負値で表しても理論の中に矛

盾は生じません。言い換えると、これらの物理学の理論は時間に関して可逆的です。ですから時間の一方向性については心理的時間、生物学的時間で定まっていることになります。

　実はニュートンの著書の中では、数学的時間は自明であるといって特に説明されることもなく、数学的時間を用いてニュートン力学は理論づけられています。

ナオキ　数学的時間はニュートンの時代は自明であって、その後忘れられてしまったのでしょうか。私も数学的時間は初めて知りました。

教授　あるいは19世紀に始まった数学の集合論による見直しや、20世紀に発見された相対性理論の影響があるのかもしれませんね。

ナオキ　でも時間の測定には物理的な時計が欠かせませんよね。

教授　そうです。では時計による時間の計測について考えましょう。

　数学的時間、理想の時間が測れる時計があるとすればそれは「理想的な時計」といえますが、現実にはあり得ません。現実の時計は等速とみなせる物理現象によって動いています。ですから時計が表す時間は「物理的時間」といえます。天体も物理法則で動いていると考えられていますから、天体も物理的時間で動いていることになります。

　物理的時間には誤差の問題が避けられません。物理的時間は最近では原子時計などによりずいぶん高精度になりました。でも計測による誤差を完全に取り除くことはできません。また物理法則上は一定不変である物理現象であっても、宇宙の時空間の果てまでその法則が有効であるという保証はありません。さらにいうと、二つの時計の間でまったく誤差がないとしても、二つの時計が同時に狂っている可能性だって否定できないでしょう。

ナオキ　でも物は確固として存在しているせいか、人は時間や長さの基準を物に求めがちですよね。

教授　そうですね。理論は人々の知性の成果ですが、理論自体は頭の中にしかないため見ることも触ることもできず、理論のままでは心理的に不安です。そのせいか、理論であっても目に見える確固とした物につなぎとめたくなりますね。でもその結果として、時間の精度を論じる物理学が数学的時間を忘れては困りますね。

ナオキ　そうですねえ。

数学的時空間──3次元空間と時間軸

教授　では平面と空間の話へ移りましょう。

　君たちも知っているように平面上の点の位置は互いに直角に交わるＹ、Ｙ軸上での原点からの長さx、yで表すことができます。これは「2次元座標系」、「2次元平面」といわれています。空間内の点の位置は互いに直角に交わるＹ、Ｙ、Ｚ軸上での原点からの長さx、y、zで表すことができます。これは「3次元座標」、「3次元空間」といわれています。

　数学的時間も原点を適当に定めると時間軸Ｔの原点からの長さtで表すことができます。以上を合わせて「数学的時空間」といいましょう。数学的時空間によると内部の図形は時間の推移によってその動きが表せます。

　ＸＹＺの3軸はお互いに原点で直交した直線です。

ナオキ　なぜ3軸は直交した直線なのですか。

教授　斜めに交わった座標軸や曲がった座標軸にもとづいた理論も可能ですが複雑になります。

　直交座標系はデカルトによって提唱されました。直線は最もシンプルな線です。直角は2本の直線が交わり平面を4等分するという点で最も基本的な角度です。つまり直交座標系は最もシンプルな座標系といえます。

　19世紀になって斜めに交わったり座標軸が曲がった複雑な空間の理論が論じられるようになったのですが、最初に座標系を提唱したデカルトにとって、理論の共有性を重視して直線の座標軸が直交するシンプルな直交座標系を選んだのは当然で、斜めに交わった座標系は念頭にもなかったのではないでしょうか。

　「非ユークリッド幾何学」といわれているこのような理論の成り立ちについては、数学的空間の成り立ちを含めてまた改めて、数学と幾何学の理論として考えてみましょう。

ナオキ　はい、わかりました。

数学、幾何学で表された近代物理・化学

教授　近代物理・化学は数学的時空間、数式、幾何学的図式などで表すことで飛躍的な進歩を遂げました。

　このような理論の特徴は、最初に説明した科学理論の思考法の三つのパターンのⅲ）として説明しましたが、さらに深く考えてみましょう。

　近代物理・化学は近代科学により誕生した計測器によって、時間、物の位置、速度などを数値の形で精密に測定できるようになり発展しました。数学的時空間は経験的に学ぶことができて、それを用いると測定された時間、物の位置、速度などをその中に再現することができます。ですから、物理・化学の理論の表現手段として数学的時空間、数、数式、図は必要不可欠なものとなったのです。

　力学、原子論、電磁気学などは目にみえないものまで数、数式、図で表されているのですが、これらの理論はさまざまに応用されて役立っているのですから、相当に実態を表していると考えてよいでしょう。

　ただし、数、数式、図、それ自身には言葉のような意味はありません。単なる理論の骨格です。ですから原子論の例では数、数式、図を用いて描かれた原子モデルの骨格を「原子」や「電子」という名前で区別しているのです。

　近代物理・化学の理論は数、数式、図で表された骨格の意味を言葉で説明する形で成り立っています。

ナオキ　数学によるとどこまでも小さな値を数値で表すことができますが、これとは違い、物はどこまでも細かく分割できませんね。

教授　その通りです。それは理論である数学と現実の違いです。物の測定、観測には小ささと大きさの限界があります。

　数学理論では「点」は位置を定めるものでそれ自身の大きさは０とみなされています。

　一方、ニュートン力学の法則では物体は「質点」といって点とみなされているのですが、これは理論をシンプルな数式で表すための方便です。球形の物体の引力は球の外部では球の中心にすべての質量が集中していると考えても変わらないことが計算で求められます。ですから質点で表

した力学法則が成り立つのです。現実に体積０の物体があるわけではないのです。

　科学の対象となる物事の多くは数学や幾何図形よりも複雑であいまいさが伴います。

　原子論についていうと、原子や素粒子の位置と動きは小さすぎて測定で同時に確定できないことがわかり、その結果として確率的に表現せざるを得なくなり、量子論が誕生しました。確率については後ほど説明しましょう。

測定誤差について

ナオキ　数学的時空間や数式は数学であるため、理論そのものは正確だと思うのですが、物理学などの科学理論は物理的に物の長さや時間を測定して、その数値データにもとづいて理論化されていますね。測定に誤差はつきものですが、それでも得られた理論は正しくて科学的なのですか。

教授　理論の元となる測定値・数値データには誤差がつきものです。誤差を含んだデータにもとづいた理論であっても、物事の法則性を表していると判断できるとその理論は科学的な理論とされます。

　ニュートンは当時の技術で得られた少なからざる測定誤差のある天体観測のデータを用いて、いくつかの法則から成る理論を推理していったのですが、得られた理論は観測結果を良く説明できて、将来の天体の動きまでもが予測できるものだったのでその理論は認められたのです。

　今日では誤差を含むバラツキがあるデータに隠された法則を、確率論を用いて推測する「統計学」という理論が発達して、バラツキは単なる測定誤差か法則性があるのかの判断が、数値によって、言い換えれば「定量的」に感覚に頼ることなくできるようになりました。統計学も後ほど説明しましょう。

　では次に数学的時空間を用いた宇宙の科学の話をしましょう。

●宇宙の科学

ニュートン力学の宇宙観

教授　まずは「科学理論のパラダイム転換」ともいわれているニュートン力学の説明にかかりましょう。西洋での物の動きについての理論としては、古代ギリシャのアリストテレスによる、動く物と静止した物に二分割する理論が永く生きてきたのですが、16世紀ごろになると機械式時計が改良されて時間を精度高く測定できるようになり、「**物体の速度**（移動距離／要した時間）」という概念がガリレイらにより確立されました。さらに、動く物体はどこまでも一定方向に一定速度で動き続けようとする、動いている物体が方向や速度を変えるのは物体に加わる力による、という「**物体の慣性の法則**」もガリレイらにより発見されました。

　一方、天体望遠鏡が発明されて、恒星の間を移動する惑星の動きが精度よく観測できるようになり、惑星の動きにもケプラーらによって幾何学的な法則性があることが発見されました。これらのことが「ニュートン力学」発見の基礎となったのです。

　ニュートン力学の法則は地上の物体だけではなく天体の位置・動きについて、物体の質量、位置、速度、加速度、力（引力）の関係を数学的時空間内での数式でシンプルに統一的に表した画期的な理論なのです。

　その核心は「物体に力を加えると物体は力に比例し質量に反比例して力の方向へ加速される」という力の法則と、「二つの物体の間にはその質量の積に比例してその距離の2乗に反比例した引力が働く」という万有引力の法則です。

ナオキ　ニュートンは数学的時空間を用いたのですね。

教授　そうです。ニュートンが用いた3次元座標系はその少し前の時代にデカルトにより明確化されたものです。

　繰り返してニュートンに苦言を呈しますが、ニュートンはこの3次元座標系と数学的時間とを組み合わせて、「数学的時空間は自明である」といってほとんど説明もなく用いています。彼がもう少し丁寧にその成り立ちを説明していれば、数学的時空間はその後も重視されたと思うので

すが……。

ナオキ　ところで座標の原点はどこに固定するのでしょうか。

教授　するどい質問ですね。座標の原点が動くと座標で表した物体の位置も変わってしまいます。そこで地上の物体の位置を表す場合は原点を地上に固定した座標を用います。惑星の位置を表す場合はふつう太陽を原点として考えます。太陽も惑星もお互いの引力で引きあっているので正確にいえば太陽と惑星を合わせた重心を原点として互いに動くのですが、太陽は惑星よりもはるかに大きいので、太陽を原点と考えても誤差はごくわずかです。

ナオキ　広い宇宙の中で太陽は静止しているのでしょうか。

教授　これもするどい質問ですね。宇宙の中での太陽の動きとは宇宙の中心から見た動きとなるはずですが、宇宙の中心はわかっていません。私は宇宙の中心は発見できないと考えているのですが……。それはともかくとして、ニュートンは賢明にもそこへの深入りを避けて、ニュートン力学の成立する座標系を「静止系」または「慣性系」と規定しました。

　これはニュートン力学が外乱なく成立する時空間なのですが、全体を把握できない宇宙を思うと単なる理想系といわざるを得ないでしょう。でも幸いなことに、太陽系と他の恒星は十分に離れているので太陽系はほぼ慣性系とみなすことができるということです。

ノゾミ　ニュートンは木から落ちるリンゴを見て力学法則を思いついたという逸話を聞いたのですが。

教授　はい、よく知ってますね。そのリンゴの木のあった場所には今も何代目かのリンゴの木が植わっています。それまではリンゴが落ちることは自然の摂理とみなされていて、とくに原因を詮索しようとする人はいなかったのです。かくいう私も子供の頃、物が落ちるのは当たり前と考えていて「万有引力」の凄さが理解できませんでした。

　万有引力の発見は当時の多くの科学者による断片的な運動法則の発見の上にあるのですが、それでも当時の常識を疑って万物に備わる万有引力を想定するとバラバラであった運動法則が統一された理論系となることを発見したニュートンの業績は偉大で、真の天才といえるでしょうね。

二人　素晴らしいですね。

教授 また話が脱線しますが、ニュートンが発表した論文のタイトルは『自然哲学の数学的諸原理』（原文はラテン語）といいます。今日では宇宙論はすっかり宇宙物理学という科学の領域となりましたが、このタイトルは星座にまつわる神話から始まった天文学がニュートンの時代は哲学の対象となっていたこと、数学も哲学の領域とみられていたことを示していて興味深いですね。

ニュートン力学がそうであったように、科学理論はそれが生まれた時代の知識・技術・思想を踏み台として得られます。だから新たな知識や技術が集積されると新たな科学理論が生まれる可能性が高まるのです。

余談ですが、「弁証法」という哲学的な思考法を推し進めたヘーゲルが「止揚」と名づけた方法に似ていますね。

伝統的な考え方と科学とのあつれき

ナオキ ニュートンが発見した太陽と地球の間に働く引力の関係によって、今日では地球が自転しながら太陽の周りを公転しているという地動説は常識となったのですが、ガリレイは地動説を唱えたせいで宗教裁判にかけられて有罪になったそうですね。なぜでしょうか。

教授 当時の常識的な宇宙観は聖書に記されたもので、神が創造した地上を覆う天空に太陽や星々が運行する仕組みで、人々の心情もそこに安住していたのでしょう。

16世紀に提唱されたガリレイの地動説はそのような常識に安住した社会を不安に陥れると考えられたので訴えられたのです。当時の西洋では宗教と法律は一体的だったようで、ガリレイがかけられた裁判も正しくは「異端審問」というものです。

余談ですが、これには後日談、それも400年も隔てられた後日談があります。1992年に至り、ローマカトリック教皇はこの裁判の誤りを認めて謝罪し、ガリレイの名誉は回復（リハビリテーション）されたということです。

17世紀のニュートンの時代には多くの人々が天体観測にもとづき地動説を唱え始めたため、拒否反応は薄れたようです。そしてニュートンの理論があまりにも見事に天体の動きを表していることが理解されるにつ

れて、拒否反応は賞賛の声に置き換わったということです。

　でもニュートンにも陰の苦労がありました。英国人の彼はラテン語の教科書で数学を学び、ラテン語で論文を書き上げました。ローマカトリック教会の公用語がラテン語と定められ知識階級の言語とみなされて、当時の学問書はラテン語で書くというしきたりがあったからです。論文のタイトルも『自然哲学の数学的諸原理』としたのです。そこには職人階級の理論とみなされていた「科学」という言葉はありません。

　19世紀にダーウィンが「進化論」を唱えた時にもごうごうたる反対論が巻き起こりました。西洋では人も動物も別個に神が創造したものと考えられていたからです。そのような伝統の中で進化論が普及するには長い年月がかかりました。

　進化論は別の重大な社会問題を引き起こしたのですが、これについてはまた後で説明しましょう。

ノゾミ　ところで「科学」という概念は古くからあったのですか。

教授　古代ギリシャにはすでにあったようです。ニュートン以前にもガリレイが罰として課された軟禁中に『新科学対話』という本を著しています。これは当時の先端科学をやさしく解説した本です。ノゾミさんにもよく解ると思いますよ。

ノゾミ　はい、有難うございます。読んでみます。

相対性理論と他の物理理論との関係

ナオキ　光の性質の研究が進み、新たに得られた理論がアインシュタインによる「相対性理論」ですね。

教授　その通りです。20世紀初頭にアインシュタインは「相対性理論」を発見しました。相対性理論は「真空中の光の速度は一定である」との法則を原理とするとニュートン力学の法則群がどのように異なってくるのかを数式を用いて表しています。アインシュタインはこれを「数学的時空間の歪」と表現しました。これは歪のある空間を論じた非ユークリッド幾何学が脚光を浴びた当時の風潮に乗ったものでしょう。

　私にいわせればこれは本末転倒で正確にいえば「力学法則の光速による歪」です。

ナオキ　先ほどの考え方によると「一定である光速」を誤差０で確認することはできないですよね。

教授　光速はもちろん測定されたのですが、繰り返し言うように測定には時間空間の制約があり誤差もつきものであるため、光の速度がどこでもいつでも一定であることは確認できません。

　でも一定の光速は物理学の骨格となっている電磁力を表す数学モデルからも導かれており、根も葉もない仮定というわけではありません。

　難しくなるので聞き流してもいいのですが、これをさらに具体的にいいますと、「ファラデーの電磁誘導の法則」と数学的時空間内での「エネルギー保存の法則」を組み合わせて表した「マクスウェルの電磁方程式」により「一定速度Ｃの電磁波（光の一種）」は導き出されたのです。その方程式はどのような慣性系でも成り立つため、理論上もＣは座標系の速度に関係なく一定なのです。

ナオキ　なるほど。では、物事の観察に光は必要ですからニュートン力学よりも相対性理論の方が正しいといえるのでしょうか。

教授　それがそうとも言い切れないのです。ニュートン力学は宇宙の物体の位置を数学的な座標で表しました。数学的座標で表した空間は誰もが頭の中に思い描くことのできる歪のない理想空間です。

　そして**相対性理論はこの歪のない数学的時空間の中で秒速約30万km という常識外れの光の速度を一定とすると、物理的長さ、物理的時間から成る「物理的空間」がどのように歪むかを表しています。**だから常識外れに速い光の速度が影響する大宇宙を物理的に究明しようとすると相対性理論が必要となるのですが、そんな速度とは無縁の、地球上の日常的な出来事を理論づけるには光は同時的に伝わるとみなしたニュートン力学で十分なのです。ニュートン力学は今も建築や機械の製造に大活躍しています。

　重ねていいますが、よくいわれている相対性理論による時空間の歪とはあくまでも光の性質にもとづいた物理的な時空間の数学的時空間からの歪であり、その歪は秒速30万kmという常識外れの光の速度に近づくと顕在化するのです。普通の速度では物理的な時空間であっても、私たちがシンプルに理解できる歪のない数学的時空間とみなして何ら不都合

はないのです。

　このような訳ですから将来新たに基本的な物理要素が発見されて「新相対性理論」や「新物理的時空間」が誕生する可能性はゼロとはいえないでしょう。すでに素粒子の性質にもとづいた多次元空間が提唱されています。もしそのような空間で素粒子の性質がうまく説明できればその空間は新たな物理的空間として認められる可能性はあるでしょう。でもそれは専門的な物理学上の話であって、私たちの常識となっている数学的時空間とは文字通り次元の異なる話です。専門家も含めて私たち誰もが歪のない数学的時空間にもとづいて時空間を考えているのです。

ナオキ　すると、物理的時空間とは物の物理的関係であって今後さまざまなものが発見される可能性がある、そして物理理論の正しさとは測定されたデータにもとづく判断であるため、数学のように絶対的に正しいことは証明できない、といえるのですね。

教授　その通りです。絶対的とはいえない理論であっても科学の条件を満たせば科学の一翼を担うことになります。そして新たな発見によってその理論がより核心的なものとなる可能性もあれば、一面的なものに終始する可能性もあるのです。

　何度も説明した通り、一つの科学理論では物事の一面しか表せません。物事の多様な見方、多様な解釈は多数の科学理論でカバーする必要があります。古典力学といわれているニュートン力学、相対性理論、量子論の三種の理論はそれぞれが科学的な物理理論ですが、それぞれに異なる関心から生まれた視座にもとづいた理論です。ですからある物事を物理的に説明しようとすると、説明の目的に最も適したものを選択する必要があるのです。三つの理論は矛盾しているわけではなく、矛盾しないように使い分ける必要があるのです。

　現状に満足せずこの世界を統合的に説明できる理論に惹かれる科学者、哲学者は大勢います。

　その後アインシュタインは相対性理論を重力の性質までも統一的に説明できる「一般相対性理論」に拡張しました。

　現在では、素粒子論と一般相対性理論を統一するために、四つの力といわれている電磁気力、弱い力、強い力、重力を統一的に説明する「大

統一理論」が模索されています。

　近代物理学がそうであるように、これらの理論ではその骨格として数、数式、図、論理関係が用いられています。そしてこれらの理論がより統一的な物理的時空間を表せたとしても、もちろんそれは数学的時空間とは別次元の物理学上の理論となります。

宇宙論の展開

教授　宇宙の話をつづけましょう。近年の宇宙観測技術の進展によって宇宙論はずいぶん進展しました。

　現在の観測技術によると138億光年かなたの宇宙まで観測できるそうです。1光年とは秒速約30万kmの光が1年かけて進む距離ですから、文字通り天文学的遠さです。

　宇宙には太陽のような恒星が無数に存在するのですが、その大部分は集団となって星雲を形成していることが知られています。星雲も無数にあり観測限界にある138億光年かなたの宇宙では、恒星は遠すぎて見えず無数の暗く赤い星雲のみが観測されています。夜空に見える天の川は我が太陽系の属する銀河系星雲を内部から展望したものとされています。

　宇宙には明るさや色の異なるさまざまな星雲や恒星が観察されていますが、その違いは距離による影響の他に星雲や恒星の誕生から消滅にいたるステージの違いを表していることも分かってきました。

　今日の宇宙論では、宇宙の全質量の過半数は光学的に観測できない暗黒物質であり、暗黒物質には原子や標準モデルでは表せない物質やエネルギーが多く含まれているとも考えられています。宇宙の質量の一定割合を占めるブラックホールの中心部も原子が重力で押しつぶされてとてつもない高密度となっていると考えられています。

ナオキ　ブラックホールも見えない物質ですね。

教授　ブラックホールは膨大な質量がほぼ一点に集中しており、そこでは強力な引力で光すら引き寄せられて何も見えません。でも外部に伝わる引力の影響を測定してその位置や質量を推定することができます。それによると、多くの星雲は中心部に大きいブラックホールをもつようです。

ある質量が一点に集中すると理論上密度は無限大になるのですが、ブラックホールは現実の現象であるため、中心部もある体積とある密度をもっていると推定できるでしょう。

ビッグバンは科学的か

ナオキ　宇宙はビッグバンという爆発により誕生して今も光速で膨張し続けているという話を聞きました。本当でしょうか。

教授　ビッグバン説はセンセーショナルで多くの人々に注目されています。専門家からもビッグバンを否定する声はあまり聞こえてこないのですが私は疑っています。それはともかくとして、ビッグバンを説明しましょう。

　20世紀になって大型天体望遠鏡ができて遠くの天体が観測できるようになりました。そして遠くの天体の発する光ほど波長が長くなる赤方偏移という現象が生じていることがわかり、遠くの天体ほど速い速度で遠ざかりつつあると結論づけられました。

　これにもとづいて「現在の宇宙は点状のものから爆発的に発生して、現在も宇宙は膨張しつづけている」というビッグバン仮説が生まれたのです。

　現在の技術によると、約138億光年かなたの星雲が光速に近い速度で遠ざかりつつあることが観測されているため、ビッグバンは約138億年前に発生したと考えられています。

　でもこの考え方には落とし穴があります。それは138億光年というのは現在の技術で観測可能な限界の距離であって、そこで星雲の速度が光速に達したわけでも宇宙の外縁が観測されたわけでもないのです。ですから今後観測技術が向上するにつれてこの距離はどんどん伸びるはずです。

　ニュートン力学も相対性理論も宇宙のどの場所、どの時間にも等しく成立する理論と考えられています。実行は不可能ですが、理論上は地球から138億光年かなたで宇宙を観測すれば、そこからさらに138億光年先に光速に近い速さで遠ざかる天体が観測できるはずです。そしてこの推察は繰り返し可能ですから宇宙は無限に大きくなり、ビッグバンは無

限の過去の出来事となります。無限の過去の出来事、無限の彼方の出来
事を科学的に解明できるとは思えません。

　ビッグバンは宇宙のあちこちに観測されている星雲の爆発現象からも
類推されているのですが、私たちは宇宙の中に位置しているため、時間
的にも空間的にもこの宇宙を外部から観測できません。この点でビッグ
バンは星雲の爆発現象とは異次元の話です。もしビッグバンが観測でき
るとすればそれは神の視座でしょうか。

　ビッグバンの証拠とされている、遠くの星雲ほど大きくなる赤方偏移
は光や宇宙空間の未知の性質によっても起こり得ないとはいえないでしょ
う。マイクロ波背景放射というビッグバンの痕跡とされる現象について
も、宇宙のあちこちで観測されている星雲の爆発現象などと無関係とい
えるのでしょうかねえ……。

ナオキ　では宇宙の時間も空間も無限なのですか。

教授　現在の科学では観測上も理論上も宇宙の中心や外縁が未知である
という意味で無限です。これは物理的に確認できないという意味で「物
理的無限」といえるでしょう。

　ビッグバンは20世紀前半にガモフにより提唱されたものですが、当時
は、「数の全体」という概念で無限集合を定義した「集合論」が広まった
時代でした。ガモフも集合論の解説書を著しており、集合論に触発され
て「宇宙全体」を理論づけようとしたのかもしれません。また旧約聖書
には神がこの世を創造したことが記されているため、聖書に親しんだ西
洋人にとってはビッグバンは夢の実現なのかもしれませんね。

ナオキ　科学も思想や文化の影響を受けるのですね。

教授　科学を編み出すのは人間ですから思想や文化の影響を受けるのは
当然です。でも科学の中に誰もが共有できるとは限らない概念が入って
くると、それは科学とはいえませんね。広大な宇宙には人知のおよばぬ
領域があると謙虚に考える方が科学的でしょう。私はビッグバンよりも
「万物は輪廻転生する」という東洋の思想により親しみを覚え夢を感じ
ますね。

ナオキ　ビッグバンもニセ科学ですね。

教授　それはともかくとして、科学は実現しない夢を追うことで発展す

ることもよくあります。ビッグバンが単なる夢、ロマンとしても、世界の人々が大きなロマンを共有してその実現へ向かって努力することで深宇宙の研究が進むというメリットはあるでしょう。

言葉と数値の感覚表現上の大きな違い

教授 ここまでに16世紀に始まった近代科学が数、数式、図形を用いたことで長足の進歩を遂げ、それが宇宙論にまで発展したことを説明しました。

ナオキ それ以前にも数を用いた理論はありましたね。

教授 はい。科学理論とみなされていたかどうかは別として、長短、大小、重さ、嵩、時間のように大きさ、量を表す概念についてはそれらを数値や数式で表す習慣は昔からありました。数値は正確に共有できるため、数値で表した大きさや量はcmやkgなどの単位さえ共有できれば誰もが共有できるでしょう。

　と説明しながら教授は次のように書き出しました。

静と動、遅い、速い⇒速度

熱い冷たい⇒温度

力の強い弱い⇒力の強度

固い柔らかい⇒硬度

濃い薄い⇒濃度

教授 ノゾミさん、この表を見て何か気づきませんか。

ノゾミ 左には感覚を表す言葉が、右には「度」のつく言葉が並んでいますね。

教授 そうですね。このことから何がわかりますか。

ノゾミ 言葉で表した感覚について、より正確で共有されやすい数値表現が次々と生まれたということですね。

教授 はい、その通りです。

　でも数値化によって感覚が完全に共有できたわけではありません。同

じ数値の刺激であっても人によって感じ方が異なるのです。

　甘い、痛い、熱いなどという感覚そのものは、意識と同じく生命体の中に固有に生じる現象であって、その生命体の中でのみ知覚できます。ですから感覚そのものの成り立ちを知ろうとすれば、生命体の成り立ちや活動の仕組みを解明する必要があります。

　今日では人間を含む生命体は、自然の中で発生した原初的な生命体から徐々に進化を遂げたものだと考えられています。そして原初的な生命の発生過程の解明が試みられて、ある程度の有機物まで合成されています。ところがそれにつづく、意識、感覚、思考などの生命活動をする生命体がどのように誕生したのかという疑問の科学的な解明はまだまだ暗中模索の状態です。

　このような訳で、身体感覚と物理的刺激の大きさを数値で表した理論については、物理理論と感覚の理論とに分けて解釈せざるを得ません。これを具体例で説明しましょう。

　「手を火にかざすと暖かい」という科学的な法則は次の二つの理論の結合となります。

物理学　火は熱を伝える赤外線を放出している。手を火にかざすと赤外線により手は加熱される。

感覚の理論　手が加熱されると暖かさ熱さを感じる。

　熱、赤外線は物理用語で、火から熱が伝わる状態は数式・図形モデルで表されます。ところが「暖かい」という感覚は言葉でしか説明できないのです。物理学によると、温度は空気や手の分子の微小振動の大きさで説明できるのですが、分子の微小振動が暖かいという感覚に変換される仕組みがわかっていないのです。

ノゾミ　感覚にはいくつかの種類がありますが感覚はすべて言葉でしか理論化して伝達できないのですか。

教授　視覚、聴覚については感覚の発生源をほぼ共有することができます。

　私たちは視覚や聴覚によって圧倒的に多くの情報を得ています。今日では画像技術の普及により視覚、聴覚については疑似的ですがほぼ実体験に近い形で共有することができるようになりました。最新の技術によ

ると臨場感あふれる現実世界と見まがう再現が可能となっています。

　これが可能なのは視覚や聴覚が音や光という物理的な飛び道具で伝わってきて、それを記録・再生して共有できるからです。でもこれにも限界があって、そこから生じる個人的感覚に個人差がないかどうかは判りません。ビデオを見てどう見えたかどう感じたかは見た人が言葉で説明しなければ個人差は判りませんし埋まりません。

　温度や匂い、痛みについても感覚の原因がほぼ特定されていますが、音や光のように広く伝播されるものではありません。味覚についてはさらに限定的で食べ物を口に含まなければ味わうことは出来ません。さらに爽快感、頭痛、腰痛、躁鬱感などになるとそれを感じる部位すら特定されているとは限りません。

　ですからこれらの感覚の表現には言葉が必要となります。とくに複雑な匂いや味覚になると言葉を尽くす表現が必要となるでしょう。

　そしてすべての感覚についていえることですが、物理的な感覚の発生源を人が共有できたとしても個人で感じる感覚にはバラツキがあるということです。

ノゾミ　感覚は大変複雑だということがわかりました。

ナオキ　身体感覚は結局のところ言葉でしか共有できないのですね。

教授　はい、感覚にも言葉の意味にも個人差があり、あいまいさがありますが、「25℃」と「暖かい」という表現はそれぞれに役割を果たしているといえるでしょう。

　感覚については「百聞は一見に如かず」、「論より証拠」という格言が今も通用します。美味しい味を知りたければ美味しいものを食べる。美しいものを見たければ美しいものを見るのです。その道の達人の助言を授かりながらそのような体験を積めばその感覚は洗練されてゆくでしょう。

　ではここで話題を変えて、日常の思考や科学的思考で重要な役割を果たしている因果関係、さらに確率について考えてゆきましょう。

●因果関係

因果関係と時間は、数学、物理学に含まれているか

教授　私たち人間は物事をほぼ一つずつ順々に認識しつつ考えながら習得しています。ですから習得した物事や経験には、1の次は2というように個人的な習得順序による因果関係が伴いがちです。でも習得順序による因果関係は習得した物事のもつ因果関係とは別物です。

　とくに数学理論は因果関係とは無関係に双方向的に考えることができます。たとえば $1 + 2 = 3$ という計算は「$1 + 2$ は3となる」と計算を考える順序で表せますが、「3は $1 + 2$ と同等である」と表すとこの順序は消え去るでしょう。また $3 > 2$ との関係は「3ならば2より大きい」といえますが「2ならば3より小さい」と逆の順序で考えることもできます。

　数学の定理も同様に双方向的です。たとえば直角三角形には「ピタゴラスの定理」が成立しますが、ピタゴラスの定理が成立する三角形は直角三角形となります。

　このように数学理論は双方向的に成立するため因果関係や時間と切り離すことができます。それどころか因果関係や時間にこだわるとかえって数学理論は複雑怪奇なものとなってしまいます。ですから時間概念の成立には数学が必要ですが、**数学理論そのものには因果関係や時間概念は含まれない**と考えるべきでしょう。

　数学や図形を用いた物理理論もこの性質を引き継いでいます。

　たとえば数学や図形で表した原子モデルだけでは原子核とそれを取り巻く電子のどちらが先に存在したのかは判りません。また、運動法則「力＝加速度×質量」についても、法則を見る限りでは三つの要素は対等であって「質量＝力／加速度」と表すこともできます。質量と力のどちらが原因でどちらが結果であるかは定まりません。

ナオキ　でも速度、加速度の定義には時間が必要なのではないですか。

教授　はい、そうです。でも時間の方向を逆にしても速度、加速度の向きが変わるだけなので、速度、加速度の定義だけでは原因と結果の仕分

けに必要な時間の前後関係、時間の向きを定めることはできません。

　ですから**因果関係に欠かせない過去、現在、未来へ流れる時間の向き
は物理法則では定まりません。**

　因果関係に必要な時間の向きを定めようとすると、生物の誕生⇒成長
⇒死や、木が燃えると灰になる、のような物理法則以外の変化の法則が
必要となるのです。

エントロピーは時間の方向を決定するか

ナオキ　「エントロピー増大の法則」が物理的に時間の方向を定めてい
るという話を聞いたことがあるのですが。

教授　よくご存じですね。これは熱力学・統計力学という分野の法則で
すが、それによるとエントロピーが増大する方向が時間の進む方向であ
るということになります。「エントロピー」とは簡単に言うと「乱雑さ
の程度」です。

　たとえば熱湯と冷水の分子はそれぞれの温度に応じた熱エネルギーと
いわれる水分子の運動エネルギーをもっているのですが、熱湯と冷水を
そっと合わせるとやがて双方の分子は乱雑に混ざり合ってエントロピー
は増大し、全体は平均的な温度のぬるま湯になります。逆にぬるま湯は
放置しておいても熱湯と冷水に分かれることはありません。

　なるほど、この法則はこの範囲では誰もが納得できます。でもエント
ロピー増大の法則が何にでも適用できるとは思えません。

　掃除してもやがて汚れる、建物はやがて壊れて廃墟になるなど人の作
為が関係したところにはエントロピー増大の法則が当てはまる原因と結
果はたくさん見出せます。でも理論の対象を自然界や広い宇宙に広げる
と原因と結果の区別が定かではなく乱雑さも定め難い物事の多いことに
愕然とするでしょう。

　「木がこすれて発火した」というできごとは、この部分だけを切り取る
とエントロピーは増大していると考え得るのですが、自然界では焼けた
森は緑の森に再生されます。水も熱されたり冷やされたりしています。
生命体は秩序だった組織をもちます。ですから生命体の成長や増殖とい
う理論的に閉じた系内ではエントロピーは減少することもあります。

今日では恒星や星雲の周期的な消長という宇宙の変遷が知られ始めて、この変遷のどれが原因でどれが結果か定かではありません。このことは「宇宙全体は理論的に未知であり開いているため、宇宙全体のエントロピーの増減は確認できない」といえます。

ナオキ　なるほど、そうですね。

教授　ですから時間の方向とは、生物の成長の方向や私たちの記憶の積み重なりの方向で生じる生物特有の概念としか思えません。概念といっても誰もが納得して共有できる科学的概念ですが。

ナオキ　タイムマシーンはニセ科学ですね。

教授　はい。でも時間の方向は人の心の働きによっているわけですから、心が狂えばタイムマシーンのようなものを体験できるかもしれませんね。私も時々タイムマシーンに乗ったような時間のちぐはぐな夢を見ています（笑）。

迷走する因果関係

教授　私たちは日常的に多くの物事を「こうしたから、こうなった」、「こうすれば、こうなるだろう」というような時間の前後する原因と結果の関係、つまり「因果関係」で考えています。因果関係は時間の前後する二つの物事を何らかの選択基準で選び出して、先行する物事を「原因」、後の物事を「結果」と考えて二つの物事を関係づける法則です。

　よく考えてみると日常的に用いられている選択基準は「私たち自身の関心のあるもの」ですが、それが共有されると「木がこすれると発火する」というような科学法則となります。

ノゾミ　はい、そうですね。

教授　では物事を因果関係で考えることの限界について考えてみましょう。

　「風が吹けば桶屋が儲かる」という小噺があるのは知っているでしょう。

　風が吹くと埃が舞い上がる、すると埃が目に入り盲人が増える、盲人は三味線を弾くため猫の皮の需要が増える、猫が減ると鼠が増える、すると鼠が桶をかじる被害が増える、ゆえに桶の修理が増えて桶屋が儲か

る、というものです。

　これらの因果関係はどれ一つとして完全には否定できないのですが可能性は極めて小さいでしょう。仮に各因果関係の実現する確率が１％あったとしても、風が吹いて桶屋が儲かる確率は１％の６乗で0.000000001％となります。私たちはそのような因果関係の連鎖は常識的にあり得ないと考えるがゆえに、逆にそこに笑いを見出せるのです。

ナオキ　でも世の中の物事はすべて因果関係に従って確率的に進んでいると考え得るのではないでしょうか。

教授　そうでしょうか。そう考えるためにはこの世が始まって以来、世の中の物事すべてが因果関係で進行してきたと考える必要がありますね。宇宙には因果関係の不明な現象が次々と発見されています。全能の神でもいない限り誰もこの世が始まって以来のすべての具体的な因果関係を列挙できないでしょう。

ナオキ　確かに私たちが日常的な物事を因果関係や確率で考える場合、いくつかの選択肢を考え得ることが前提となっていますね。

教授　その通りです。このようなことから次のように考えられます。

　つまり、「因果関係」も「選択肢」も元をただせば、人が時とともに移ろう物事を法則的に捉えるために考え出された思考のパターンです。このパターンは誰もが納得できるものだから共有されています。でも一つの出来事に対しても人の関心、視座はさまざまですから、人によりさまざまな原因と結果を選び出すことになります。

ナオキ　科学法則となっている因果関係も多くの選択肢の一つですね。

教授　そうです。科学法則となっている因果関係は同じ因果関係でも誰もが納得できて共有できるものです。

ナオキ　世界はすべての可能な選択肢を実現しながら増殖し続けているという「パラレルワールド」という理論を聞いたことがあります。ではこれも変ですね。

教授　パラレルワールドは因果関係と選択肢のこのような人為的、経験的な成り立ちを全く無視して、世界が全ての可能な選択肢を実現しながら自立的に増殖していくというものです。ですから、パラレルワールドは全く実証できない空理空論という点で非科学的です。さらにいえば荒

唐無稽です。でもだからこそパラレルワールドはSF、空想科学物語となるほど興味を集めるのでしょう。

　では因果関係と確率の関係を考えてみましょう。

　私たちの誕生については個々の因果関係を飛び越えて確率的に考えることもできます。つまり世の中が始まって以来世の中には無数の出来事があった、その無数の出来事の中の一つとして自分が誕生した、と考えることもできます。ですから**確率とは因果関係を抜きにしても成立する概念**です。

ナオキ　なるほどそうですね。細かい因果の過程を抜きにして混沌としたこの世の中から私たちが誕生したと考えても、誕生の確率は限りなく小さい確率であり、一人一人は奇跡的に選ばれて生まれてきたと考えることができますね。

教授　そうです。この世界の因果関係をどこまでもたどることはできないし、変にたどると風が吹いて桶屋が儲るような奇妙な関係が生じるかもしれません。

ノゾミ　でも受験生にとって大学入試の難易度は因果関係で進行するその人の人生を左右する重大な要因ですよね。

教授　全くその通りです。受験生にとって試験の当落で人生が左右されるという因果関係は大切です。でも大部分の人々にとって大学入試の難易度は客観的な過去の結果を表すデータであって、個々の受験生の将来と関連づけることまではしないでしょう。因果の見方は一人一人の関心の持ち方で大きく変わってきます。

　では次に科学的思考の中で重要な役割を占めている確率論のお話しするとして、最初にその基礎となる「ランダム事象」についてお話しましょう。

●確率論と統計学

ランダム事象

教授 「ランダム」は「無作為」ともいいます。日常的には「デタラメ」といいます。これを具体例で説明しましょう。

例1）0から9の数字を記したカードを各10枚用意して、十分かき混ぜた後に無作為に取り出す行為はランダム事象です。これを繰り返すとランダムな数列＝乱数が得られます。

例2）サイコロを無作為に投げて目の数を得る行為はランダム事象です。これを繰り返すとランダムな数列が得られます。

つまりランダム事象とは結果の範囲、選択肢が分かっていてもその中の何が選ばれるかが予知できない事象であって、次々と結果が出せる事象のことです。

ナオキ ランダム事象の結果を表すランダムな数列は、規則づけられないのでしょうね。

教授 全体的にはそうなのですが、局部的な規則性は防ぐことはできません。

例1）例2）のいずれの数列の100桁についても細かく観察すると、その中に3回つづきの1が3回あるとか、偶数が10回つづいているとかの、さまざまな規則性を見出せるでしょう。偶数のつづきを2回に抑えるように並び替えれば、それがまた新たな規則性になります。これは「ツキ」といわれている現象の一因となり得るでしょう。

ランダムな数列は「乱数表」といわれていて、抜き取りサンプル（標本）による調査において抜き取るサンプルを無作為的に決定する際などに用いられています。

確率論の入口

教授 確率論はサイコロ投げのようなランダム事象の性質、結果を数学的に求める理論です。その基本に次の「確率概念」があります。

サイコロが投げられて静止するまでの過程は今の技術と理論では複雑

すぎて決定できません。「ランダムに出る」としかいえません。

　それでも、サイコロの６面は物理的にすべて対称である、したがってサイコロの各目の出る確率は等しい、いずれかの目が出る確率は１である、と考えると、サイコロの各目が出る確率は1／6となる、とシンプルに確率を推理できるでしょう。

　このように求められる確率を「物理的確率」ということにしましょう。これは私の造語です。現在の確率論では「古典的確率」とか「先験的確率」といわれています。古典的確率論では、「同様に確からしいから等確率」と説明しており、これは論点先取、トートロジーの形です。このことから「先験的確率」といわれるようになったのかもしれません。

　では次に物理的確率の簡単な応用問題を考えましょう。

　賞金総額5000万円、当たりくじ１万円の宝くじが100万枚売り出されました。発売時にはどの宝くじが当たるかは決まっていません。ではノゾミさん、この宝くじを10枚買うとして物理的確率を用いてどのように買うかを考えてください。

ノゾミ　はい。当たりくじはランダムに決まりますから買う人には事前には分からず、当たりくじを選んで購入することはできません。さらに宝くじの発行条件から考えて、どのくじも当たる確率は1／100で、どのくじも当たる金額の確率は１万円／100＝50円と計算できます。

教授　正解です。この場合は、発行枚数と賞金総額という条件があらかじめ分かっているから、確率計算が容易にできるのです。

　もう一つの例として物理的確率を応用した気体の圧力についての理論を説明しましょう。

　気体分子は全体としてその温度に応じた平均速度で運動しているとされています。個々の気体分子の動きについては不規則でランダムとしかいえないのですが、物理的確率によるとランダムな動きをする多数の気体分子の運動は全体として時間的にも空間的にも均等でしょう。そのため気体分子は容器の壁のどの部分にも均等に衝突するでしょう。これにより気体の容器にはどの場所にも一定の圧力がかかるという気体の性質が説明できました。

ノゾミ　へぇー、気体分子そのものに弾力性があるわけではないのです

ね。

教授　そうです。気体の弾力性は気体の体積が変わるときだけに現れます。これとは違ってゴムはつながった分子の変形抵抗が弾力性となって現れます。

　では確率論に戻って、コイン投げを繰り返すとどのような結果が得られるかを推理しましょう。

　コインの裏表が物理的に対称であるとすると、コインを無作為に投げたときに裏表が出る確率はどちらも等しく1／2であるとの物理的確率が得られます。

　すると、1回投げると表と裏の二つの場合が同じ確率で発生すると仮定できます。2回投げると、表表、表裏、裏表、裏裏の4つの場合が同じ確率で発生します。これを裏表の順序を区別せずに集計すると、すべて表1、裏表2、すべて裏1となります。

　この推理法でコイン投げを5回つづけましょう。このような実物によらない数学モデルによる推理を今日では「シミュレーション」ともいいます。

　そういって教授はホワイトボードに次の表を書きました。

コイン投げのシミュレーション
場合別発生回数

投げ回数n	表0回			表裏同数			裏0回	総発生回数
1			1		1			2
2			1	2	1			4
3		1	3		3	1		8
4		1	4	6	4	1		16
5	1	5	10		10	5	1	32

　確率はすべての場合を合わせると1であると定義されていることから、5回投げた場合の確率は、表0回が1／32、表1回が5／32、……となります。

この数学モデルは賭け事に興味をもったパスカルが15世紀に考案したため「パスカルの数三角形」といわれて、今日では「二項分布」といわれています。

　この投げ回数を増やしてゆくと「正規分布」といわれるなめらかな釣鐘型の確率分布となります。一般的な正規分布は釣鐘の中央に位置する「期待値」ともいわれている平均値と、「標準偏差」といわれる左右の裾野の広がりの幅で定まります。

　想像できるように世の中のほとんどの物事はこのような二項分布よりもはるかに複雑な要因から成り立っています。けれども複雑な要因が関係する物の長さなどであっても、何回も測定すると測定方法に原因する誤差のバラツキの分布が正規分布に近づくことが経験的に分かっています。また観察されるさまざまな分布についても、データを適当に変換すると正規分布に近づけることができます。このような訳で、正規分布は科学理論の中で誤差を伴うデータの取り扱いや結果の表現によく用いられるようになりました。

確率と統計学の世論調査への応用

教授　「統計学」はバラついたデータから確率論を用いて法則性を見出すための理論です。

　一例として調査対象全体、これを「母集団」といいますが、母集団を日本の18歳の人全員と定めると、そこから適当な数の人をサイコロや乱数表によりランダムに抽出して標本（サンプル）としてアンケートを取ります。このようにして得られたデータにもとづいて母集団の性質を推定します。このとき誤差の確率分布も推定して推定値の信頼性が計算できます。

ナオキ　母集団の推定にはどの程度のサンプル数が必要なのですか。

教授　理論上サンプル数が少ないほど推定が外れる確率が増えます。ですから調査の重要度や予算に応じてサンプル数は定められています。得られたデータを確率論を用いて計算すると母集団のもつ性質がどの程度の誤差や信頼度で得られたかが計算できます。

ノゾミ　でも人間の言動は作為的ですよね。それにも関わらず得られた

データはランダムに分布するとみなせるのですか。

教授　個人の思いはさまざまにあるでしょう。でも世論調査ではその目的は予め決まっていますので、目的を達成するためのいくつかの質問を予め設定して、それについてイエス・ノーで答えてもらうことで、統計処理できるデータが得られます。

　ですから、世論調査ではサンプルから漏れた人の思いも、一つ一つの回答を選択するに至った個人の思考プロセスもふるい落とされているのです。

　個人の複雑な思いを考えると、設問のキメの細かさ、設問の順序、ことばづかい、調査主体、などで回答が変わってくる可能性があります。ですから世論調査の結果を見るときは、サンプリングが適切かということと、設問そのものにも注意すべきでしょう。

ノゾミ　一人一人に面接して全員の意見を聞けばこのような誤りは避けられるでしょうね。

教授　そうですね。でもそれは大きな母集団では実際的ではありません。適切な方法で世論調査するとかなりの信頼度で民意が判明することが分かっています。ですから民意を重んじる大きな社会ではサンプリングにもとづく世論調査は欠かせないのです。

確率の自然科学への応用

教授　すでに話したように、量子論や気体分子論でも確率論は用いられています。

ナオキ　天気予報にも確率が用いられていますね。

教授　そうですね。

　最近の大規模なコンピューターによる天気予報でよく用いられている方法は、簡単にいうと、対象地域の大気の状態を時間的空間的に小さい「セル」に分けて、現在の各セルの状態にもとづいて一定時間経過後のセル毎の大気の変化した状態を求める、というような計算方法が用いられています。

　最近では、気象観測網、気象衛星の発達により、計算に利用できるデータが豊富で高精度になったこと、コンピューターの性能アップによりセ

ルを細分化できたことで、天気予報の精度は明らかに高まりましたね。

　でも天気の変化は時間的にも空間的にも連続していますから、セルに分けて計算することと実態との違いはどうしても避けられません。特に局地的な天気の急変、曇り空で小雨が降るかどうかという微妙な判断は難しいようです。

　また、セルに分割する方法で長期予報を求めようとすると、計算回数が増えていって予測誤差も累積されることになります。ですから今後とも降雨確率や予報精度を確率で表す天気予報は続くでしょう。

ノゾミ　なるほど、天気予報は大変ですね。ところで地震の予知はどうなっているのでしょうか。

教授　地震の科学的研究が進み地震が起きる原因はかなり解ってきました。

　地球はドロドロの「マントル」の上に浮かぶ「地殻」という岩石の層で覆われているのですが、これがいくつかの「プレート」に分かれていて、プレートはお互いにゆっくり動いています。だからプレートの境界部ではお互いにぶつかって、滑らかにすべらない固着した地殻の部分に歪が徐々にたまってゆきます。この力に耐えられなくなって地殻が破壊されたときや、プレート間の固着力を越えて地殻が大きく動いたときに地震が発生するといわれています。

ノゾミ　そこまで解っていれば、地震だって予知できそうに思えますが。

教授　地震の原因が理論上わかっても、現状では巨大なプレートにたまった内部歪の状態や幅広く長く伸びたプレートの接触面の滑りや固着の状態もほとんど測定できていないのです。大気と違って地面の下は見えないし、それに加えてプレートの境界は日本海溝のような測定困難な深海にあることが多いですからね。

　これに加え、地殻の破壊やプレートの突然のズレは不均質な地殻の弱いところを起点にして一気に拡がるという性質があるため、予知をさらに難しくしています。

ノゾミ　いかにも難しそうですね。

教授　現状では地震を予知するための基礎データが決定的に不足していると思います。近い将来に今の気象予報並みの精度で地震予報ができる

とは考えられません。でも大地震による被害は甚大ですから、諦めずに
さまざまな観点、手法を用いて地震予報の実現を目指していただきたい
ものですね。

ナオキ　昔から地震の直前にはナマズなどの生き物が騒ぐといわれてい
ますが、それは科学的なのでしょうか。

教授　まだ科学的とはいえないようですね。でも正攻法でダメならば生
き物たちの未知の感覚を利用するという考え方は否定できないでしょう
ね。もし地震を予知する動物を発見できたならば、次にその予知の仕組
みまで解明できれば科学理論となり得るでしょうね。

　では確率と科学の関係をまとめましょう。

　いわゆる「確率論」は数学モデルで表せる「ランダム事象」とみなせ
る物事の生起確率を数値で表したものです。これによってあいまいにな
りがちな可能性を確率という数値で表して共有することができます。

　以上で主な科学の成り立ちと展開が説明できましたので、その性質を
さらに考えてゆきましょう。

●科学理論の特徴と限界

ニセ科学とその影響

ナオキ 世の中にはニセ科学がはびこっていますが、科学的思考ができればニセ科学は見破ることができそうですね。

教授 難しさはありますが相当に可能でしょう。とはいっても私も含めてほとんどの人は専門的な科学理論をそれほど知ってはいません。また将来科学として認められる可能性のある仮説をニセ科学と決めつける訳にもいきません。

さらに人はさまざまな夢やロマンを抱いて生きており、それに一々「ニセ科学」というレッテルを張ることは無粋の極みでしょう。

ニセ科学も科学の発展に資する例すらあります。中世に始まった「錬金術」の研究が近代化学の基礎となったことは良く知られた事実です。ニュートンも晩年は錬金術の研究に打ち込んだそうです。「ビッグバン」という巨大なロマンも深宇宙の探索の力となっていることは先に説明しました。

視座によって異なる科学理論の性質からもニセ科学の判別の難しさは指摘できます。

たとえば新年に無病息災を願って神社へ参拝したとしましょう。これを物理学の立場で考えると、物理的に何の変化も期待できないムダな行いといえるでしょう。でもこれを心理学の立場で考えると、参拝によって心身が安らぎ無病息災の効果が期待できるかもしれません。これと同様に宗教を信じて安らぎを得ている人もたくさんいるでしょう。

しかしニセ科学は良くありません。科学に不慣れな多くの人にとって科学は正しいが難しい存在でしょう。そのような人が熱望する物事を、あたかも科学的に可能であるかのように説明すると、その人は騙されるでしょう。これが広がれば社会的な問題も生じます。このような事例は過去に山ほどありました。その具体例については追って見てゆくことにして、ここではニセ科学そのものを考えてみましょう。

少なくともすでに認められている科学理論を真っ向から否定する理論

はニセ科学と考えてよいでしょう。

　そういいながら教授はホワイトボードに次のように書き出しました。

ニセ科学の例

　身体浮遊術

　時間の逆進

　永久機関

　不老長寿の薬

教授　**身体浮遊術**は地上では万有引力が例外なく働くという現在の科学法則に反します。**時間の逆進**はSFの格好のテーマとなっていますが、これも先に説明した私たち誰もがもつ時間概念に反しているためニセ科学です。

　科学法則にはよく例外があるのですが、日本の特許庁はエネルギーの補給なしで動き続ける「**永久機関**」は「エネルギー保存の法則」に反するニセ科学とみなして特許を許可していないそうです。

ナオキ　健康を増進する効果をうたった磁気ネックレスを見受けますが、これは科学的なのですか。

教授　磁気、磁場が人体に与える直接的影響については科学的に何もわかっていません。ですからこの点からは科学的ではありません。

　でも「病は気から」といわれているように、人の健康には心も影響します。「プラセボ効果」というのですが、病人に「これは良く効く薬ですよ」といって薬を与えると、たとえそれが偽薬（プラセボ）であっても病状が良くなる患者もいるそうです。

　ですから磁気ネックレスも効果があると信じて用いた人に効果が出る可能性を完全には否定できません。でもプラセボ効果は心理学上の現象です。磁気ネックレスの効果をうたうなら「プラセボ効果として」と断らなければ誤解を与えますね。

人体に関するニセ科学

教授　不老長寿に関してですが、人体の老化については科学的にもさまざまな説があり、いまだに明確には説明できていないようです。でも洋の東西を問わず古来探し求められてきた不老長寿の薬があり得ないことは歴史的、経験的に明らかでニセ科学と断定してよいでしょう。

　最近では多くの薬品、健康食品、健康法などが実証実験で健康に良い効果があるとされて科学的に認められてきています。しかしながら人体は非常に複雑なシステムであり人体の活動はそのバランスの上で成り立っています。ですから実証的、科学的に解明できた部分はそのほんの一部といっていいでしょう。

　人体のような複雑なシステムでは人体に影響するある要素や法則を発見できたとしても、それは独立的ではなく他の多くの要素と関係している可能性が高いでしょう。したがってある健康食品、健康法の効果が科学的に実証されたといっても、その治療試験の条件を外れると効果は薄れるし、薬の過剰摂取などの極端な条件では有害になることすらあるでしょう。

　ですから私たちがある健康食品、健康法で健康を保ちたいと望むならば、それらがどのような条件で効果的で、自分がどうすればその条件に当てはまるのかを専門家の意見も聞いた方がよいでしょう。

　さらにいえばすべての専門家が聖人君主というわけでもありません。常に成果が求められている専門家の中には、複雑な要因が影響しているはずの治療試験結果を我田引水的に解釈して成果を売り込んでいる人がいないとは言い切れないでしょう。

非科学的理論の心理的、社会的効用

教授　人々は健康長寿を願っていますが、人体の仕組みは複雑でなかなか望みはかなえられません。そのような状況ですから健康長寿法に関するニセ科学が次々と提唱されていることはやむを得ないとはいえ残念なことです。

ノゾミ　なるほど、**無条件で効果のある健康食品や健康法はないですよ**

ね。自分の体にとってそれがバランスを崩さず良い効果が得られるかという検討が重要ですね。

教授 まったくです。重い病気の場合には治療効果が実証されている薬を多少の副作用には目をつぶって飲む必要があるのですが、これと健康長寿法とは状況が異なりますからね。

ノゾミ 昔は悪霊にとりつかれて病気になると考えられていて、病人の悪霊払いが行われていたということですがこれもニセ科学ですね。

教授 19世紀にパスツールにより病原菌が発見されて以来、20世紀には次々と病気の原因が科学的に明らかになりました。ですから、今日では病気の原因を悪霊と考えるのはニセ科学といえます。ただ先ほどのプラセボ効果によると、悪霊のせいと信じている病人には悪霊払いも効果があるかもしれません。悪霊払いは無条件にニセ科学とはいえないでしょう。

　科学的に考えても自分の未来の多くは予測できません。このような中で私たちも無病息災、家内安全、念願の実現のために神社仏閣にお参りすることがよくあります。これも心理的な安心感を得たいとの思いが働くからで、人がこのような思いを抱くというのも科学法則でしょう。

　誰だって未来に実現させたい夢と希望をもって生きています。たとえば子供が将来は首相になりたい、ノーベル賞を取りたいという夢を語ったとき、それを即座に否定するのは配慮の足らない大人げない行為でしょう。

　クリスマスにプレゼントを届けてくれるサンタクロースは子供のころもつ楽しい幻想です。私も子供の頃にクリスマスの夜にはワクワクしながらサンタを待っていた記憶があります。でも残念ながら結局は眠ってしまってサンタには会えませんでした。西洋で創作された物語だと知ったときは拍子抜けしたのですが、それでも今はサンタから夢をもらったことを感謝しています。

　誰だって未来に向かって打ち消したい不安も持っています。この世に生を得た私たち人間は誰もがやがて死する運命にあります。でも生きている人は死を体験することは出来ないため、死後の世界は科学の対象にはなり得ません。この点で科学は無力ですし、誰もが死に不安を感じる

理由でしょう。

　でも死後は天国や極楽浄土といわれている来世で暮らせると信じれば
その不安は和らぎます。このような人々が暮らす社会において来世を否
定すればそこに無用な波風を立てることになるでしょう。私たちは日々
さまざまな配慮をしながら生きています。

ナオキ　なるほど、人間はその物事を不合理あるいは科学的ではないと
感じても直ちに否定するのではなく、その物事の人や社会に対する影響
までも考慮して言動しているのですね。

教授　そうですね。

　さらに亡くなった人たちのことで思うのですが、今は亡き多くの先人
たちの残した有形無形のさまざまな遺産のお陰で今日の私たちの生活が
成り立っています。言語、数学、科学的思考は常日ごろ最もお世話になっ
ている無形遺産でしょう。人間社会をスムーズに成り立たせている社会
制度や、多くの人々の想像力を羽ばたかせ満足感を与える行事や芸術作
品だってたくさん遺されています。これは科学的な事実です。ですから、
故人への感謝の気持ちも忘れてはいけませんねえ。

二人　はっ、はい。わかりました。

教授　このような人と社会の問題も科学の大切な分野ですので「人間と
社会の科学」の説明のときにさらに考えてみましょう。

二人　わかりました。

科学を善用するも悪用するも人次第

教授　相対性理論の最も革新的な点は、質量とエネルギーの相互変換の
可能性を明示したことだと私は考えています。これは地球上の自然の営
みの観察からは予想もつかないことでした。これによって地球に降り注
ぐ太陽熱や火山活動のエネルギーの発生の仕組みが解明され、原子爆弾、
原子力発電なども実用化されました。

ノゾミ　先生が最初に説明されたように、科学は古くから人間の生活に
役立つものとして発展してきました。けれども原子爆弾が発明されて広
島と長崎に落とされ多数の人が殺されました。最近では生産活動による
環境の悪化なども指摘されていますね。悪い科学を封印して良い科学だ

けを選択的に発展させることができればもっともっと科学は人類に役立つのですが、そうはできないのでしょうか。

教授　それは必要ですが難しい問題です。

　ダイナマイトは、土木工事現場で使用されていた黒色火薬の暴発事故で多くの労働者が亡くなるのを目の当たりにしたノーベルにより、事故の起こりにくい安全な火薬として開発されました。ところがこれが戦争に大量に使われて多くの人の命を奪うことになったのです。ノーベルはこのことを大そう悔やんで、ダイナマイトで得た巨額の利益を基金として平和を推進するためにノーベル賞を創設したのです。

　日本、そして世界にとってやり切れない問題も生じました。

　アインシュタインは相対性理論により物質がとてつもなく強大なエネルギーとなり得ることを発見したのですが、ユダヤ人であった彼は当時ユダヤ人を迫害していたナチスドイツに対抗するためにアメリカが核爆弾をもつべきだと考えて、時のルーズベルト大統領に開発を進言したのです。ところが彼の意図に反して核爆弾の犠牲になったのは日本でした。

　日本初のノーベル賞を受賞した湯川秀樹がアインシュタインを訪ねたとき、彼は涙ながらにそのことを謝罪したそうです。その後の核兵器の無節操な拡散は二人も知っての通りです。

　科学上の発見、発明は事実ですから、一度知れわたるとそれを取り消すことはできません。科学の成果の節度ある利用方法を考える人間の役割は大切ですね。

　国家のレベルでは完全ではないにしても政府、警察が武器を取り締まっています。でも全世界となると政府、警察は無力ですから、人類に争いがあり、より強力な武器の需要がある限りそちらへの科学の応用を封印することは現状ではできませんね。

ノゾミ　それこそ国際連合の役割じゃないでしょうか。

教授　全くその通りです。でも世界の平和・共存よりも自国の利益が第一と考える国の多い現実の世界で、国際連合がほとんどその役割を果たせていないのは残念なことです。

ノゾミ　理想と現実はあまりにもかけはなれていますねえ……。

教授　はい。でもだからといって核兵器廃絶の理想を捨ててしまうと、

核兵器は拡散しつづけるでしょう。当面無理であっても、全廃への努力を捨ててはいけないでしょう。

並行して現実への対応も必要です。核兵器で攻められる恐れがあるのならば、核兵器をもたない国が核の犠牲にならないために、信頼関係にある国の核の傘の下に入ることは現実的選択でしょう。

科学のもつ広い利用価値

教授 繰り返しの話になりますが、理想と現実のかけはなれた今だからこそ科学的思考は大切だと思います。

世界中に無数に存在する社会はそれぞれに固有の伝統文化、思想、価値観をもっています。人々はそのような社会に影響を受け各々の価値観を見出しながら生きています。このため社会や個人の価値観は多様で異なります。異なる価値観が対立したとき、これを調停できるものがあるとすればそれは世界で共有できる科学的思考でしょう。

科学の価値とは、誰ともコミュニケーションがとれることと、誰とも共有できる議論の土俵が用意できること、うまく活用することで生活が安定して豊かになること、さらにその将来の可能性を信じ得ることでしょう。

なるほど、専門的な技術や複雑な機器は多くの理論の複雑な組み合わせから成るため理解困難です。飛行機が飛ぶ複雑な仕組みやテレビの映る原理は私だって説明できません。でも科学は難しいと敬遠すべきではありません。専門的な科学を知らない私たちだって、料理、掃除、人とのつき合いなどのさまざまな場面で、いくらでも科学的思考を用いています。

外出の際に天気予報と空を見上げて傘が必要か否かの判断や、明日は日光に行くべきかディズニーランドに行くべきかの判断のように、一言では説明できない複雑な判断も、私たちはその時々の自分たちの置かれた状況にもとづいて、直感ともいえる経験則や科学的思考によって日常的にこなしています。

ノゾミ 確かに経験則や科学的思考によらないと日常生活にも事欠きますね。

教授 それに加えて誰だって科学をある程度知れば、自分の夢を自発的に探求して発明、発見という形で実現できる可能性が出てきます。運悪く自らが発明、発見できなくても実現の可能性のある夢を追うこと自体ワクワクして楽しいものです。

政治家、医者、学者、スポーツ選手、芸術家、芸能人など、特別な技能を要する仕事を目指す人にも科学的思考は欠かせません。目標を実現するためにはまず自分の能力を磨き、さらに自分の社会的な位置を目標に近づける努力が必要であり、それには多くの科学的な思考が必要でしょう。

環境問題

ナオキ いま深刻さを増している地球の温暖化についてはどのように科学的に思考すればよいのでしょうか。

教授 地球の温暖化の原因については次のような科学的知見があります。

過去何億年の地球の気温の変動の大きな原因として太陽活動の活発さ、大火山の噴火により放出される炭酸ガスや火山灰の影響、巨大隕石の衝突により発生した塵の影響が科学的に論じられてきました。その中で、大気中の炭酸ガスは気温上昇の原因の一つであると考えられています。炭酸ガスについては、海に吸収されてサンゴとなり石灰石となる循環、植物に吸収されて木材や石炭・石油となる循環などが知られており、炭素はさまざまな形で海や地殻に膨大に蓄えられています。

このような中で過去数十年の地球気温上昇の原因として人間の経済活動により排出される炭酸ガスに疑いがかかり、その削減をめぐり紛糾しているわけです。

このような事態は純自然科学の立場では、温暖化の原因として解明できていない自然現象もあるため、削減しても気温上昇がつづく可能性は否定できない、といえるでしょう。

でも心理学をも含めた科学の立場では、経済活動による炭酸ガスの排出を削減すれば気温上昇が完全に止まるかどうかはわからないが、上昇を抑える効果は確実にあるだろう。それでも気温上昇がつづくならば、自然現象としてあきらめざるを得ない。一方、削減策をとらずに気温上

昇がつづけば、削減策をとらなかったことを後悔するだろう、と考えられます。

　ですから現在の経済活動を多少犠牲にしても排出量削減を図るというのが現実的な落としどころでしょう。

　この問題は経済成長に対する価値観の違いと気温上昇の影響の出方の違いによって、国家間や世代間の対立を招いています。科学的なバランス思考によって何とか方向性を見出していってほしいものです。

ノゾミ　そうですね。それが「カーボンニュートラル」という運動になったのですね。

教授　科学の重要な役割として、実現可能と考え得る理想を実現させようとする試みがあります。最初から実現不可能と考えると、その理想は絶対に実現しないどころか忘れ去られかねません。

●科学のもたらす未来

教授　深刻な話は一旦置きましょう。科学には夢を実現する力があります。そこで最後に近未来に科学によって実現できるかもしれない楽しい夢を語り合いたいと思います。ここまでにAIの話題が多かったので、そのまとめの意味で最初にAIによって実現する夢を語り合いたいです。

AIの活躍の場の広がり

ナオキ　近未来でのAIの活躍の場はさまざま考えられますね。

　AIは百科事典の記事だけではなく、法律でいえば判例集のように関連した多くの具体的事例を覚えることができます。これを活用すれば**AIは各分野でごく優秀なコンサルタントになれるでしょう。**

　AIは超人的なデータ処理能力を持つため、「ビッグデータ」や「クラウド」と呼ばれている膨大なデータから統計処理により隠れている有用な情報を抽出することができるでしょう。

　AIを組み込んだロボットにも多くの活躍の場がありそうですね。**感情を持たないAIロボットはどのような仕事も不平をいわず教えられるままにやってくれるでしょう。ですからAIロボットはトレーニングによって、ペット、召使い、老人の世話役、会話の相手などをこなせるでしょう。**

ノゾミ　そうですね。動物のペットは可愛いですが世話が大変で、そのうち主人を残して亡くなるでしょう。でも学習機能のあるAIロボットならば故障しても修理すればよいし、トレーニングによって自由に持ち主の望みをかなえてくれるでしょうね。

教授　最近は高齢化社会が進んで一人きり老人が急増しています。自己学習機能をもったAIロボットを個人が日常的に育ててゆけば、その人が歳をとっても良き話し相手、介護ロボットとなってくれるでしょう。

ノゾミ　飼いならしてしまうと自分に迎合するAIができますね。でもそれってつまらなくはないでしょうか。

ナオキ　AIに「従順モード」と「喧嘩モード」の切り替えスイッチを付けてその性格を切り替えられるようにすればいいでしょう。

教授　なるほど、それは良いアイデアですね。

ノゾミ　心臓のペースメーカーはすでに人体の一部とみなせますね。しつこいようですが本当にAIはどこまで発達しても人間のような感情を持てないのですね。

教授　AIがこのまま発達しつづけるとやがて人間の記憶のすべてをAIにインストールできるようになるかもしれません。するとある人の記憶をすべてインストールされたAIはその人の意識をもつだろうとの説がまことしやかに語られています。これはブラックホールなどの物理的な特異点になぞらえて「シンギュラリティ」といわれています。

　でもこれは全くの誤りです。AIに記憶された知識とは数値化された知識であるという点、人間のような感覚や感情を伴った経験を持てないという点、さらに人間のように自発的に考えることができないという点から感情とは無縁です。AIが感情を表現したとしても、それは学習した感情表現を数値のロジックに従って表現したもので、いわばものまねです。

　科学は実証を何よりも優先しますから、もし人間と同じような意識や感情をもったAI宇宙人が地球にやって来れば、シンギュラリティが可能であることが実証され、その宇宙人を調べ上げればその仕組みもわかるはずですが、その可能性は皆無だと思いますね。

ナオキ　そうですよね。シンギュラリティはニセ科学ですね。

ノゾミ　人間、生命は偉大な存在なのですね。

教授　**AIの政治システムへの活用**も考えられます。

　現在の政治システムは個別的な政策の決定は選ばれた政治家に任せる形をとります。これを間接民主制といいます。

　でも選ばれた政治家たちが常に国民の総意を正しく反映して個々の政策を決定しているとは限らないでしょう。この問題点を回避しようとすれば政策のすべてを直接投票で決める「直接民主制」が良いのですが、大きな国や社会では大変な仕事量になり実現不可能です。

　でも、AIとインターネットによると投票事務は画期的に効率化できる可能性があるため、遠くない将来に直接民主制が可能になるかもしれません。そうなるといつでも有権者全員の意見を政策に反映できるため、間接民主制よりも、よりきめの細かい政治が実現する可能性があるでしょう。

このようなシステムが効果的に働くためにはもちろん国民の政治に対する関心が常にある程度保たれている必要がありますが。

AIによる通訳、動物とのコミュニケーション

ノゾミ　ハンディで**外国語の通訳ができるAI**ができると、外国人とのコミュニケーションがスムーズになって、国際交流が進むでしょうね。

教授　そうですね。自己学習機能を備えていれば、使っているうちにどんどん自分用の通訳機となるでしょう。

ノゾミ　さらに大きな夢ですが、AIを用いて動物言葉の解明が進めば、**人間語と動物語の通訳ができるAI**が実現するかもしれないですね。人間は動物の声をうまく出せませんがAIならば動物の声も合成できるでしょう。

ナオキ　ウーン、それは楽しそうだね。人間と動物が仲良く共存できそうで、動物園も会話の場になりそうですね。実用的にも盲導犬、警察犬たちの能力をもっと引き出せるでしょう。小鳥たちが天気の話をしていれば人間にも役立ちそうですね。

教授　これは楽しい夢ですね。夢といってもAIの技術の発展から考えると実現の可能性の高い夢ですね。でもその動物がどの程度人間との会話を交わせる能力があるかでこの夢の限界が決まりそうですねえ。

ノゾミ　もし牛と会話できるようになったとすると、その牛を平気で食べることができるかなあ。

ナオキ　ウーン、これは悩ましい問題です。牛に会話できる知性がないことがわかれば安心して食べつづけられるのですが……。

教授　これは動物を食する人間の避けて通れない生命倫理の問題ですね。菜食主義者の多くは動物の生命も人間のように尊重すべきとの考えでそうしているようです。

ナオキ　AIの大きな可能性はわかったのですが、AIロボットは戦争にも使われそうですね。

教授　それが問題ですね。AI自身は善悪の判断ができないので人間に悪用される可能性があります。すでにAIロボット兵器の開発も進んでいます。科学の発達によって戦争がますます過酷になるとすれば残念な

ことです。

　日常的に使われるAIロボットも悪知恵を教え込まれる危険性があるで
しょう。AIロボットの管理者はロボットの身体の点検保守とともに学習
内容を常にチェックする必要がありそうですね。

　AIの悪用をどのように防ぐかはそれを活用する人間の問題として常に
考えてゆく必要がありますね。

AIとベーシックインカム

教授　ではAIロボットが社会に経済的な大変革をもたらすという話を
紹介しましょう。

　人類の歴史を振り返ると昔は農奴や奴隷といった人々が重労働をして
社会経済を支えてきました。今日でも経済力の乏しい国の人々が豊かな
国に出稼ぎに来て社会の底辺を支えている重労働を請け負っています。

　AIは創造的に考えたり感じたりすることはできませんが、優秀な人間
並みの学習能力をもっています。ですから、AIロボットならば彼らに代
わって重労働から事務までこなせそうですね。とくに社会の底辺を支え
る定型的な仕事はAIロボットでもできるものが多いでしょう。

ナオキ　でもそうなると出稼ぎに来ている人々は失業して、かえって格
差が広がる可能性がありませんか。

教授　そうですね。いきなり世界の豊かな国だけでAIロボットが大活
躍する世の中になるとそのような問題が生じるでしょう。

　でも機械に労働者の仕事が奪われるといって産業革命に反対した時代
があったのですが、今日では平均的に考えると労働者も豊かになりまし
た。この理由は機械でできる仕事は機械でやるほうが圧倒的にコストが
低くなり労働者も苦役からも解放されて、その恩恵が曲がりなりにも世
界に広く行き渡ったためでしょう。

　AIロボットによると機械でできる仕事の範囲をさらに拡げることがで
きるでしょう。ですから簡単ではないですが経済的に貧しい国にも等し
くその恩恵が行き渡るようにできれば、全世界的に人類はAIロボットに
より定型的で過重な労働から解放されると思います。

　この可能性にもとづいて経済学者の間ではすでに次のようなことが議

論されています。

　それは、AIロボットにより生身の人間より効率的に物、サービスが生産できて、その利益を国家でプールできたとすると、税金が不要になるどころか利益の多くを全国民に「ベーシックインカム・基礎収入」として配ることができるだろうというものです。

　世界の現実をみるとこの実現には解決すべき問題は多々ありますが、AIロボットの活用という夢と、それによる利益を公正に配分する能力のある国家の実現という夢に向かって努力をつづければ、実現可能な夢ではないでしょうか。

仮想現実の発展

ナオキ　仮想現実は電子技術の発達によってますます発展するでしょうね。

ノゾミ　仮想現実は実用面でも娯楽面でもどんどん新たな可能性を切り開いていますね。

教授　仮想現実・バーチャルリアリティは電子技術の発展によって最近注目を集めているのですが、その始まりを考えてみると昔からある小説、演劇、祭り、映画などの芸術、娯楽、遊びはすべて非日常的な虚構の世界を仮想的に表現して、鑑賞者、参加者がそれを楽しんでいるのですね。

　非日常的な出来事は刺激的だから、人々はそれを楽しめるのです。

　昔からある歌舞伎、浄瑠璃などの演劇はあまりリアリティは追わずに物語のような虚構性、芸術性を追及していたのですね。ところが最近の技術の発展でリアリティ・臨場感を相当再現できるようになって、内容が何であっても実体験のような刺激が得られるようになってきましたね。

　未来には交通手段がますます発達して、誰もが自由に気軽に旅行できるようになるはずですが、現実と見まがうほどの仮想現実が手軽に体験できるようになると、多くの人々が旅行に行かずに仮想現実の世界に入り浸ってしまって、現実の人間が活動する世界が成り立たなくなるのではないかと心配になりますね。

ナオキ　こんな未来を描いたSF映画を見たことがあります。人間はすべてベッドに横たわり、脳を電気的にコントロールするヘッドギアをか

ぶって仮想現実に入り浸っており、現実世界はすべてAIロボットが支配しているというものです。

教授　電気信号が脳の働きに影響を及ぼすことはすでに知られていますし、すでに多くの人々が電子ゲームに入り浸っていますから、その映画を鼻で笑い飛ばすわけにもいかないですね。ただただそうならないように願いたいですね。楽しい科学の未来を実現するには今後どうしてゆくべきかは知性のある人間に課せられた重大な問題でしょうね。

ノゾミ　そうですねえ。ベーシックインカムの話には夢がありますが、こちらの話になると「人は何のために生きるのか」という根源的な問題を突きつけられているようですね。

バイオ技術による食物などの生産

教授　バイオ技術といえば最近ではゲノム（遺伝子・DNA）編集技術が注目されていますが、私が注目するのは細菌、酵母菌などの微生物の利用です。古くから酒の醸造、みそ、しょうゆ、チーズなどの発酵食品の製造にこの技術は使われてきました。下水処理、染料の製造、薬品の製造などにも用いられています。

　最近では栄養豊富なクロレラやたんぱく質の豊富な微生物の食品への活用が検討されています。美味しくない、消化しにくい、製造コストが高いなどの理由であまり普及していないのですが、適切な微生物の活用や食品加工技術の開発によってこれらのネックの解消が期待出来ます。

　大抵の微生物はバイオリアクターという容器で増殖可能ですから、化学プラント並みの大きい容器を用いると大量生産が可能となり製造コストも下がるでしょう。

ノゾミ　私たちは様々な食物の外観や味の違いを感じながら食事を楽しんでいます。食物が微生物では食事を楽しめないですね。

ナオキ　そうでもないと思うよ。微生物を魚や肉類の外観、味、食感に近い食品に加工する技術は開発可能だと思うね。

教授　私も可能だと思います。微生物になると人が動物を食するという生命倫理の問題も少しは軽減しそうですね。そのような技術を早く開発して欲しいですね。

自然界では微生物によりさまざまな物質が作られています。これを研究するとバイオ技術によって食品以外にも有用物質の合成や有用成分の抽出ができる可能性があります。バイオプロセスは従来の主に熱エネルギーを推進力とする化学プロセスよりも省エネルギー、低公害型になる可能性もあるでしょうね。

ゲノム編集の問題

ノゾミ　最新のバイオ技術であるゲノム編集技術はどう思いますか。

教授　一般論としてゲノム編集技術によって、安全で美味しい食料の増産につながるとすれば、それは良いことです。でも人体の仕組みの多くが未知である以上、人体への影響の確認は怠りなくどこまでもつづける必要があるでしょうね。

　ゲノム編集の人体への直接の適用はさらに慎重であるべきでしょう。重い病気を持った人が本人の希望でゲノム編集治療を受けることは容認できるでしょう。でも受精卵や胎児にゲノム編集を施すことにはとくに慎重であるべきですね。

ノゾミ　なぜですか。

教授　それは「人間の生得的な資質には優劣がある」という考え方によっているからです。ゲノム編集の効果の有無にかかわらず、ゲノム編集を受けた人と受けなかった人で差別や格差の生まれる可能性のある社会は考えただけでゾッとしますね。

二人　なるほど、そうですね。

教授　さて、話は尽きないのですが時間も遅くなりましたので今日の話はこれで終わりたいと思います。今日話題とした科学は主に「自然科学」といわれているものです。科学には人間とその社会を対象としたものもあります。次回はそのような科学をテーマにしたいと思うのですが、よろしいでしょうか。

二人　有難うございます。次回の話も楽しみです。

　二人は次回の約束をして帰路へつきました。

第3話

人間と社会の科学

「やあ、久しぶりだね」。前回の講話からそれほどたってはいないのですが、再会を果たした老教授は上機嫌でそう言って、いつものコーヒーを二人に勧めました。

人間と社会の科学とその科学としての難しさ

教授　今日は「人間と社会の科学」を考えてゆきましょう。

　私たちはこれまでに人間の知性の基本となっている言語、初歩の数学、自然科学はすべて先人たちそして私たちの観察、体験から編み出されたものであることを明らかにしてきました。

　さて、先人たちはこの知性を活用して、「文明」とか「文化」といわれている物質的、精神的に豊かな社会を生み出してきました。このような分野の科学を「**人間と社会の科学**」ということにしましょう。

　でも人間社会の動きは複雑多岐にわたり、今も想像を絶する出来事が次々と発生しています。このような社会全体を見渡してもなかなかシンプルな法則を発見できそうにありません。これが人間と社会を科学することの難しさでしょう。

ノゾミ　では人間と社会の科学は成立しないということでしょうか。

教授　人間一般、文化、思想、歴史、社会、経済、政治などの理論については、私の知る限りではあまり科学的なものは見当たりません。

　でも視点をこれらの人間の営みの結果ではなく、結果を生み出した多様な人々の考え方、感じ方、言動の動機などに移すと、その中にいくつかの誰もが納得して共有できるシンプルな法則を見出すことができます。そしてその法則にもとづいて人々の多様な考え方、感じ方、行動、そして文化などの成り立ちを説明することができます。

　幸いなことに今日では情報網の発達により世界的に人々の考え方を知ることができるので、取り出した法則が世界的に通用するものかどうか

の見当もつくでしょう。

ノゾミ　つまり、複雑な人間の営みの結果であっても、それは一人一人の意思、言動を司るシンプルで共通的な法則の積み重ねの結果として表せるということですね。

教授　そうです。ですから限界はあるのですが、「科学は個人の言動、社会の出来事に対して無力である」と主張するのは誤りでしょう。

　今日の考察もこの順序に従って進めます。まずは人間の身体とそこから生じる感覚について考えてみましょう。

●身体と感覚の仕組み

医学という科学の特徴

教授　身体の科学である医学は古くから主に病気やケガの治療法として発達してきました。

　この成果として病気の治療法や健康維持法は数多く知られています。さらに投薬も含めてこれらの治療法の有効性、科学性は医学会などで十分に検討されています。その成果である膨大な科学法則については、日頃私たちも大変お世話になっています。

ノゾミ　はい、体の調子の悪い時は原因をインターネットで調べたり、病院へ行って治療してもらっています。でも身体の法則や病気の治療法は物理法則類よりもずーっと個別的にたくさんありますね。なぜでしょうか。

教授　病気の成り立ちをもっと根本的に身体活動の成り立ちの異常として説明できればそれに対する対策ももっと系統立ててシンプルに立てられそうですが、現在の医学はまだそこまでには至っていないのです。ですから病気の治療法も症状に応じた「対症療法」にならざるを得ないのです。

　でも先人たちは身体活動の成り立ちの解明に手をこまねいていた訳ではありません。これに関する主な発見を挙げましょう。

　17世紀のハーベイによる「血液循環論」、19世紀のパスツールによる「細菌」の発見、その後知られた細菌や「ウイルス」の広範な存在、メンデルによる「遺伝」現象の発見とその後の「遺伝子・DNA」の発見、20世紀のフレミングによる最初の「抗生物質」ペニシリンの発見、近年の「免疫作用」の発見とそれを利用した「ワクチン」の発明などいくつもあります。

　最近では基礎医学、病理学、生命科学などと称して、身体の働き、病気の成り立ち、生命活動などについて研究が精力的に進められており、その成果には目覚ましいものがあります。でも未だに、感覚、意思などを伴った私たちの生命活動の発生、成り立ちは理論づけられてはいない

のです。

ナオキ　とっくに身体も物と同じく原子、分子で成り立っていることは
わかっていましたね。でもなぜ身体活動、生命現象が原子、分子によっ
て説明できないのでしょうか。

教授　できないわけは残念ながら科学の限界によると考えざるを得ませ
ん。原子、分子が生命体の形を取ると意識や感覚にもつながってゆく生
命現象が始まるのですが、その仕組みは解明の手掛かりすらありません。

ノゾミ　神や魂が宿るのではないのですか。

教授　古くからそのように考えられてきました。測り知れないことを前
にするとそのように考えるのは自然でしょう。

ナオキ　科学理論は経験にもとづくと教わったのですが、もし生命現象
がその経験を超えていれば科学的に解明できませんね。

教授　そうですね。しかしながら、たとえ生命現象の仕組みをすべて解
明できなくても、科学的な方法で疑問を一歩一歩解き明してゆくことが
科学や医学のさらなる発展につながることは明らかですね。

ナオキ　そういうことですね。

進化論の引き起こした社会問題

教授　先にダーウィンの「進化論」が、西洋社会で宗教的に大きなあつ
れきを引き起こしたことを話しましたが、大きな社会問題も引き起こし
たことを説明しましょう。

　進化論によると、生物種は互いに競合関係にあり世代交代によって生
存力の弱い種が生まれると亡び、生存力の強い種が生き残るという「自
然淘汰」をつづけてきたとされています。

　これによると人間にも生まれつきの弱者がいる、彼らは亡びる宿命を
持つ厄介者であるという考え方も生じやすいでしょう。進化論は実際そ
のように解釈されて、個人や人種の差別の科学的根拠とみなされて、今
は改正されましたが弱者を断種する目的で「（旧）優生保護法」という法
律も制定されたのです。

ノゾミ　確かに誤解されやすい理論ですね。

教授　そうですね。個人の優秀さはそれぞれの社会で考えられた価値観

であって、必ずしも科学的ではないことをこの後で機会のあるごとに説明したいと思います。

　今日では生物種が淘汰されてきた大きな要因として、大きく変動する気候・地球環境があり、その変動へ対応できた種が生き延びてきたと考えられています。地球上で繁栄を極めた恐竜たちも、巨大隕石の衝突による氷河期の到来であっけなく亡びたと考えられています。

　もし「進化・evolution」という言葉から価値の向上、高度化という意味が感じられるとすれば、理論の名称も問題でしょうね。進化論によると現在の地球には「進化の程度の異なる」生物種が共存しているのですが、どの種も変動する地球環境へ適応して今日生存しているという意味で平等なのです。人間は知性に秀でているのですが、生物の進化の頂点に立っているという訳ではないでしょう。

病気と健康の科学

ナオキ　最近では医学の発達でさまざまな病気の治療法が確立されて人の平均寿命はずいぶん長くなりましたね。体は直接観察できる分、心の動きよりは科学として扱いやすいでしょうね。

教授　確かに身体の構造や臓器の役割は次々と解明されつつあり、さまざまな病気の原因と治療法がわかってきて、医学は人の健康増進、長寿命化にずいぶん役立ってきました。しかし身体の生命活動は知れば知るほど複雑多岐にわたっており、全体の絶妙なバランスの上に維持されていることがわかってきたのです。生命活動のほんの一部の観察できた部分のみが解明されたにすぎないのでしょう。

ナオキ　健康に長生きするために、心身共に適度に働かせること、バランスのとれた食事をとることの重要性がよくいわれていますが、これは科学的に解明されたものですね。

教授　そうです。環境や個人によって最適なバランスが異なることはあるのですが、バランスを取ることは昔から伝わってきた経験的な科学でもあるのです。中国で発達した東洋医学では、心と体の機能を細分化して分析的に考えるのではなく、心と体の状態を総合的にとらえて人の健康状態を判断する方法がとられています。「医食同源」とは一つの生活

の知恵ですが、経験を深く洞察することは科学の方法であり、この法則は科学的でしょう。

　病気も心が影響していることがわかっています。思考だって頭の中だけではなく口や身体も働かせて覚えた方が確実です。私なんか思考に夢中になっているとき独り言をつぶやいていることに気づくことがありますね。

　分析的な西洋医学においても、心と体、体のさまざまな機能は複雑に関連しているため、総合的に考える必要性が指摘されるようになりました。

　でも西洋医学で治療法が確立している病気についてはその治療法の方が即効的でしょう。もちろん例外もあるでしょうが。そして薬には副作用があるように、病気の治療は常に全身のバランスを考えて行うべきでしょう。

ノゾミ　最近、特定の食物や栄養素が健康に良いとよく宣伝されていますが。

教授　身体の維持に必要とする量よりも、不足している栄養素などは補給すればよいと考えるのは当然で、その結果健康になればよいことです。しかしバランスの問題を忘れてはいけないでしょう。塩だって多くても少なくても良くないことがわかっています。身体にはまだ知られてないものを含めてさまざまな成分が含まれており、それらが相互に作用し複雑な体の仕組みを支えているのです。体内合成される成分もあります。そう考えると栄養素の過不足を一律に定めることにも問題があるかもしれませんね。

ナオキ　医学では全体的な見方も部分的な見方も科学となり得るのですね。

教授　そうです。

　体の成り立ちは複雑ですから、部分的観察の積み重ねで解明できた部分はまだごく一部です。ですから東洋医学的な全身観察による方法も必要なのですね。外来で行くとお医者さんは患者さんの表情を観察して問診するでしょう。身体の活動状態や異常を知る方法は色々とあるのです。

　これはちょうどニュートン力学と相対性理論・量子論の関係に似てい

るように思います。同一物事であっても観察する人の関心の寄せ方・視座によって異なった科学法則が得られて、それぞれに役立つのです。

ノゾミ　精神にも異常はあるのでしょうか。

教授　誰だって自分の精神が平常ではないことに気づく瞬間はあるでしょう。

　でも人は自分の精神を正常の基準にしがちであるため、ある人の精神が正常か異常か、健全か病的かを判別することは難題です。また心的に危害が加えられたといっても、心的被害者は心的加害者にもなり得るといわれているぐらい微妙な場合もあります。「精神病」というレッテルを貼り付けて精神的に違和感のある人たちを差別してきた歴史もあります。

　素晴らしい絵を遺したゴッホは実現不可能なほど高い理想とそれを実現しようとする強い使命感を持っていたといわれています。このギャップが異常な行動を呼び、晩年を精神病院で過ごすことになったのでしょう。

　これらのことから、明らかに人々に危害を加える可能性のある人のみを「異常、病的」と判断すべきでしょう。

　最近では精神的に違和感のある人を「発達障害」、「適応障害」などというようになったのですが、まだまだ名称を変えたにすぎないように思えます。このような人には、並外れた集中力や創造力をもつ人が多いことも知られてきて、その能力を生かせる仕事に就き始めています。

　このような多様な心を幅広く自然に受け入れられる社会が欲しいですねえ。

ナオキ　適材適所は普通の人間にも求められますね。

　私たちが「普通」と考える人間にも、人間関係重視型や、理論技術重視型などいくつかのタイプの人々がいるように思えます。人の組織には上司による仕事の成績の「評価」がつきものですが、上司は自分好みのタイプの人を高く評価しがちですね。さらにいえば自分と上手くやれる人を高く評価しがちで、これが「ゴマスリ」や「忖度」の温床となっているのでしょうね。

ノゾミ　最近では自己申告やグループによる評価など評価法も改良されてきているのですが、出来高払いまたは無競争としない限り人が人を評

価することは避けられないでしょうね。

教授　お二人とも社会経験を積んで人が人を評価することの難しさをよく知っているようで安心しました。では話を次にすすめます。

五感は多感

教授　では人の身体のもつ感覚を考えてみましょう。

　主な感覚は視覚、聴覚、臭覚、味覚、触覚の五感とされていますが、よく考えてみると五感に該当しない気分の良い悪いの感覚など、気分の領域には簡単には言葉で表せない多様な感覚がありますね。五感といわれる大きな理由はおそらくこの5種が誰にとっても区別しやすく、言葉の意味が共有されやすかったからでしょう。

　自分の感覚や気分は他の人には直接わからないので言葉で伝える必要があります。その例をいくつか説明しましょう。

　病気になれば私たちは言葉では表し切れない嫌な感覚を言葉で説明せざるを得ないはめになります。また、恋人に自分の気持ちを打ち明けるときは自分の高揚した気持ちがうまく伝わるように言葉を選びながら話すでしょう。

　お互いに共有できる経験を表す言葉をうまく選んで伝えると自分の感覚や気持ちは完全とはいえなくてもほぼ伝わります。もしそれに失敗すると相手に自分の気持ちがうまく伝わらずに理解がズレたままとなる可能性があるでしょう。

　ワインのソムリエはワインの味や香りを「スミレの香り」「ナッツの味と香り」「ラズベリーの酸味」などと形容します。これは微妙なワインの味や香りの違いを他者と共有できるように身近な物に置き換えて説明しているのです。

　感覚は慣れや周囲の影響を受けるため相対的です。

　例えば大きな音を聞いた後で小さな音を聞くと聞きづらいでしょう。明るい所から暗い所へ行くとしばらく物は見えづらいでしょう。

　眼のもたらす視覚情報は他の感覚に比べて情報量が圧倒的に多いといわれています。脳は視神経束から伝わってくる視覚信号を瞬時に総合、解析して、その中から物の形、色、動きなどを認識する重要な働きをし

ています。

　ほとんどの感覚は直感も含め経験的に鍛えられるものですから、同じ
ものを見て聞いたとしても環境や人によって認識が異なる場合が往々に
してあります。先人たちそして私たちは感覚・観察には個人差があるか
らこそ、誰もが納得できて共有できる言葉や科学法則類を活用してコミュ
ニケーションをとってきたのです。

味覚の科学

教授　寒暖などの自分の感覚は言葉や温度で他の人にほぼ伝えることが
できます。でも言葉や数値では伝え難い複雑な感覚もあります。その代
表が味覚でしょう。

　コーヒーを飲んで「うまい」といえば、他の人に自分の満足感は伝わ
りそれを聞いた人はうまいコーヒーの味を勝手に想像できますが、自分
の感じるうまさそのものは他の人に直接伝えることはできません。

　今三人は同じコーヒーを味わっているのですが、感覚には好みという
個人差があるから「うまい」といってくれてもそれはお世辞ではないか
との疑問を完全に払しょくすることは出来ないのです。

二人　お世辞ではないですよ。

教授　いや、いや。私は二人を疑っている訳ではないのです。個人の感
覚そのものは他の人のものと共有できないということを言ったまでです
(笑)。

　味覚の科学の初期の理論としてヘニングの「味の四面体」が知られて
います。塩味、酸味、甘み、苦みを基本的な味覚質とみなしてこれを四
面体の各頂点とすると、任意の味は四面体内部のある位置で表されると
いうものです。

　お二人もすぐ気づいたと思うのですが、実際の味覚は臭覚、視覚、温
度、舌ざわり、歯ざわり、辛味などの感覚が総動員されて決まってくる
から、この理論は今となっては不完全といえます。最近では旨味も第五
の味覚質とみなされるようになったようです。辛味は味覚質ではなく痛
覚の刺激とされていますが、味覚に影響を与えていますからこれもおか
しい解釈ですね。

それでもこの理論は程度の差はあっても今も世界中の料理に役立っているはずですから、味覚に関する基本的な科学理論と考えてよいでしょう。美味しい料理を作るためにはこの理論に加えてさまざまな美味しさに関する知識・理論が必要となります。もしもこれらのすべてが科学的な法則として明確に記録されれば、その記録を読めば誰もが最上級の料理を作れるように思えますがそれはできないでしょう。このような複雑多岐な知識、理論は実際上記録しきれません。天然の食材も同じものは一つとしてありません。

ノゾミ　結局は手に入った食材に応じて調理の条件を変えて、繊細に賞味を繰り返す方法によってのみ美味しい料理は得られるのですね。

教授　そうです。もちろん食する人の好みも影響します。考えてみれば高度なものづくりはみなそのような職人技を必要としていますね。

ナオキ　私はモノづくりに携わっていますが、製品の品質に影響する要素は原料にも製造条件にも限りなくあって、一定品質の製品を生産するのは至難の業ですね。

教授　そうでしょう。工業製品だって機械やAI任せで作り得るものはまだまだ多くはありません。ましてや味覚のないAIは名料理人にはなれないでしょう。

　ちなみに、甘い、熱い、赤いなどの言葉から思い起せる「感覚そのもの」は「クオリア」といわれています。クオリアは生命現象の領域にあるため、言葉で表すことにも限界があり、物理・化学なども含めた知性との間には越えがたい壁があります。

　では次に人の心の動きについての理論を考えてみましょう。

●人の性格を生み出す考え方感じ方

教授　結論からいいますと、私は「**人は自らの欲求、好みに従って考え言動する**」を人間の言動の基本となる科学法則と考えています。欲求、好みは「思い」ともいえます。

　人の心の中は誰にも見えませんし、一つの心の中で種々雑多なこと、時には矛盾したことも考えています。そのような人の心の言動に結びつく動きを「欲求、好み」以外の言葉でシンプルに説明しようとすると一面的で的外れな解釈になりやすいのです。

人は自らの欲求、好み、思いにしたがって考え言動する

教授　ナオキ君、君の最初の記憶は何ですか。

ナオキ　よく泣いて、お母さんに抱かれて乳をもらって泣き止んでいましたねえ。

教授　なぜ泣いたのですか。

ナオキ　腹が空いたり、一人で寝かされると不安だったのでしょうね。

教授　ではなぜ抱かれて乳をもらうと泣き止んだのですか。

ナオキ　お母さんに抱かれると安心しました。乳を飲むと満腹感に満足できました。

教授　ではノゾミさんに聞きます。君の最初の記憶は何ですか。

ノゾミ　ナオキ君とよく似た記憶があります。泣くとお母さんが優しくしてくれるのでよく泣いたものです。でも泣きすぎると逆に叱られることもありました。

教授　なるほど、ノゾミさんは「泣くとお母さんが優しくしてくれる」でも「泣きすぎるとお母さんに叱られる」という経験則を最初に学んだのですね。

　では大人になった今ではどのような動機で考えたり行動していますか。

ノゾミ　ほぼ自由に好きなことを考えて行動に移しています。

教授　いい答えですね。そう、ノゾミさんは歳と共に経験を積み感性知性が発達して、感覚的な好みも知的な好みも多種多様になって好みの選択肢は増えましたが、人は昔も今もその時々に思いつくさまざまな選択

肢の中から自由に好きなことを考え、その中からできる範囲のことを選んで言動しているのです。その具体例として、ノゾミさんは好きな人と美味しいものを食べるために評判の店に行ったり、今日ここにきて興味のもてそうな話を聞いているのです。

　よく考えてみると、肉欲、食欲などの欲求であっても、知性のある人間ならば欲求を満たそうと行動を起こす際には多かれ少なかれ善悪判断などの知性が働いていることが自覚できるでしょう。

　ですから、「**人は自らの欲求、好み、思いに従って考え言動する**」を人間の言動の基本となる科学法則として指摘できるのです。

ノゾミ　でも人に言われると嫌いなことも考えたり実行したりせざるを得ないことがあるように思えますし、嫌な心配事を自発的に考えることだってあります。

教授　そうですね。では勉強が好きではない子供が勉強をする理由を考えてみましょう。それは、自分が今勉強をしなくても先生や親に叱られて結局は勉強をせざるを得なくなる、仲間に後れをとって恥ずかしい、将来自分が損をするなどの嫌な結果を招くと考えた末に、結論としてそうなるよりも今我慢して勉強した方が好ましいと考えたからでしょう。心配事を考えたり嫌なことを行ったりすることも、同様に自分の好みで選択したと考えられるのです。

ノゾミ　そうですね。私たちはたとえ気に入らない社会の習慣や法律であっても、人々とうまくやってゆきたいと思ったり、法律に反すると罰せられて嫌な思いをすることが分かっているからそれに従うのですね。

教授　そうです。好きなことは何でも自由に考えられますが、言動には様々な制約があります。私たちは言動に際しては、法律や自らもつ倫理観、価値観、経験則などの理論で選択範囲を自主規制しているのです。

　加えて人は、物理や化学の法則に逆らった行動はできません。これは絶対的です。

　好きに行動しても、意に反してつまずいて転倒すると、痛い、けがをするという嫌な結果も起こり得ますが、これも自分の好みに反して受け入れざるを得ないのです。

ナオキ　好みは「感情」で科学は「理性」とも言えます。ですから、今

までの議論は「人は感情で行動しようとするが、行動は理性で制限されることもある」ともいえそうですね。

教授 はい。理性の強い人は自らの言動を科学的な理路で考えて自ら制限できるのですが、感情が強い人は失敗やけがをしなければ自らの言動を制限できない可能性がありますね。

　強い感情、好みは「情熱」ともいい、激しい言動となって表れます。熱情は独創的な芸術を生む力となるでしょう。でも熱情から生まれる理論は革命思想のような偏ったものとなる恐れがあるでしょう。

　個人的な感情、感性は一般的にいうと共有されにくいため、感情的な人ほど孤独を感じ偏見をもちやすいと思います。

ノゾミ 好みは「関心」ともいえるのでしょうか。

教授 「特定の物事に自発的に心を動かすこと」を関心といいます。ですから思考の内容は関心事でしょう。でも「言動を起こした方が好ましい」という価値判断が関心事を言動につなげるでしょう。ですから、言動の原因としては自らの欲求、好み、思い、意思などという方が適切でしょう。

ノゾミ なるほど。言動には自らの価値判断、好みが関係するのですね。

人の好みは十人十色

教授 人々のさまざまな考え、言動からなる社会は、社会を観察する人がもつ価値判断、好みによって視座の異なるいくつもの理論的解釈が成立します。この違いは自然科学に比べてはるかに多様です。これが社会についての理論が科学的であるか否かの判断を困難にしている大きな理由です。

　たとえば、今の世の中はお金が幅を利かせているので「人々はお金の力で動いている」と考えることができます。また政治の影響力を考えると「人は政治に支配されている」ともいえます。歴史に関心のある人は「私たちは過去の歴史を引き継ぎ未来の歴史を築きつつある」というでしょう。そしてそれらの見方から次々と新たに多様な理論が生れるのです。

　ですからこのような人間社会の理論については、理論の視座を共有で

きる人には共有できる可能性があるのですが、その理論の視座にあまり価値を認めない人、関心の薄い人には共有されないどころか門前払いされかねないでしょう。

　科学の説明において、シンプルな因果関係すら多様に可能な物事の関係の解釈の一つにすぎないことを説明しましたが、歴史書はこれよりも桁違いに多様に解釈可能な人間社会の因果関係を著者が選択して著しています。ですから、人間社会の理論に歴史観が加われば加わるほど、理論は主観的な主張になりやすく、広く共有される可能性は小さくなるでしょう。

　でもどのような主張であっても「人は自らの欲求、好みに従って考え言動する」という法則に従って生まれたと考えることができます。

ノゾミ　でも分厚い歴史書、経済書、哲学書であってもある程度は売れつづけて、それを理解し共有している専門家たちもいるのではないでしょうか。

教授　そうですね。このような著書が流布する理由は、その著書が科学的というよりも、著者の思い、価値観に共鳴、共感できるからではないでしょうか。**人は科学的な理路とは別に共感によっても、他の人と思い、好み、立場を共有することができます**から。

　でもある理論、概念を科学的な理路にもとづいて共有することと、共感して共有感を得ることは似て非なるものですね。

ナオキ　なるほど、私が大部のそういった本を読み通せない理由がわかりました。第一の理由は私がその分野に強い興味をもてないことです。第二の理由は、私は科学的ではない記述が出てくるとそこでつまずいてしまうことです。でもそこを我慢して読み進めると共感を持てる部分がいくつか見つかって、その本を肯定的に考え直すこともありましたね。

　小説は元から読者の共感を得るために書かれたものですから、科学を気にせずに楽しく読むことができます。小説は売れて当たり前ですね。

教授　私もナオキ君に同意します（笑）。

ノゾミ　**科学的な心理学**はいつ頃始まったのですか。

教授　19世紀半ばにヴントらにより被験者を用いた実験心理学が始まりました。それは今ではソシュールの言語学とともに構造主義といわれ

ています。

ノゾミ　科学的でありながら、なぜ構造主義といわれているのですか。

教授　科学法則を思い出してほしいのですが、科学の方法は個々の物事をシンプルな法則で説明して、その法則を積み重ねてゆくものです。

　一方、構造主義の考え方はある複雑な物事を作り出している構造を全体的に捉えようとするものです。ですからヴントが得た科学法則が全体の構造（この場合は心の働き）の一部であると考えると構造主義といえそうですね。

　しかし科学には、物事には定まった全体構造があるという仮定は必要ありませんし、個々の法則が全体構造の枠の中で正しく機能しているのか否かも検証できません。

　宇宙とは違って人の心や体は全体を観察できるため全体構造があると考えられがちですが、何度も言うように生命現象の成り立ちは未知なので、実験結果から全体構造を説明できるという考え方も、現時点では根拠の乏しい仮定でしょう。

ノゾミ　なるほど、これも哲学的思考法ですね。

教授　はい、そう思います。

体験から紡ぎ出される自らの好み、価値観、個性

教授　では自分たちの好み、望みについて考えてみましょう。ノゾミさん、君の好きな食べ物は何ですか。

ノゾミ　お寿司です。甘いお菓子も好物です。

教授　ノゾミさんはなぜお寿司と甘いお菓子が好きになったのですか。

ノゾミ　えーっと、いろいろなものを食べている内に、なんとなく好きになりました。

教授　なぜという質問には的確に答えていないのですが、これも正解でしょう。

　ノゾミさんは成長するにつれていろいろなものを食べる体験を積みながらその中からお寿司の美味さに気づいたのでしょう。美味しいものはまた食べたくなります。そのような思いが積み上がっていって自分の好みが定まっていったのでしょう。

ノゾミ　その通りです。

教授　また質問します。ナオキ君、君の希望は何ですか。

ナオキ　エンジニアとして実績をあげて社会に貢献することです。ノーベル賞は無理としても、ある程度生活が安定して社会に認められれば本望だと思いますね。

教授　なるほど。ではなぜそのように考えるようになったのですか。

ナオキ　子供の頃から物の成り立ちや機械の仕組みに興味があって、そのことを追っているうちに増々興味が湧いてきました。

教授　了解しました。

　二人の話を聞いて分かることは、何らかのきっかけで興味や好みをもって、それに集中することでそれを自らの好みや希望として大きく育てて才能といえるものになったということでしょう。でもお寿司に出会ったからお寿司が好きになり、機械に接していたから機械が好きになったように、自分の好みには自分の環境も大いに影響します。

　生まれもった資質は各人各様にあると思われますが、誕生後に環境に合致したものだけが育って、合致しないものは胚芽のままなのでしょう。その結果として、環境に影響されながら個性的な人格が形成されるのでしょう。

ノゾミ　そうですね、私も色々な人たちとつき合ってそのように感じることがあります。

非日常的で非科学的なものを好む人々が生み出した多彩な文化

教授　生活を苦労して維持することが日常であった先人たちとは異なり、時間的に余裕ができた人々は非日常的で刺激的な体験を次々と求めるようになりました。しかし現実の世の中ではなかなか自分の思い、好み通りには事が進みません。けれども自分の心の中であれば現実を超えた夢の実現を自由に想い描くことはできます。これによって仮想的であっても、ある程度の知的満足感が得られるでしょう。

　芸術、娯楽など「文化」といわれるものは、人々の思い（想い）を仮想的ではあっても共通的に実現するために生まれたものでしょう。私たちが楽しんでいる遊び、お笑い、テレビドラマ、ゲームはそのたぐいで

す。楽しみは一人でも味わえるのですが他の人々と共有できれば満足感はグッと増幅されます。これは一人でいるよりも仲間を求める心情と関係しているのでしょう。最近の情報メディアの発達により、このような楽しみが手軽に得られるようになって、人々の関心の多くもそちらに向くようになってきました。

　これは悪いことではないのですが、人々はこのような楽しみや刺激ができたことで、逆に無為な時間に不満、退屈さを感じ始めて、その時間を埋めるために現状を超えようとする希望、武力・権力による争いなどの新たな刺激を求め始めたのではないでしょうか。

　これらは日常のできごとを追求する科学の関心とは別次元の価値観、関心であって、これが原因して人々の関心が科学から離れ始めたように思えます。これも知性の発達の影響なのでしょうね。

ナオキ　情報メディアの発達には科学が必要なのですが、現今の風潮はその成果を楽しんでいるばかりで科学が軽んじられているように感じますね。

ノゾミ　たしかに科学は多方面から現在の人々の生活を支えていますね。

知的満足感、達成感、不満感、生きがい

教授　知的に得られる満足感についてさらに考えてみましょう。自分が望んだ目標に到達できれば満足感が得られます。この過程を「努力」といい、得られた満足感は「達成感」ともいいます。努力が大きいほど得られる達成感も大きいものです。

　思い出してみると私の人生はそれほど生活に追われることもなく、自由な時間もかなりありました。そのような中で私の人生の目標とはまず自活することでしたが、それとともに生活や仕事や趣味の分野である目標をたててそれを達成する、それが達成できなかったり達成しても飽きてくれば次の目標をたてる、この繰り返しだったような気がします。

　目標は人により時代により変わってきても、これが人々の生きがいとなっているのではないでしょうか。

　ですから**人は次々と知的満足感を求め続ける**という法則はある程度の気力が具わった人たちにほぼ当てはまる法則でしょう。

ノゾミ　そうですね。でも空腹になって食欲を満たすことは知的満足感とは違いますね。

教授　はい、それは感覚的な満足感を得ることです。でも誰もが望んだ時に不自由なく食事したい、できれば美味いものも食べたいと考えているでしょう。これは知的な欲求、目標で、これをかなえられると思えると知的満足感が得られるでしょう。

　ところで人は目標とした欲求を達成してしまうと、間もなくその満足感にも飽きて次の満足感を求め始めます。この意味で人間は因果な動物ですねえ。

　動物に達成目標があるとしても、空腹を満たすとか縄張りを広げるなどのシンプルな欲求でしょう。動物は欲求が満たされると恐らくただ満足しているのでしょう。動物園で飼われている動物が檻の中で飽きもせずのんびりと暮らしているように見えてうらやましく思ったこともありますよ。でも動物の気持ちはよくわかりませんので、この見方はこれ以上詮索しないで下さいね（笑）。

　食べ物に限らず何事であれ、**知的満足感、達成感を求めつづけることが知的人間の生きがいとなっている**のではないでしょうか。

ナオキ　私は子供の頃、さまざまなことに興味をもったのですが、すこし知ると「なあんだこんなことか」と思ってすぐに飽きてしまい親に叱られていました。

教授　飽きるかどうかは興味の対象にもよるのではないでしょうか。

　すぐに目標を達成できる物事にすぐに飽きるのは当然です。目標達成までの道のりが険しくても、目標を抱いた人の達成したいという思いが強ければ、その人は目標に向けての努力をつづけるでしょう。これが「人の生きがい」といえるものではないでしょうか。生きがいとなる目標としては、芸術、社会奉仕、教育、政治、経済活動、科学的探究などの社会的なものがありますし、身近な目標としても、一芸に秀でる、家族を幸せにする、などいろいろと考えられますね。

ナオキ　なるほど、多くの興味の中から選ばれて勝ち残ってつづけているエンジニアの仕事も、趣味の芸術鑑賞も、考えてみればそれなりの努力をしているのですが、それが楽しくて自分の生きがいとなっているの

ですね。

教授　いいですね。仕事は生活の糧を得ながら社会的使命を達成することができます。ですから仕事が生きがいになっているナオキ君は幸せな人間ですよ。ノゾミさんにも同じようにいえますね。

　生きがいや努力目標を意識していなくても、人は何であっても不満が解消すれば満足できるし、思いがけない出来事に出会えば感動するでしょう。無意識的であってもそのような出来事を心待ちすることも生きがいとなるでしょう。

　一人でゲームに夢中の人はその限りではあまり社会とのかかわりはないのですが、その人なりの目標を立ててその達成を目指しているのですから、これもその人のまぎれもない生きがいでしょう。

ノゾミ　生きがい、価値観は生活環境によって相当に異なってくるのですね。

教授　そうです。衣食住が不足していた昔の社会では、「安定して衣食住に困らない生活」の達成が多くの人の生活目標、生きがいだったのでしょう。

　戦争に明け暮れる社会では「平和で安心安全な生活」が多くの人々の目標となるでしょう。

　虐待や差別された人々にとって「虐待、差別のない社会での生活」がその人たちの望みであり、その実現が目標となるでしょう。

　でも闘争心や偏見のある人たちは自分たちで争いの種をまき、争いに勝利することを生きがいにするかもしれません。これが環境によって左右される人々の価値観の難しいところです。

　ある程度生活に余裕のできた現代社会であっても、社会のすべての人々がすべての面で満足できる訳ではありません。文化は人々の不満を解消する役割も果たしています。

　今日「文化」といわれるものは祭り、演劇などからスポーツ、ゲーム、旅行などの「娯楽」にまで広がりました。スポーツには体を働かせる快感があります。ゲームや知的探索にも頭を働かせる快感があります。旅行は非日常的な世界を体験できます。

　満足感、生きがいの話はこれで一旦終わりましょう。

知識と知性の違い、教育の問題

ノゾミ　気になることがあるので教えてください。学校では「立派な人間になるために若いうちに一生懸命勉強をしなさい」と教えられてきました。でもたくさんの本を読んで勉強して百科事典のように多くの知識を持てたとしても、本当にそれが人格の形成に役立つかどうか疑問に思えます。何のために嫌いな勉強が必要なのでしょうか。

教授　考えてみてください。社会生活の中や未知へのチャレンジの過程で生じる問題の多くは複雑で、どこかに模範解答があるわけではありません。勉強した知識だけでは解決できません。ここまでに**人の知性とは考える方法である**ことを説明してきましたが、それは知識の応用力でもあります。

　勉強の第一の目的は知識の応用力を得ることでしょう。正しい判断にはもちろん基礎的な知識も必要です。でもノゾミさんのいうように、学校教育は知性よりも知識の伝授に偏っているという問題はあるでしょう。

　その大きな理由として、教育、勉強の成果のうち断片的な知識の量と正しさはペーパーテストで簡単に判定可能であるのに対して、知識の応用力となるとその範囲は広く複雑となりますから、問題の作成も採点も大変難しくなるということがあるでしょう。

　このようなわけで学校の試験のみならず大規模に実施されるさまざまな資格試験は知識中心、ペーパーテスト中心になっているのでしょう。この傾向は今に限ったことではなく、中国に古からあった「科挙」という任官試験もそうでした。

　私の希望としては幅広く応用力を試すことのできるAIを用いた理想的面接官を育て、少しでもペーパーテストを改善してほしいですね。ただしAIは人間性に欠けますから、普段の教育には人も大切ですが。あっ、話が飛びました。

　せめて君たち一人一人の心構えとして、応用力を意識して勉強し多くの本を読んで欲しいですね。でも私の経験をいうとそのような読み方の出来る本は自分の関心のあるものに限られます。自らの関心にもとづいて読んだ本からは、さまざまな知識を吸収できるはずです。

ナオキ　では結論として、学校のペーパーテストの点数を気にして自分の嫌いな分野の勉強まではする必要がないということですか。

教授　いや、それは極端すぎますね。偏った勉強は偏った人格を作ります。たとえスペシャリストであっても、社会で生きてゆく限りは人の心の成り立ちを知り、さまざまな好み、考え方感じ方をもつ人々とつき合う必要もあるでしょう。そのためにはある程度の幅広い勉強は必要でしょう。

ナオキ　はい、わかりました。

教授　では教育の方法について考えてみましょう。

　知性は経験的に得られるのですから、教育者は知識を授けるだけではなくその成り立ちや応用を教えたり一緒に考えて、各人が納得した経験として習得できるように手助けする必要があるでしょう。私は上から目線の大人のお説教にはずいぶん反発したくなったことを覚えています。

ナオキ　私にもそのような経験があります。皆が納得できる教育を受けると、偏った考えをもつ人が減って争い事が減りそうですね。

教授　全くそう思います。でも現実の社会にはさまざまなしがらみがあり、教育者や子供の親にも立場や個性があります。各自の経験を育て重んじる教育は容易ではないですが、教育目標として欲しいですね。

体験──記憶に残された感覚と思考

教授　では体験、経験についてさらに考えましょう。以下の説明は主に私が自省的に考えたことで、少々長く複雑になりますから、疑問があればいつでも質問してください。

　好きなことについての思考を繰り返すことで、自分の好みが深まり確固となってゆくことを話しましたが、体験、経験についても同じでしょう。

　経験の多くは体験から始まるものですが、何らかの体験をしてもそれに無関心で放置すればやがて忘れ去られるでしょう。よく考えてみれば私たちの日常体験の多くはあまりにも日常的であるがゆえに、そのようにどんどん忘れ去られていることを自覚できるでしょう。

　でも、美しかった風景、美味しかった食事、つらかった病気など非日

常的な出来事の体験については、半ば無意識的にであってもそれらをふと思い浮かべることがあるでしょう。それはそのとき見た真っ赤な夕日、それを目にしながら彼女に語らった一言などの感覚、感動の再現であったり、その出来事への解釈であったりするのですが、何度も思い返すうちに、自分なりに咀嚼された思い出の解釈や経験則のようなものが自ずと得られてゆくでしょう。

ノゾミ　はい、思い当たることがあります。

　先月の日曜日に親しい友達と夕食を共にして語らいました。その時何を語り何を食べたかまで覚えています。でも翌日一人で食べたはずの夕食のことを思い出すことができません。この理由を先生は説明されたのですね。

教授　そういうことです。ノゾミさんは楽しかった友達との夕食をその後何回か思い出して、友達との会話や食事の味を思い返して自分の経験としたはずです。「友達とあの店に行くと楽しい」という個人的経験則も得たでしょう。

ノゾミ　はい、印象に残ったことは何回も思い出してさらにその印象が強まりますね。

教授　一つの体験はそのときの感覚のなごり、良かった悪かったなどの思いの繰り返しなどの全体として記憶されるのです。

　経験は読書や又聞きからも得られますが、**体験した経験、自分で発見した経験則ほど自分に対して説得力のあるものはありません。体験したものはそれにまつわる感覚までもが自分のものとなって納得できるから**でしょう。

　私たちは言葉のほぼすべてを又聞きで教わったのですが、各自が教わった言葉が他の人々にどんどん通用するという体験を重ねるにつれて、体験したものと同様に自分のものとして自信を持って言葉を使えるようになったのです。

　勉強においても知識をただ丸暗記するだけでは応用力はつかず、忘れるのも早いでしょう。新たに学んだ知識はその応用を考えたり使用してみて自らの知識のネットワークに組み込むことができれば、体験で得たもののように身について応用力がつき忘れにくくなるでしょう。

ノゾミ　いわれてみるとその通りですね。自分の好きな分野の知識については先生の指摘されたことが自然に実行されているように思えます。

教授　念のためにいいますと、体験、経験で得たものの多くは個人的な感覚、思い、経験則などの形をとるため、共有可能とは限りません。共有するためには科学的な思考と言葉によるコミュニケーションが必要です。

ナオキ　先日の先生のお話をお聞きして、あそこはもう少し聞いておきたかったなどと考えたのですが、これも経験ですか。

教授　それは経験にもとづいた自発的な思考で、もちろん経験です。このような反省により聞いた話も身についてくるでしょう。更にそれを実際に質問すれば新たな体験が生まれることはいうまでもないでしょう。講話の内容であっても自分が体験したかのように考えて質問すると身につきやすいものです。

　そういって教授は手元の辞書を見ました。

教授　ちょっと難しい表現ですが『広辞苑』にも「経験とは人間が外界との相互作用の過程を意識化し自分のものとすること。人間のあらゆる個人的社会的実践を含むが、人間が外界を変革するとともに自己自身を変化させる活動が基本的なもの」と書かれています。

　では次に、一人の閉じられた心の中で進む思考は、体験に始まる経験に比べて勝るとも劣らない役割を果たしていることを説明しましょう。

心を占領する閉じた思考

教授　経験と聞くと私たちはすぐに自分以外の外部の物事についての体験を思い浮かべるものですが、それだけではありません。

　私たちは一人きりの時間などに、過去の体験、経験をふと思い浮かべて、ああすれば良かった、あれはこうだった、などとりとめもなく考えていることがあるでしょう。ここではこのような自発的に始まる思考を「閉じた思考」ということにして、これをさらに考えてみましょう。

　「閉じた思考」は記憶されてそれ自身も思考の経験となります。閉じた思考の結果は新たな思考の始まりとなり、それが繰り返されるにつれて思考の経験は積み重なって煮詰まってゆき、それによって個人的な考え

方、感じ方、好み、価値観などの個性が形成されてゆくでしょう。

　強い関心をもった物事については閉じた思考は無際限に続き、そこで自分の思いが形成されてゆくものです。お二人はすでに経験したと思いますが、恋煩いはその典型例ですよ（笑）。

ノゾミ　あーっ、はい。彼は本当に自分のことを好いているのかどうか、彼は今何をしているのか、などとめどなく考えますね。

教授　恋とは異質ですが、特定の物事に興味がある人がその物事を繰り返し考え続けると、その人はその物事にますます精通して秀でることができるでしょう。天才的な発想が生まれるかもしれません。

　でも閉じた思考では自分流の推理のみが進むわけですから、独りよがりの推理となる危険性もあるでしょう。閉じた思考に熱中すると他者と付き合う時間が減って対人関係も疎かになりかねません。

　いずれにしても、閉じた思考の時間が長くなるほどその人の考え方、感じ方は確固と形成されてゆく可能性は高いでしょう。

ノゾミ　なるほど、体験を体験のままで済ませるのではなく、それを繰り返し思考する経験を積むことで自分の感じ方、考え方が育つのですね。

教授　はい、そうでしょう。

　最近の人々は個人的な好みが強く現れるようになってきたといわれていますが、この背景には、生活環境が近代化されて家族関係が薄れ、個人的に過ごす時間が増えてきて、閉じた思考、思考の経験を重ねる時間が増えたため、個人的な好みが鮮明になってきたというような理由があるのではないでしょうか。

　でも乏しい人間関係や社会経験などをもとにして、失敗経験を考え続けると、もう誰ともつき合いたくないという結論に達して厭世的になる恐れもあるでしょう。思考の経験を積んで個性を磨くことは良いことだと思うのですが、限られた体験、少数の人々とのふれあいだけにもとづいた閉じた思考は、偏った個性、好みを生み出す危険性があると思います。

ノゾミ　引きこもりや世界的に増えた過激派の活動も人々との直接的な触れ合いが減って、「閉じた思考」が増えた結果ですかねえ。

教授　過激派は昔から存在していたのですが、最近の家族関係が薄まっ

た社会構造が過激派を育ちやすくしているのかもしれませんね。

ノゾミ　人は家族や社会の影響を受けやすいのですね。

教授　全くその通りです。

　では次に社会と人間心理の関係を考えてみたいと思いますが、その前に参考として古くからある人の性格、欲求、好みを固定的に考えた理論をいくつか取り上げてその問題点を考えてみましょう。

●古くからある人間心理の理論

人の能力、資質、性格の分類とその問題点

ノゾミ　**人間の本性**について「善」と考える「**性善説**」と、「悪」と考える「**性悪説**」はシンプルな解釈ですね。

教授　これはシンプルですが科学的根拠の得がたい見方です。

　例えばある人が慈善活動を行っているとしましょう。素直に考えるとそれは良い行いです。ところがその人は良からぬ下心があって行っていると考えると疑心暗鬼になってしまいます。

　普通は他人の下心を知ることはできません。また誰だって慈善活動を行う以上は何らかの動機がある訳で、その動機が崇高なものか不純なものかを一々判断しているわけでもないでしょう。

　結局、動機は外面的な観察だけでは決定できないため、性善説も性悪説も論じる人の考え方、視座を表すものと考えた方が適切でしょう。ですからこれは科学的な理論ではありません。

　人の本心についてもよく似た説があります。

　「人は本心ではなく役割を演じながら生きている」という説です。なるほど、人は社会的に割り当てられた立場での言動が必要なことが多々あります。でもそれ以外の自由な時間も相当にあるでしょう。これはきっと演劇の好きな人か、不本意な仕事に明け暮れる人が考えついた一面的な説でしょう。

　人のもつ多様な能力、性格を生得的な資質と経験的に得られたものに分ける説もありますが、これにも問題があります。

　人は人としての生得的な資質をもつことは確かです。その資質に個人差もあるでしょう。しかし、人は０歳から（胎内からとも考え得る）体験を積み始めているのですから、多くの資質が区別困難です。

　たとえば、直立歩行は人間を特徴づけていますが、赤子が立ち上がるころには親が歩行訓練して教え込んでいます。もし親が四つ足歩行していればこのような訓練もなく人間は四つ足歩行であった可能性もあるでしょう。類似の訓練は水泳、自転車乗りなどのスポーツに広く及んで

ます。

　多種類の言葉を使い分ける幅広い発声能力は人間の資質といえそうですが、発音にもネイティブとしての経験を積まなければ困難なものがあります。

　このようなことから、人の資質、性格、能力は想像以上に育った環境、教育で決まってくるように思います。

　広く個人や民族の優劣が生得的にあるとする説にも科学的根拠はありません。優劣の違いは相対的であり、A君がB君を優秀だと判断したとしても、それは往々にしてA君が優秀とみなす基準をB君が満たしているからであって、A君の基準の当否は置き去りになっているからです。

ノゾミ　そうですね。民族により人の能力に対する価値観も相当に異なりますからね。

ナオキ　ところがナチズムのように「ユダヤ民族よりもゲルマン民族が優秀である」というような差別的主張がまかり通った歴史がありますね。

既存の心理学とその問題点

教授　既存の心理学も主に人間心理をさまざまに分類することで成り立っています。その中で「欲求」は「欲求心理学」という言葉があるぐらい重視されています。典型的なものとして「**マレーの欲求分類**」があります。

　マレーは人間のもつ欲求の種類や強さが人の性格を特徴づけると考えて、まず欲求を生理的欲求と社会的欲求に分け、さらに生理的欲求を、吸気欲求、飲水欲求など11に、心理的欲求を、遊戯欲求、感性欲求、理解欲求、変化欲求など27に分けて分類しました。

　この分類表にもとづくと被験者の性格の分類表がペーパーテストの回答のように簡単に得られるため、現在でも人の性格の分析に大いに活用されて役立っています。その表を用意しましたので、お二人に回答していただきます。

　そう言って教授はテスト用紙を二人に配りました。二人は戸惑いながらも回答を書き込みました。

教授　このテストを受けてどう思いましたか。

ナオキ　人の欲求が細かく分けられているのですが、私のもつ欲求がどれに当てはまるのか結構迷いました。

ノゾミ　このテストにより人の性格が適切に分類できたとしても、当人の抱えている心の問題の解決につながるのでしょうか。

教授　お二人とも問題点を的確に指摘していると思います。

　このようなテストを行う最終的な目的は、個人の心理的な傾向を知ってそこから生じる心の悩みの解決に役立てることでしょう。

　このテストは参考にはなりますが、そこまで考えるならばこのようなテストはやはり経験を積んだ専門家が被験者の過去の経験や好みを順次聞きながら個別的に行うのが良いと思います。AIも自己学習を積めばほぼ専門家並みにこれが行えるようになるのではないでしょうか。

　二例目は**マズローの「欲求段階説（自己実現説）」**です。

　彼は人の欲求を次の６段階に分けて、人はこの欲求を順次達成していくと説明しました。

1　生理的欲求

2　安全への欲求

3　社会欲求と愛の欲求

4　承認されることへの欲求

5　自己実現への欲求

6　自己超越への欲求

マズローは各段階の欲求内容も具体的に説明しており、たとえば第５段階の自己実現者については、

i　現実をより有効に知覚し、より快適な関係を保つ

ii　自己、他者、自然に対する受容

iii　自発性、素朴さ、自然さ

iv　課題中心的

v　プライバシーの欲求からの超越

……

　など15項目の条件をあげました。そしてマズローはこの説の裏付けとした調査結果も示しており、科学的であると主張しました。

ノゾミ　えっ？　第５段階の条件をみても良くわからないし、ましてや

誰もが達成できるとは思えませんね。

教授　その疑問はもっともだと思います。私も6つの欲求段階、特に5、6段階は実態を表すというよりも相当にマズローまたは西洋社会の価値観が入った目標ではないかと思いました。彼の調査も恐らく世界的に行われたものではなく、西洋社会中心に行われたものだろうと思います。

　自分の価値観とはたとえそれが与えられたものであったとしても、自分の好みとして納得したものでしょう。スムーズな社会生活のためにはある程度の共有された価値観は必要ですが、マズローが行ったことは彼が共有したいと願う価値観に人々を当てはめたのであって、人々の欲求をそのまま表したものではないのではないでしょうか。

ノゾミ　そうですね、それで納得できました。

教授　ところで心理学とはいわれていないのですが、古から知られた格言を取り上げましょう。孔子の「論語」です。論語といえば若い人たちは「古めかしい道徳」と考えがちですが、孔子が前6〜5世紀に指摘した人間心理は当時と変わることなく今も新鮮で有効と思えます。

　その一つは「巧言令色鮮し仁」で、「言葉巧みで見栄えのいい人はあまり徳をもたない。徳をもった人は少い」という意味です。

　孔子がこのことを指摘した理由は、徳のある人はあまり尊敬されることがなく、逆に言葉巧みで見栄えのいい人が多くの人を引き寄せて利私欲に走りトラブルを作っていることを見抜いていたからでしょう。この現象は今日の社会にもよく見られます。

ノゾミ　「仁」とは誰でしょうか。

教授　簡単にいえば「徳をそなえた人」で、徳とは「博愛、公正を旨とする人格」でしょう。

　徳について孔子は「徳孤ならず。必ず隣あり」、つまり「徳をもつ人は孤立しない。理解者は必ずいる」ともいっています。孔子も徳を説いて孤独感を味わったけれども、理解者を得たのでしょうか。あるいは徳を志して孤独になりがちな人たちへのエールとして記したのかもしれませんね。

　これらの名言はこの後の人間社会を考えるところで大いに関係しますので覚えておいてください。

ノゾミ　言われてみて気づきましたが、古くから世界に賢人はいるもの
ですね。

教授　はい、心強いですね。

　さて、人の欲求、好みは多彩で移ろいやすいものです。ですから「人
は自らの欲求、好みに従って考え言動している」という法則にもとづい
て、このような観点でこれに加えるべき人間と社会の科学的法則を考え
てゆきましょう。

　その法則はごく当たり前の心理学の法則なのですが、百花繚乱の人の
世をその法則から見渡してみるとそこには新たな風景が見えてくるかも
しれません。

二人　そうなのですか。興味が湧いてきました。

●社会における感じ方考え方

優位感への欲求、競争心が生み出す問題

ノゾミ　わからないことが理解できたり、出来ないことができれば、克服感、達成感が得られますね。

教授　そうです。目標が何であってもそれが達成されることで満足感や優位感が得られます。

ノゾミ　でも何か成果が出ると自分だけの秘められた満足感ではなく、その成果を他者に知ってもらいたいとの思いも生じますねえ。

教授　はい、この欲求は他者と共に喜びたい、他者に認められたい、ほめられたい、そして優位感を得ようという欲求、競争心です。

　場合によっては、純粋な達成感よりも優位感を得ようという欲求の方が強いこともあるでしょう。優位感への欲求は問題を起こしやすいので気をつけなければなりません。

　発見はそれ自体でも知的満足感が得られますが、他者に先駆けて発見すると優位感を感じることもできます。発見で名を成した科学者はこれらの混じり合った喜びを感じていると思いますね。

　社会生活の中での優位感とは、他者との競争に勝って自分が優位に立てたという認識ですから、注意しないと他者を見下すような態度となって表れるでしょう。

　逆に敗れた人は勝者を認めたくないという気持ちや、優位感の反対にある劣等感、さらには逆恨み的な嫉妬心をもつかもしれません。

　でもたとえ敗れても、自分が納得して優れていると認めた人には従おうとする気持ちをもちやすいでしょう。

　ですからリーダーを目指す人は、そのような敗者の気持ちにも十分に配慮する良識をもたなければその後の采配に影響するでしょう。

ノゾミ　人はなぜ優位感を好むのでしょう。

教授　人が優位感への欲求、競争心をもつことについては、弱肉強食の世界に生きる動物のもつ生存本能の名残だという説があります。人間も動物ですからこれは否定できないでしょう。

問題は優位感への欲求が知性的な抑止力よりも強くなると手段を選ばなくなることです。これが家庭、社会、国の間での暴力ともなります。暴力は知性をないがしろにするもので用いてはなりません。

ノゾミ　言うことを聞かない赤ん坊をしつけるときもですか。

教授　暴力でしつけられた子供は暴力をふるいやすい人間になるといわれています。言葉がわからない赤ん坊のしつけには誘いの工夫やある程度の物理的な強制力は必要ですが、できるだけ早く本人の判断力を育てたいですね。

ノゾミ　わかりました。

教授　さて、優位感を仲間と共有できると共存感となって仲間との連帯感が強まります。

　最近問題になっている集団的ないじめやネットにより多数が結託したような個人への中傷やヘイトスピーチの裏には、あたりかまわず仲間同士の連帯感を求めようとする動機があるのでしょう。

　国家のリーダーたちは昔からこの心の仕組みを利用していました。国民の優位感をくすぐり連帯感を高めるために「賤民」のような身分を制定したり、自分たちの民族が優秀であると喧伝しました。国家主義も自国の優位性を喧伝するもので、優位だとされた国民は悪い気がしないどころか、えてして熱狂して強い連帯感が生まれるものです。このような形で始まった戦争は歴史上数多くあります。

教授　スポーツであっても知的なゲームであっても、それが競技の形をとるとスリルが得られて、勝てば大きな優位感を得ることもできます。でも勝ち負け、優位劣位は裏腹の関係ですから、優位感を得た人がいれば劣位感を得た人もいるでしょう。そこが優位感の根本的な問題点です。

　人は優位感を好みます。それがさまざまな個人的、社会的な問題を引き起こしています。

劣位感と孤独感

ノゾミ　何かをやろうと努力してもできなかったら自分にがっかりしますねえ。

教授　そうですね。かけっこをしてビリになると仲間に対する劣位感を

もちますねえ。難しい本を読んでわからないと著者やわかる人に対して劣等感をもちますねえ。

　個人的に失敗したと思い込んだ出来事は、気になって度々思い出して「閉じた思考」の負のループに陥り、ますます自信を無くして劣等感、そして孤独感を抱くようになるかもしれません。

　このループから抜け出すには新たな発想、新たな気持ちが必要なのですが、閉じた思考の中からはその手掛かりは見出せません。でもこのとき仲間から「君は体が小さいからしょうがないよ」などと慰められると気持ちが安らぐものです。チーム対抗の競技でビリになったとしても「仲間がいる。自分だけではない」と考えると自分の悩みは小さくなるでしょう。

ノゾミ　そうですねえ。昔から「持つべきはよき友」という格言がありますが、このような時、よき友はよき相談相手になってくれますね。よき友ナオキ君には感謝します。

ナオキ　私もノゾミさんには感謝していますよ（笑）。

人間関係をスムーズにする親近感

ナオキ　私はノゾミさんを特別な友達だと思っています。性格は大いに異なるし、何事にも意見は食い違うのですが、なんとなくその違いを認めて不思議に喧嘩にはなりません。優位感も劣等感も感じません。なぜでしょうね。

ノゾミ　私もナオキ君と同じように思っています。不思議ですね。

教授　これは「近親感」という気持ちを考えるいい教材ですよ。

　この答えは人の感じ方、考え方の成り立ちを考えてみると見つかりそうですね。君たちは幼友達だそうですね。人の感じ方、考え方が形づくられる子供の頃を一緒に過ごしたことで、君たちはお互いに感じ方、考え方の初歩的で基礎的な部分がわかっている。だからもし二人の考え方が食い違ったとしても、それは悪意のせいではなくお互いの個性の違いだと考えることができる。そうじゃないですか？

二人　そうですね。

教授　つまり、基本的な人格を互いに知って認め合っているから考え方

が違っても喧嘩にならないのです。

ナオキ　なるほど。言われてみればそうですね。

　世界には何十億もの人々がいる。すべての人の人格をよく知ることができないから自分と合わない考えをいわれるとついつい相手を疑って喧嘩になるのですね。

教授　その通りです。互いに認め合うことでフランクな話ができるのです。ですから新たに人とうまく付き合おうとするならば、最初に挨拶、自己紹介、冗談などを交わして近親感を醸成することが大切ですね。

ノゾミ　でも見知らぬ人を疑うなんて、人は嫌な性格をもっているものですね。

教授　人は未知なるものについて興味を持ち、未知の未来には希望も抱いています。でもそれと同時に未知なるものに対して警戒心ももっています。警戒心は失敗した経験の反省として得られるのですが、元はといえば動物の自己生存本能に由来しているのかもしれませんね。

ノゾミ　わかりました。関連した質問ですが、幼馴染という点でいえば友達より家族の方がずっと幼馴染ですよね。でも私は自分の家族との話よりもナオキ君と話しているときの方が自由を感じます。なぜでしょうか。

ナオキ　私だってノゾミさんといるときの方が自由に思えるよ。

教授　確かにそれはあるでしょう。家族と友達の最大の違いは切っても切れない血で結ばれているか、たまたま知り合ったかの違いですよね。そして家族の関係には楽しいこと以外にさまざまな制約や義務がつきまとっている。だから喧嘩も起こりやすいのです。一方友達との間にはそこまでの制約や義務がない。原則自由に付き合えて気の合わない人とは無理に付き合う必要はない。だから気の合った友達には大きな自由を感じるのでしょう。

二人　なるほど。

教授　ここに**人はお互いによく知り合うと心を許し互いを許すことができる**、という一つの法則が明らかになりました。では幼馴染以外の人とどうすれば親しい関係になれると思いますか。ノゾミさん。

ノゾミ　ウーン、まずこちらから親しくつき合うことでしょうか。

教授 その通りです。でもこれは容易なことではありません。親しみや違和感は言葉や態度に必ず表れるからです。

すでに勉強したように言葉の意味とは、言葉から思い起こされる自分の記憶です。この関係は逆も成立します。つまり人の口から発せられる言葉とはその人の思いが込められて選ばれた言葉です。ですから違和感のある人との会話はともすれば違和感のある言葉づかいとなり、お互いに違和感は消えないでしょう。加えてよそよそしい態度となりがちなのも問題です。

世の中には最初から馬の合わない人はいますし、よく知り合っていても仲違いする人もいます。このようなとき、「喧嘩する」という荒療法もいいかもしれませんね。喧嘩すれば本音もでるので「雨降って地固まる」ということが期待できます。

ノゾミ なるほど、そうなればいいのですが喧嘩別れになる恐れもありますねえ……。

人間関係の強さと脆さ

教授 注意したいことは、親近感、帰属感、共感などは経験によって個人の思いとして身についてくるものですから、環境が変われば変わってくることです。君たちほど強い信頼感があれば問題ないのですが、弱い親近感はちょっとした出来事で崩れ去る可能性があります。

つき合って間もない恋人の嫌な面を見てしまって恋心が消えたことはありませんか？　でもつき合いの長い夫婦の間の信頼感はなかなか崩れない。

中には信頼感がなくても、いまさら離婚するよりも現状維持の方がいいと考えて夫婦を演じている夫婦もいるでしょうが（笑）。これも自分の好みとして選択したことです。

ノゾミ 広い世界のすべての人とつき合って友達になるなんて不可能ですね。

教授 地球には数十億の人々が暮らしているので、すべての人と直接つき合うことは到底できません。

人間社会には小は家族、血縁社会から、大は町、国家、国家連合まで

様々なものがあり、各人はこれらの社会に多層的に所属しています。生活の糧を得る経済の仕組みにも企業、組合などという社会組織があります。

　個人の感じるある社会とのつながりの程度を「帰属感」といいますが、個人の帰属感はそれぞれの社会をまとめて維持するための求心力となっていることは明らかでしょう。各人は多くの社会に属しているのですが、どうしても身近な社会でのつき合いが中心となりそこでの帰属感、近親感が強まるため、逆に外国人や異民族とのつき合いは疎かになってゆくでしょうね。

　結局、**人は近くの喜びを求めます**。遠くの喜びは二の次となるのですね。

ナオキ　そうですね。それが世界に争いが絶えない原因の一つでしょうね。

ノゾミ　全体的な解決策がないとすれば、各人が他の社会や外国との関係にも配慮してゆくしかありませんね。

教授　はい、国際化した社会においてこれは教育の重要な役割でしょうね。

ノゾミ　海外旅行やオリンピック・パラリンピックなどの世界的競技も世界の人々の交流に役立ちますね。

教授　その通りです。でも、その場でお互いにワアーッと盛り上がった記憶はやがて薄れてゆくでしょう。これに対して「世界中の人々は共有できる知性をもち互いに理解し合える」という事実、科学的な理路をしっかりと認識できれば世界中の人々をいつまでも身近に感じることができると思いますね。

社会での配慮の必要性

教授　では社会の中での「配慮」の必要性を考えてみましょう。

　人は社会の一員として生きています。ですからその社会に認められた感じ方、考え方はとりあえず認めなければなりません。これは個人の社会に対する配慮でしょう。

　一方、一人一人の考え方、感じ方、利害は往々にして食い違います。

ですから人が社会の中でうまく生きようとすれば他の人の気持ち、立場にも配慮する必要があるでしょう。人に親切にされたとき「ありがとう」という言葉は人間関係をスムーズにする大切な潤滑剤となります。

ノゾミ　日本では他の人に配慮することは大切な美徳とされていますが、そこに問題はありませんか。

教授　自分の考え方を抑えて社会的あるいは他者の立場、考え方を優先することに気を使いすぎる人は精神的に疲労して厭世的になるでしょう。最近、そのような若者が増えてきたと聞いています。残念なことです。個人と社会は持ちつ持たれつ共存共栄の関係を目指すべきなのですが。

　配慮には別の問題もあります。日本では政治家たちがよく配慮を口にしています。これには気をつける必要がありますね。

ノゾミ　えっ、なぜですか。

教授　国はだれもが平等感を持てるように国民を処遇する必要があるでしょう。政治家が最も配慮すべきことはこの点のはずです。ところが政治家が配慮を口にするとき、彼らの考えている配慮の対象はほぼ自分の支持基盤、自分のボス、自分の立場だからです。これでは逆に多数の国民が不平等感をもつ原因となるでしょう。

　ノゾミさん、目当ての人を味方につける簡単な方法を知っていますか？

ノゾミ　はて？

教授　目当ての人に特に配慮して優遇することです。誰だってそうされるとそうした人に一目置くでしょう。でもそれは周りの人たちにとって不平等と映りますから、平等感が求心力となっている組織のリーダーがこの方法で忠実な部下を育てたとすれば、大きな問題となるでしょう。

平等感の得がたさ、差別への流れやすさ

ノゾミ　全ての人々が優位に立てないのですから、争いを避けようとすると誰もが平等でなければなりませんねえ。

教授　正にその通りです。社会で平穏に暮らそうとするならば、他の人よりも優位に立とうというのではなく、誰もが受け入れ可能な平等な関係を目指すことが賢明でしょう。社会のリーダーはもちろんのこと、学問やスポーツで功績を挙げた人もおごってはなりません。

そして強調したいことは、「平等」という概念とその社会的重要性は「優位は劣位を生み出す。問題となる劣位を生まない選択肢は平等しかない」という理路によって明確に得られるわけですから、**平等概念は極めて知的で人間的な理念である**ということです。

　群れで暮らす動物には仲間意識はあるでしょうが、平等感はあまりなさそうで弱肉強食の原理が支配的です。親から乳や餌をねだる子たちは子どうしの競争に負けると死が待っています。

　理論的に得られる平等概念ですが、これには抜き差しならない性質があります。

　その一つは、**生まれ育ちが違い価値観も役割も様々な人間どうしの平等性を測る共通の尺度としては、人々の「平等感」というバランス感覚以外にあり得ない**ということです。

　「平等な人間関係、社会」とは暴力とは無縁の純粋に知的な概念です。たとえその実現のためであっても暴力（戦争）を用いれば新たな暴力を生み出す可能性があるでしょう。体罰を受けて育った子供は暴力に走りやすいともいわれています。

　自分の優位性におごらない。自分に優位性があればその面から他の人を助ける。自分の欠点はそのまま自覚して劣等感を持たない。必要と思えば助けを受け入れる。昔からあるこのような教えが平等感を育むのですが、残念ながらなかなか実行し難いことですね。

　一般的に「社会」といわれている人間集団には小は家族、血縁社会から大は町、国家、国家連合まで様々なものがあり、そこでの平等感の成り立ちも異なってきますが、ある集団の中での平等感はその集団の組織を健全に維持する力となるでしょう。逆に人は集団の中で不平等、不公平に扱われたと感じるとその集団を信頼できなくなるでしょう。

　組織のリーダーとなった人はメンバーにさまざまな役割を分担させるのですが、その場合でも役割分担が適材適所であることをメンバーによく説明して、メンバーの不平等感の芽を摘んでおくことが大切でしょう。

　人は身近な集団に貢献できれば身近に共感が得られる分大きな喜びを感じることができます。その集団が優位となればその優位感も共有できます。

民間企業間の競争、ひいきのファンが応援するスポーツチーム間の競争、選挙の応援演説などにはこの人間心理が働いているでしょう。

　でも一国の政治となるとこの方法のもつ問題点が露わになります。

　一国をまとめるためにはその国民が平等感を持つ必要があるでしょう。でも多様な生まれ育ちをもった人々からなる一国において、これは大変難しい問題です。

　歴史を学ぶとすぐに気づくことですが、多くの国のリーダーたちはともすれば実現困難な国民全体の平等感を目指すのではなく、少数民族を差別したり、他国をおとしめて自国民の優越感を煽り立てて政権の維持を図ろうとしてきました。これが戦争の原因ともなってきました。

　どの国家も成り立ちが異なっており、特定の価値観や数値で優劣が決定できる訳でもありません。そのような中で戦争を防ぐには、人の関係と同じように国どうしの平等な関係を築くべきなのですが、これも現実の国どうしの関係とはおよそかけ離れていますねえ。

ノゾミ　残念ながら平等感はなかなか実現できないのですねえ。

教授　差別感も平等感も知性の働きによって明確となる概念ですが、平等感に比べて差別感の方がはるかに短絡的に得られて、差別することで優越感や特権意識が得られがちです。これは知性をもつ人間の避けがたい問題点かもしれませんね。

　個人の考え方は原則自由ですが、平等な社会の維持のためには人の差別はやってはならないものです。お二人には平等感実現の難しさをよく承知した上で、個人的社会的な平等感の大切さを忘れないでほしいですね。

ノゾミ　最近では社会的な男女の平等、ジェンダーの平等ということもよく話題になっていますねえ。

教授　男女には生まれながらの違いはあるのですが、同じ人間としての基本的人権があるはずです。それは何かを話し合い理解し合ってゆく姿勢が大切でしょうね。

　人種や民族にもとづく差別もよく問題になりますが、その違いは男女間よりもずっとあいまいで優劣は比較し難いものです。ですから特定の人種、民族を差別する考え方は偏見といえるでしょうね。

民主主義は人々の社会的な平等感・公平感、人権を特に重視するもの
ですが、これについては後に説明しましょう。

●社会に生まれ伝承されてきた文化

教授　ところで今年のお盆もお二人は故郷に帰ってお墓参りをしてきたのですか。

ノゾミ　はい、二人で誘い合って故郷に帰ってきました。

教授　ぶしつけな質問をさせてもらいますが、お墓には祖先の方々の魂が帰ってきましたか。

ノゾミ　え？　それは言い伝えだと思います。

教授　ではなぜお二人はお盆にお墓参りに帰ったのですか。

ノゾミ　亡くなった祖先に感謝をささげるとともに、両親、幼ななじみにも会えて楽しいですからねえ。だから盆と正月にお墓参りをする習慣はつづいているのだと思いますが。

教授　はい、そうですね。

　考えてみれば、毎朝「おはよう」とあいさつを交わす、一日三度の食事をする、などの日常的な習慣、祭りなどの年中行事は、子供の頃から慣れ親しんで身についた社会習慣ですね。

ナオキ　社会習慣の始まりも祖先の方たちによるものでしょうね。

教授　そうでしょう。言葉、数学などの知性は先人たちにより編み出されたという話をしましたが、**先人たちはその知性を様々に用いて、自然の中で仲間と安心して暮らしてゆく方法、人生を楽しむ方法、時には争う方法を日々の体験の中から編み出してきました。その知的方法は代々にわたり習得され受け継がれてきて社会習慣となり、私たちも日常的にそれを使いこなしているのです。それが現在では「文化」と総称されているものでしょう。**

ノゾミ　文化と文明とは異なるのですか。

教授　文明とは主に技術的、物質的な発展を指しますから、文明が普及した社会はほぼ共通的な文明の恩恵を受けられるでしょう。

　文化は主に人の感じ方、考え方から編み出されてその社会に伝承されてきた習慣、哲学、思想、物語、芸術、遊びなどを指すようです。ですから文化には偶然的な理由で定まった事柄が多く含まれており、社会によって相当に違いがあります。

でもそのような文化であっても、その成り立ちについては「人間の欲求と社会的必要性から編み出され成り立ったもの」と普遍的に考えることもできます。次にこのことを説明しましょう。まずは芸術、遊びの成り立ちです。

芸術文化──非日常的な楽しさ美しさ感動の仮想的実現

教授　農耕技術などの発達により生活に時間的、精神的余裕ができた先人たちが、労苦の多い日々の生活を忘れるような楽しく美しい非日常的な体験、実現し難い夢、希望、ロマンによる感動を求めたとしても不思議ではないでしょう。

　伝承されてきた祭り、遊び、踊り、演劇、音楽、絵画、文芸作品、美術、笑い、旅行、料理などの文化はそれが仮想現実的であったとしても、人々のこのような非日常的な体験、感動への欲求に応えるものだったのでしょうね。

　日本に例をとりますと、平穏な世となった江戸時代、庶民の文化も栄えました。子供の遊び、正月の遊びも普及しました。

　人気を博した忠臣蔵のテーマである、かたき討ち、義理人情、それに勧善懲悪、因果応報などのテーマは、余裕ができた庶民たちの知性、感性に好まれて共鳴、共有できた思いだったのでしょう。

　それを高いレベルで劇や語りとして演じることを生業とする芸人が生まれたのは当然でしょう。人々は芸人の演劇を鑑賞して得られた思いを共有して感動し満足したのでしょう。

　小説、詩、演劇、歌曲、具象画などの表す虚構、仮想現実は、現実との落差が幻想感を生んで魅力的なのですが、器楽曲、抽象画などの抽象芸術は人の感性に直接作用するようで、芸術を仮想か現実か、具象か抽象かと分けることはあまり意味をなさないように思えますね。

　近年ではさまざまなメディアの発達により、好みの音楽、映画、漫画、テレビドラマなどが自由に楽しめるようになりました。同じ作品を多くの人々が鑑賞できるようになって、共感が広まり満足感は増幅されるようになりました。

　人気アイドル、グループのショー、ゲームなどのいわゆる娯楽類は、

自発的な夢は必ずしも必要とせず受け身となって楽しめます。スポーツ観戦も楽しめます。そして人気グループやスポーツチームのファンとなると、受け身ではなく自らが参加したような気分が味わえますからさらに楽しくなりますね。

ノゾミ　そうですねえ。先生の部屋にはいくつも絵が掲げられていて、いつも音楽が流れています。たいへん美しさを感じてホッとするのですが、美しさって何でしょうか。

教授　ウーン、美しいものは美しいですねえ。美しいという感覚は複雑で答えにくいですねえ。

ノゾミ　音楽にしても絵や風景にしても、細かく見れば個人的な好みは違うのですが、人気の高い作品はほとんどの人が好いていますね。

教授　そうですね。美味しさが味のバランスで決まるように、聴覚や視覚についてもバランス感覚が満たされると美しいと感じるのでしょう。美的バランスとは何かということは、美学の大きなテーマです。私は楽しむことしかできません。

　心が高揚した状態を感動といい、感動に至る原因は様々にあるためその中身は一言では説明できません。しかし、**「人は感動を好み感動を求めて生きている」**ということは誰にでも通用する科学的法則と思われますね。

笑い

ノゾミ　「笑い」も感動でしょう。**笑いは知性をもつ人間だけがもつ**といわれていますが、なぜ知性から笑いが生じるのでしょうか。

教授　ウーン……。

　私たちが笑った時の状況を思い返してみましょう。人は常識とのズレを発見すると驚くでしょう。特にそのズレを自然の中ではなく社会的な決まり事、言葉づかい、人の言動などの中に発見すると笑いが生れるようですね。

　この理由ですが、人間は常識的で制約の多い日常生活に潜在的であっても飽き飽きしているようです。ですからその制約からのズレを発見するとホッと解放感に浸れて思わず笑いがこみ上げてくるのではないでしょ

うか。

　ですから笑いには人間社会を客観視するかなり複雑な知性の働きが必要でしょう。

　個人の言動も笑いのタネになりますが、このような笑いの性質上親しくない人の言動の中に笑いのタネを発見したとしても、それを笑うことには慎重である必要がありますね。

　でもピエロや芸人は笑いを仕事にしていますから、彼らのしぐさに対してはなんの気兼ねもなく笑っていいのです。親しい人に対する笑いもかえって親しみを増しますね。

　社会的制約に縛られた人の心は笑いで癒されます。笑いは心身を健康に保つともいわれています。笑いを生きがいにしている人もたくさんいるでしょう。ですから笑いを生み出す娯楽は今日の制約の多い社会では必要不可欠ですね。

ノゾミ　なるほど。笑いは日常的なのですが、そこにはかなり複雑な知性と感性の絡み合いがあるのですね。

それぞれの社会に伝承されてきたルール

教授　人々がうまく社会生活を送るためにはさまざまなルールが必要です。人を殺したり人の持物を盗んではいけないというルールならばほとんど異論なく共有できますが、どの範囲の土地や物を個人の所有物として認めるか、どの動物は食べてよいかとかということになると誰もが納得できるルールは考え難くなるでしょう。

　このような時、その社会で伝承されてきた先例をルールと考えてそれに従うことが一番無難で摩擦が生じにくいでしょう。このような理由で社会には伝承され蓄積されてきたいくつものルールがあるものです。先例はすでに他界した長老や予言者の好みで決められたものかもしれません。偶然に決まったものかもしれません。山や川などの制約で自然に定まったものかもしれません。先例はその社会によります。その範囲は日々の生活様式、食べ物、しきたり、行事、お祭りなどに及んでおり、それがその社会の伝統文化となるのでしょう。

ナオキ　近代になって人の行き来やコミュニケーションが世界的になり、

社会のもつ伝統文化の大きな違いが明らかになったのですね。

教授　はい、それにはこのような理由があるのです。

　日本では伝統文化や宗教を重んじる人が減ってきたのですが、まだまだ年中行事などの社会習慣はその影響を受け継いでいます。

　世界に通用する社会習慣として、一年を12ヶ月に分ける、7日サイクルで週を設ける、一日を24時間に分ける、一周を360度とする、聖人の誕生日などを記念日とする、一日三度食事するなどがあります。これら習慣の始まった理由は必ずしも明らかではありませんが、不都合が生じない限り今後もつづくのでしょう。

ナオキ　異国の異文化は自国の習慣を当然と思っていた人に刺激となりますね。

教授　その通りです。未知の文化に接すると人々は新たな可能性に目を覚まされ新たな文化が編み出されて、人類の文化はますます豊饒になっていく可能性があるでしょう。

　でも多くの人はなじんできたものを好みます。自分たちの社会とは異なる文化は未熟や異端と考えて、それよりも自分たちに伝承されてきた文化を好み、優れていると考える人は大勢います。極端になると他の文化を蔑むこともあるでしょう。今日の世界ではこのような価値観の対立も多発しているのではないでしょうか。自分や自分の社会の価値のみを認めて、人間がもち得る様々な価値観、好みの可能性を考えようとしない人が多いのは残念です。

ノゾミ　食べ物の選択にもこの傾向がありますね。

教授　はい、イスラム教では豚は不浄の動物とされて食べません。ヒンズー教では牛は聖なる動物とされて食べません。

　多くの民族では犬を食しません。これは恐らく犬をペットとして飼う習慣が文化となって犬に情が移ったからでしょう。普段親しんでいる動物に情が移ることは素直な人間心理です。

　いくつかの海洋国には鯨を食する習慣があります。しかし鯨の知能水準が高いことを理由に、他の国々から「鯨を銛で打って殺して食するのは残酷だ」との意見が持ち上がり、鯨を食する習慣がやり玉に上がっています。しかしそういって捕鯨に反対する人々は昔からクジラに親しん

できたわけでもありません。このことから、これはクジラを食さない人たちによる博愛主義の乱用だとの見方もできそうです。

ノゾミ　最近の若者は経済成長優先から生活の安定性志向へ回帰してきたという話もよく聞くのですが。

教授　はい、そのようですねえ。

　不安定な生活を強いられていた昔の人々は安定した生活を望んでいたでしょう。安定した生活は人々の欲求のなかでも最も根源的なものですから。

　経済が未熟だった日本においても、ほとんどの人が経済成長による生活の安定化を夢見ていました。でもその夢が相当に実現した今日では保守的な考えの人が増えてきたようですね。

　あまり大きな望みを持たない人はもともと社会への期待が少ないでしょうし、歳をとったり社会に対する自分の能力の限界を感じて大きな望みを持たなくなった人は社会への期待が少なくなり、原点回帰的に安定感を求めるということになるでしょう。

　では次に、これまで何度か出てきましたが人間の社会活動について考えてみましょう。

お金と価値観——経済学の入口

ナオキ　人間の社会活動やその歴史についての学問も「科学」なのですね。

教授　これらの学問も観察や文献調査により科学的にアプローチするという点で「科学的」でしょう。でも散発的な社会現象に隠された法則性は社会や個人や時代の違いなど背景の違いというノイズに埋もれやすく、そこから科学法則の発見は難しいでしょう。

　そこでここではお金を取り上げてみましょう。お金は経済には欠かせませんし、私たちも古くからお金のお世話になっていますから、お金に関する制度や考え方の中には科学的な法則はたくさん見出されると思います。

ナオキ　なるほど、お金に関心を持たない人はほとんどいませんからねえ。

教授　お金のなかった時代、人々は決まった時と場所に余った物を持ち寄って物々交換をしていたようです。でも一つの物を二人が欲しがると、面倒な調整が必要ですね。こんな時お金があれば、シンプルに値段を高くつけた方に売るなどと決めることができて物の流通がスムーズになります。

　物に対する必要性、好みや価値観は個人ごとに異なるものですが、お金を用いると「価格」という共通的な数値で表すことができて交換がスムーズにできます。

　今日では貨幣に代わってクレジットカードや仮想通貨が流通していますが、どのような代替法であっても発行元は使用者にその価値を信じてもらえるような仕組みを維持しています。そこで質問です。

　ナオキ君、物、サービスの価値と貨幣の価値の本質的な違いは何だと思いますか。

ナオキ　物、サービスはそれを受け取ることで満足できます。しかしお金は、物、サービスを受け取る権利を保障するものです。

教授　その通りです。

　ではノゾミさん、物、サービスの値段はどのようにして決まりますか。

ノゾミ　それぞれの需要と供給のバランスで決まります。ある物の供給が不足すればその値段が上がり需要も減るでしょう。逆もまた然りです。

教授　そうですね。これは市場経済の大原則です。

　ではノゾミさん、お金には物やサービスとは関係しない普遍的な価値があると思いますか。

ノゾミ　お金の価値は特定の物やサービスに限定されないという点と、貯えができていつでも物やサービスを買えるという点で普遍的でしょう。

　でもお金の価値は発行元が保証しているため、使用者と発行元の信頼関係がなくなると普遍的な価値もなくなりますね。

教授　その通りです。ではお金持ちの持つ一万円とナオキ君の持つ一万円は価値が同じでしょうか。

ナオキ　誰だって一万円で買える物、サービスは同じですから、その点から考えると価値は同じです。でも私はお金持ちほどお金に余裕がありませんから一万円の有難味はより感じているはずです。

教授　なるほど、そういう見方もできますね。

　ではお金で買えないものは何でしょうか。

ノゾミ　人の命は何よりも大切で売買できません。人の臓器や血液もふつう売買できません。お金が伴ったとしてもそれは「謝礼」と考えられていますね。

教授　そうですね。日本の刑罰では殺人罪が最も重く、死刑もあり得ます。殺人犯が遺族に代償としてお金を支払うことがあっても、それは死者の命を買ったのではなく、遺族の精神的苦痛への代償とみなされますね。当事者の割り切れない気持ちはともかくとして、金銭の取引で問題の決着が一応ついたということになります。

　考えてみれば補償金も含めて何に対しても金銭で価値が表し得るのが進んだ文明といえそうですね。

　でも便利なお金にも問題点はいくつもあります。なんだかわかりますか。

ノゾミ　**少なからぬ人々がお金の価値は何物にも勝ると考えてお金儲けを人生の楽しみ、目的と考えていることではないでしょうか。**

ナオキ　そのことに関連しますが、人の社会的地位や幸福度が所得金額や資産で決まるという考えがはびこっているのも問題でしょう。

教授　全く同感です。

　お金は稼げば稼ぐほど、貯めれば貯めるほど、限りなくお金の用途を空想して可能性を手に入れたと考えることができます。優越感も味わえるでしょう。このような考え方が「欲張り」といわれたり、お金稼ぎが人生の目的と考える人々を生んでいるのでしょう。

　でもよく考えてみると、お金は使用することでその価値が実現するのであって、お金で買える自分の楽しみ、安心感の量は金額的にも限界があります。ですから必要以上にお金を稼いでも余すだけです。

　その証拠に、生きているうちに自分の財産を使い切れないと気づいた富豪たちは、財産を慈善事業などに寄付し始めます。

　それはともかくとして、実態としてお金は豊かさの指標となっています。国家間、個人間には経済格差があって、それは所得金額という数字で比較可能です。これによって所得の高い国や個人は満足できても、所

得の低い国や個人は不満を持ちやすいでしょう。

　お金は人の心まで買えるほど便利なゆえに生じる問題は山ほどあるのですが、今やお金のない社会は不便すぎて耐えられないでしょう。ですから普通に働けば普通に生活できるお金が得られる社会が実現することを望みたいですね。

二人　同感です。

「国家」という制度の問題

教授　世界中の土地と住民を多くの国に分割した国家制度は、人間の社会構造を決定づけています。ですから次に国家の成り立ちを考えましょう。

　歴史を振り返ると、国家は頂点に立つことのできた限られた領主たちの支配権の及ぶ範囲として定められていたことがわかります。

　15世紀ごろから西洋諸国はアフリカ、アジア、アメリカ大陸などを植民地として奪い合いました。第二次世界大戦後、植民地は解放されてそれぞれが独立国となりました。

　植民地の縄張りがほぼそのまま国境を分けることになったのです。

　植民地の独立に当たり宗主国といわれていた領主の国々は、国の骨格となる司法立法行政などの組織の確立に助力したでしょう。でも組織は単なる骨格です。実態として国家の理念からかけ離れた国家が多いようです。

　誰もが「国家公務員は個人の利益よりも国の利益を優先する公僕であるべきである」ということは知っています。しかしこれを実行するためには相当の個人的な覚悟と、不正を隠すことのできない透明性のある政治システムを維持する必要があるでしょう。

　不正のない政治システムは世界のいくつかの文明の長い歴史の中でたえず求められてきたと考えられますが、身内の人の利益を優先するリーダーの出現により度々踏みにじられてきたものでもありました。

　近隣の社会がよりよい社会を目指して協力しあって国家を構成するならば問題も少ないでしょう。ところがしっかりとした社会組織のない地に外部からの力で民主主義の国家を根付かせることは相当に大変なこと

だと認識すべきでしょう。

ナオキ　日本では文明開化によって西洋文化が堰を切ったように入ってきたのですが、この中に「民主主義」もあったのですね。

教授　そうです。文明開化と共に入ってきたギリシャ哲学についてはあまりポジティブな話をしなかったのですが、民主主義については高く評価できるでしょう。西洋でも簡単には実現しなかったのですが、民主主義を求める思想は根付いたようです。

ノゾミ　日本は文明開化によって曲がりなりにも民主国家の道を歩み始めたのですね。ところがそのころ、アフリカや東南アジアの各地は西洋列強の植民地にされました。その違いは何だったのでしょうか。

教授　私の知る範囲でこれを考えてみましょう。

　日本に仏教が伝来したときにも、日本古来の神道は廃れず仏教と神道の両立が図られました。仏教に限らず日本へは昔から世界有数の文明を誇った隣国中国の文化が入ってきており、これが日本の文化の発展に大きく寄与したようですね。

　鎖国政策のつづいた日本にも開国によって外国の文化、文明が大挙して流入してきました。しかし当時の日本にはすでに独自の成熟した文化、社会的価値観、経済が発達していたため、その流入は日本の伝統文化、文明をゼロにするものではなく、それを補強するようなものであったのではないかと思います。

　西欧列強も当初は弱まっていた徳川幕府体制の切り崩しを模索したようですが、日本人の伝統的な団結力を知り、結局は開国の要求にとどまったようです。日本人のまとまりの良さは、日本が他国から海で隔てられた島国であることも寄与しているのでしょうね。

ナオキ　では世界有数の文明国、文化大国であった清国が、なぜアヘン戦争でイギリスに負けて、植民地のようになっていったのでしょうか。

教授　中国も数千年の歴史の中で世界有数の政治体制を育て上げてきました。しかしそれを活用するのは人間です。清国となって身内の利益を優先する政治がはびこり、国民の政治への求心力が落ちてしまい、そこに西欧列強はスキを見出したのでしょうね。

ノゾミ　そもそも国境がなければ戦争も減ると思うのですが、国家はそ

れほど必要なものでしょうか。

教授　世界の人々の生活環境は千差万別でお互いの行き来もままなりませんから、世界には多数の社会が必要でしょう。すると多数の社会の関係を調整する上部組織としての国家も必要となるでしょう。

　一国が成立した経緯は様々で、国土の広さ、人口、経済力、文化度には大きな格差があります。一国の自治が平等に認められたことで、大国の周辺にはかえって大国に干渉される国々が増えたように見受けられます。武力に対抗するシンプルな方法は武力です。政治的に混乱して武力抗争に明け暮れる国々も生まれました。資源を持つ国は外国も絡んで資源の奪い合いが生じています。

　このような国家の成り立ちや実態を無視して人間一人一人が平等であることを見倣ったかのように、どの国も平等だとみなす点にも問題があるでしょう。

　国際連合の加盟国はどの国も１票の投票権を有します。その一方で５つの常任理事国は１国であっても議決を拒否する権利を有します。この枠組みはかつて第二次世界大戦で勝利した国の影響力をいつまでも保証するものです。

　これでは現在の平等な国家の枠組みはむしろ「悪平等」といわざるを得ないでしょう。

　国家を維持することも容易ではありません。比較的安定した国であっても、国民の求心力を維持するために宗教、神話、歴史、文化、主義などの何らかの統一の象徴が必要でしょう。でもそれを強調しすぎると隣国との心理的な溝が深くなり、対立の原因となりかねません。

ナオキ　日本では戦前は「神の国」として統一されていたのですね。

教授　はい、日本は有史以来実質的に独立国だったのですが、これは島国という地勢が幸いしたと思います。この島国に神々の伝説が生れ、後になって求心力を高めるために天皇が神として奉られたのでしょう。

　話を戻しますが、国家間の縄張り争いで定まったすべての国を平等な国家とみなす今の制度は不都合が多すぎます。国家は近隣社会の関係を重視してグループ分けしたものであるべきと思いますが、すぐに再編成できるとは思えませんね。

ノゾミ　難しい問題ですね。全体的な解決策が見つからないのであれば、問題が起きるたびに個別に解決策を考えてゆくしかありませんね。

教授　その通りです。残念ながら今後とも国家間の争いはつづくでしょうね。お二人にはこのような視座で辛抱強く国際情勢を考えていってほしいですね。

ノゾミ　これも世界中の人々が共存する上での難問ですね。

民主主義──自由で公平感のある社会の仕組み

教授　人々は自由で不平等のない社会を願っているでしょう。これを実現する具体的な社会制度を考えてみましょう。

ノゾミ　共産主義や社会主義はどうですか。

教授　共産主義や社会主義は物質的、経済的に平等で公平な社会を目指していますが、強い統制力を必要とします。そのような組織は専制的になり腐敗しやすいものです。すると自由感、公平感も得難くなるでしょう。

ノゾミ　なるほど。社会制度も人々がオープンに議論して決定できる仕組みが必要ですね。

ナオキ　そのためには「思想・言論の自由」が必要ですね。

教授　お二人とも正解です。これは「民主主義」の大原則といえるでしょう。

　どのような解決策であってもそこに至る過程がオープンでなければ人は疑念をもつものです。**社会が全体的にうまく機能するためには、そこで発生する問題を自由でオープンに議論して各人の望みを公平感が得られるようにバランスよく満たすことが大切でしょう。民主主義はその実現を目指すものです。**

　さて、民主主義における合意はふつう「多数決」という方法がとられて「民主主義＝多数決」と考えられがちなのですが、多数決にはいくつかの問題点があります。

　だれもが減税してほしいと願っているでしょう。でも一方的な減税が多数決で採択されたならば、国の財政は破綻して福祉は滞り、特に社会的弱者に大きな痛手となるでしょう。このような問題は「多数決の横暴」

といわれています。**社会を民主主義で維持するためには各人が自分の利益だけではなく全体の利益を考える必要があるのです。**

　一つの社会の内部でもこのような問題は起こりうるのですが、さらに公平感で考えられることの少ない他の社会や国際関係が絡んでくると、ますます問題は複雑化します。

　国政レベルでは憲法によってある程度「多数決の横暴」は防止できるかもしれませんが、憲法だって改定があり得ます。多数決の横暴を防ぐことのできる唯一無二の方法は採決に先立ってその内容を「バランス感覚」「博愛的な公平感」によって十分に議論することでしょう。

　では次に政治家の選出を考えてみましょう。

　大きな社会では問題が生じる度に全体の合意は取り難いために、議員を選挙で選び議員に問題の解決を委託します。議員をまとめるリーダーも選挙で選ばれます。

　いずれの選挙でも人間心理に根差した問題が発生します。

ノゾミ　政治の手腕とは関係なく芸能人などが選ばれるということですか。

教授　そうです。民主主義を維持する上で大切なことは社会全体の利益を考えることですから、その大切さを忘れて候補者の外見、言葉巧みな話術、その場的な利益誘導、他を貶めるような差別的発言、などに惹かれて投票することに問題があるでしょう。有権者はこれらの言葉に惑わされずに民主主義と平和を守ろうとする候補者をよく考えて投票して欲しいものです。

ノゾミ　現実の選挙は欠陥だらけということですね。

ナオキ　付和雷同して投じる一票も、真剣に考えて投じる一票も同じ一票なのも問題ではないでしょうか。

教授　ウーン、投票とは個人の意思、好みによる候補者の選択ですから、その点は明確に区別できないでしょうね。

　有権者が直接政策を選ぶのではなく代議員を選ぶことからも別の問題が生じます。

　有権者は選挙の時に争点となるテーマで候補者の考えを知り、その他の問題は当選した候補者にほぼ一任という形で投票することになるので、

有権者との間にギャップが生じることもあるでしょう。

　選挙区の分け方も選挙結果に影響します。

　一般論として大選挙区よりも小選挙区の方が少数意見の切り捨てが生じやすいでしょう。選挙では意中の候補者一人に投票する形が一般的ですが、多数の候補者がいる場合は順位をつけて複数人選べた方が有権者の意向はより正しく反映されるはずです。

ナオキ　そうですね。投票に行くとき、A候補もいいがB候補の方がさらにいい。でもC候補には入れたくない、というような考えもあるため、順位付けができるとより正確に民意は反映されるでしょうね。

教授　候補者の支持率は地域によって異なるため、選挙区の分け方によって選挙結果も異なってきます。

　選挙にはずいぶんと多くの問題点がありますが、解決の妙案が今あるわけでもないので、有権者はこれらの問題点をよく理解して真剣に考えて投票する、というのが現実的な解決法ではないでしょうか。

ナオキ　そうですね。でもこれでは特に争点に関心のもてない選挙にわざわざ投票する気になれないですね。

教授　いや、その考え方は問題です。

　実は欠陥だらけで派手な選挙戦も、関心が薄くなりがちな有権者の関心を政治に取り戻すという重要な役目を果たしていると考えられます。お祭り騒ぎのアメリカの大統領選挙はその一つの例でしょう。

　民主主義では人々の関心のおもむくままに何でも議論できるために、偏見や多数の横暴によってタガが外れることはいくらでもありました。有権者が常に関心をもたないと民主主義は形骸化して崩壊しやすいのです。世界に民主主義を標榜する国は多いのですが、選挙が形骸化して実質的に専制主義となっている国が少なからずあるのではないでしょうか。

ノゾミ　なるほど、いくつか思い当たる国がありますね。

教授　日本はそうならずにいつまでも自由にものの言える国でいて欲しいですね。そのためには自発的に投票に行くことは大切だと思いますね。

　ところで、今までは政策のすべてを直接投票で決めることは大変な仕事量になり不可能だったのですが、近い将来にはAIとインターネットによってそれが可能になって、民主主義も一歩理想に近づくかもしれませ

ん。ただし、そうなっても投票への関心を高めるために目立った広報活動をつづけることは必要でしょうね。

　では民主社会のリーダーの条件について今までの議論を踏まえて考えてください。

ノゾミ　もちろん自由で平等な社会を実現しようとする使命感と広い視野が必要です。

ナオキ　リーダーは人々をより良い社会、より良い未来へ導く役割があります。だからそれを具体的、科学的に考える力が必要です。

ノゾミ　科学的に確実に予知できる物事は限られていますが、リーダーは「わからない」では済まされません。自分の意思、言動を共通の目標として明確に提示することが必要です。

ナオキ　そうですね。その目標が間違っていることが判明したとき、それを改める勇気も必要ですね。

教授　その通り。それが変容しつづける社会のリーダーの理想像だと思います。一人の人間が社会をリードすることには限界がありますから。

　歴史に名を残した英雄たちの物語は大変面白いのですが、そのほとんどは社会の流れにうまく乗った人たちではないでしょうか。

人間社会の行方

ノゾミ　なるほど、そうですね。ところで先生は人間社会の未来をどのように予測しますか。

教授　未来は過去の歴史の延長線上にあるはずですが、自然史とは異なり人間社会の歴史はシンプルに延長できそうにありません。これはその時々に応じて複雑多様に醸成される人々の考え方、感じ方が人間社会を動かしてきたからでしょう。

　利便性を求めて科学はさらに発達するでしょう。しかし残念ながら人間どうしの競争がつづくかぎり兵器も発達してゆくでしょう。

　私としては、平和、公平、かつある程度自由な生活のできる社会を望んでいるのですが、これを実現するためには常に人々と共に現実の社会を科学的に考えてゆく必要があるでしょう。政治家はそのリーダーであるべきでしょう。

老教授はフーッと息をついてコーヒーカップを回収し始めました。二人は意を察して見よう見まねで教わった方法で新たにコーヒーを淹れました。

教授　ありがとう。コーヒーの淹れ方も習得したのですね。自分の淹れたコーヒーより美味しいですねえ。

　では最後に話題を大きく変えて、人類の歴史に大きな影響を与えてきた宗教について考えてみましょう。

●神々と神について

自然への畏敬の念

教授　文明が未熟だった頃の祖先の人々の生活を想像してみましょう。

　生きるため日々の糧を得ようとする彼らには容赦なく自然の猛威が襲い飢饉が襲ったことでしょう。疫病もはびこったことでしょう。その中で彼らは生きることに精一杯だったことでしょう。

　でも彼らは自然の出来事にも何らかの原因があると考える人間の知性、想像力を持っていたのです。そして目の前で繰り広げられる自然の猛威を神の怒りによる仕業と考えたのです。そして神の怒りを鎮めるために祈祷したり、生贄を捧げたのです。天候に恵まれて豊かな収穫があれば祈りが神に通じたと考え、自然と神に感謝を表す祭りを催しました。

　これは空想ではありません。生贄を捧げたと思われる祭壇は世界各地の遺跡に残されており、古くから伝わる収穫祭も世界各地にあります。行事の始まりには神に祈りを捧げる、病にかかったときには祈祷師に祈ってもらうというような風習は今も世界各地に残っています。

ノゾミ　現代科学であっても未解決の問題が多いですね。

教授　そうです。現代では気象の変化の仕組みや病気の直接的な原因などが科学的に解明されてきて、それなりの対応策も取ることができるようになったのですが、究極の異変の原因が解明されたわけではありませんしできるわけでもありません。科学で未来を正確に予知することもできません。

　私たちは正解の判らない疑問、あいまいな物事、理不尽なできごとに対しては不満、不安を抱きやすいものです。この時、神、または悪魔のような絶対的な存在があって、彼らが世界を支配していると考えると、疑問は解決されて気持ちも少しは安らぐでしょう。このような理由で今も私たちは未知、不知の物事を「神の領域」と考え、難しい判断を迫られたとき「困ったときの神頼み」で決定することがあるのではないでしょうか。

ノゾミ　そうですね。私も願いごと心配ごとがあれば近くの神社へお参

りします。すると気持ちが安らぎますね。

人が死ぬということ

教授　死は生き物の宿命です。中でも人は理論を用いて自分は必ず死ぬ
と知ってしまった憐れみを受けるべき唯一の生き物です。なぜならば人
は、「生き物は必ず死ぬ、自分も生き物である、ゆえに自分も必ず死ぬ」
という三段論法を用いて自分は必ず死ぬと推理できるからです。そして
この推理は例外なく実証されてきました。

　猿などの知能の発達した動物は親や仲間の死を体験して薄々自分も死
ぬと感じているかもしれないのですが、人間のように避けられない死を
理論的に悟って、迫りくる死に向き合い悩んでいるとはとても思えない
ですね。

　誰も自分の死は体験できません。花園をさまよった臨死体験をもつ人
はいますが、それは臨死状態の脳の異常な働きによるものであって死そ
のものではないでしょう。

　自分の死は熟睡状態に例えられるのかもしれません。熟睡中は夢も見
ず無意識です。目覚めて思い出そうとしても思い出せるのは熟睡前の記
憶だけです。熟睡した時間すら定かではありません。

ナオキ　単刀直入に質問させてください。人は死ぬとすべてが滅びて無
になるのですね。

教授　死を悩みぬいた先人は数多くいるのですが、死人に口なしですか
ら死の体験を死人が語ることはできません。

　こういうと詭弁に聞こえますが、ナオキ君が死ぬと無になると考えて
いる「無」とはどういう意味でしょうか。亡くなった人は無を体験でき
るのでしょうか。無そのものは体験できないから「不知」というべきで
しょう。

　そこで方向転換して残された現世のことを考えてみましょう。

　ある人が亡くなったとしても、残された人にとってその人のすべてが
消滅した訳ではないでしょう。父母が亡くなったとしても、君たちは自
分の心身、知性を始めとしたさまざまな記憶、遺品などを父母から引き
継いでいるのです。故人の居所、持ち物にその人の魂が宿っていること

は科学的に証明できませんが、そう考えることはごく自然なことだと思います。

　先人たちは頻発する戦争、自然災害、飢饉、疫病などに不安を募らせてきました。そのような中でこの世とあの世を支配する神々を思い描き、天国に生き返る魂を想い、家内安全、五穀豊穣を願い、神々に希望を託することはごく自然の発想でしょう。

ノゾミ　この思いが共有されて宗教となったのですね。

神道と仏教

教授　はい。こういうと眉をひそめる熱心な信者もいるかもしれませんが、宗教も先人たちの知恵として成立したものだと思います。

　日本古来の宗教として「神道」があります。神道は自然を司り我が国土をもたらした神々への先人たちの畏敬の念から成り立ったものと考えられます。

　出雲や熊野は神々の降臨地として伝わり、各地の風景を特徴づける霊峰、深淵なる森などには神々の伝説が残されています。歴史上の人物たちも死後神として祀られて、その祠も数多く残されています。

　神道はこの世の出来事を神々の営みの表れとして考えてきた先人たちの世界観の集大成であり、今日でも神社への参拝やお祭りなどにより多くの人々の心の拠り所や楽しみとなっています。

　世界各地には古代ギリシャやインドの神々のように、自然崇拝から生まれたさまざまな神々についての信仰やその遺跡が残されています。多神教の神々は様々な役割を分担して様々な言動をするため、神々の間には人間のような喧嘩もあります。神道の神々も例外ではありません。

ナオキ　そのような日本に仏教が伝わったのですね。

教授　はい、「仏教」は前5世紀ごろ、死をどこまでも考え抜いたインドの釈尊（仏陀）が生きながらに悟りを開いたことで始まったとされています。釈尊は死後あの世で生き返り（往生という）仏様となったとされています。

　日本に6世紀ごろ伝来した大乗仏教は、釈尊の死後数百年を経て弟子たち信者たち数百人が集まり、釈尊の教えにもとづいて合議を重ねて成

立したということです。その経緯によって、阿弥陀仏、大日如来など多くの仏様を戴くことになり、避けられない死への不安をもつ人々に人々の目線で語りかけるものになったということです。

仏陀の残した教義に関してはかなり広い解釈を受け入れることができて、あまり論争はないようです。

日本古来の神道の神々の性格はさまざまで争いもありましたから、仏教の仏様たちも違和感なく仲間入りできたのでしょう。

仏教によって人々が死後に生まれ変わって住める国である極楽浄土が加わりました。極楽浄土では大勢の仏様たちと楽しく生活できます。でも悪事を働くと恐ろしい閻魔大王の取り仕切る地獄に落ちるのです。

釈尊が人の死をどこまでも考え抜いたこともあり、仏教とは来世と親しむ宗教であり、極楽浄土に往生する過程として現世の生き方を説いた宗教と解釈することもできます。

仏教では生命も万物も輪廻します。輪廻により生物の種は変化してゆき、宇宙も輪廻していると考えれば何の矛盾もなくこの世は永遠に続くと考えることができるでしょう。

このような仏教の現世観は『般若心経』の「色即是空、空即是色」つまり「形あるものは形を失い、形ないものは形を得る」という言葉によく表されているでしょう。

ノゾミ　法事の時にお坊さんがよく唱えていますね。

教授　成仏して極楽浄土で暮らすために信者には勤行が必要なのですが、勤行には苦行を必要とする説から、繰り返し念仏さえ唱えればよいという説までさまざまにあって、これがいくつもの宗派が生まれた主な理由のようです。そしてこの違いは仏教の核心ではないためあまり宗派間の争いの火種にはなっていません。

平安時代に広まった浄土宗によると、極楽浄土は生ける人が到達不可能な遥か西方の地にあり、阿弥陀様は私たちが姿を拝めないほど大きなお姿をしている、ということです。

ナオキ　禅宗では現世が無であることを座禅によって悟るのですね。

教授　はい。禅宗には修業者に簡単な日常的な言動の意味を「公案」といって座禅を組んで深く考えさせて無を悟らせる方法があります。この

方法が哲学に似ているためか、禅宗は西洋でもかなり知られています。

ナオキ　ところで現在の日本を見渡してみると世を挙げて感動、生きがいを重視する風潮ですね。現世は諸行無常であり極楽浄土での生活の準備期間と説く仏教は、この風潮にはそぐいませんね。

教授　そうですねえ。

　でも私事となりますが、私も歳を取りました。避けることのできない死が近づいているのです。釈尊の教えに無関心ではおられません。

　若い頃、私は仏教のさわりだけを知って、極楽浄土はどこにあるのか、死んだ人がすべて極楽浄土で暮らしているとするとそこは混雑して大変ではないか、などとこの世の常識を振りかざして疑っていたのですが、果てしなく遠くにあり果てしなく多くの仏様の住む極楽浄土、その浄土を司る阿弥陀様の想像を絶する大きさというフワッとした説明を知るにつれて、死後の世界は人知を超えたものであるがゆえに恐れるものではない、と教えているのだろうとなんとなく納得できました。

　今は若いお二人も歳をとってゆきます。お盆などの伝統的行事の折にでも仏教の教えを学び、今から少しずつでもあの世へ移住する心の準備をしてゆくことは無意味ではないと思いますよ。

二人　そうですね。誰にだって死は訪れますからねえ。

一神教

ナオキ　幼い頃こんな経験をしました。何だったか忘れたけれど悪いことをした。それに気づいたお祖母さんは、「神様はナオキちゃんのことをすべて見ているよ。だから神様ににらまれるようなことをしてはだめよ」と僕を教え諭しました。神様ってよくわからなかったけれど、それ以来私は神様ににらまれるようなことはしないようにしようと考えるようになりました。神様の考えといっても結局は自分の考えなのですが、自分の神様のお陰でかなりいたずらが減ったと思います。

教授　それは良い話ですね。自分の神様とは自分の良心なのでしょうね。

　ユダヤ教、キリスト教、イスラム教などの神様も一人です。ただナオキ君の神様とは違いこれらの一神教の神様は全知全能の神であって、その聖典にはこの世の成り立ちから人々の生活の規範、社会的規範に至る

まで神の采配が記されています。

このことを簡単に説明しましょう。

ユダヤ教はただ一人の神ヤハウェを奉った宗教で、キリスト教で『旧約聖書』と呼ばれる神の言動を記した聖典が主な拠り所となっています。

キリスト教は神ヤハウェからの使いであるイエス－キリストの教えにもとづいた宗教であり、『旧約聖書』とイエス－キリストの教えを記した『新約聖書』が主な聖典となっています。

イスラム教はキリスト教の教徒であったムハンマドが興した宗教で、唯一の神アラーを信仰しており、その聖典は『コーラン』といわれています。

ノゾミ　なるほど根は同じなのですね。でもなぜかこれらの異なる宗教の間はもちろんのこと、異なる宗派の間ですらずいぶん紛争が発生していますね。

教授　対立の根本的な原因は、それぞれの宗教で自分たちの崇める神は全知全能の唯一絶対的な存在だと考えられていることにあるでしょう。

聖典に記されたことが絶対的に正しいとすると、聖典が異なれば絶対的な正しさも異なってきます。このためこのような宗教間の対立は、聖典が異なる限り妥協する余地が見出せないでしょう。

一つの宗教、一つの聖典を共有した社会内部にも対立の火種があります。そこには聖典では言及されていない出来事が次々と発生するでしょう。その出来事にどのように対処するかは教徒たちによる聖典の解釈を必要とします。ある解釈が「正統」と位置づけられると、他の解釈は「異端」ということになり、異端とされた教徒たちは争ったり自分たちの解釈を生かして他の宗派を結成することもあるでしょう。このような事件は歴史上たくさん発生しています。

ノゾミ　一神教には問題がありますね。

教授　はい。でも一神教にはそれなりの存在理由があると思います。

ユダヤ教、キリスト教、イスラム教の成立した紀元前数百年から紀元後数百年の時代、エルサレムを囲む中東地域は無法な争いに明け暮れていました。そのような時代、そのような地域に平和をもたらすために英知を絞って神の名で広い社会を治め得る規範を編み出そうとする人々が

いて、それが結実して聖書やコーランが生れたのではないではないでしょうか。これらの聖典ではさまざまな社会規範を示すとともに、人は死後に神の国、天国で蘇ると説いて人々の死に対する不安にも応えています。

　争いを鎮めるはずの宗教が新たな争いの火種になっていることは大変残念です。でも世界的にみれば今も宗教は多くの人たちの生きがいと社会規範としての大きな役割を果たしています。ですから宗教を否定すると世界はさらに混沌とするのではないでしょうか。

　一神教の信者の方は他の宗教や宗派の信者と接するときに、自分の信仰だけが絶対的に正しいのではないということに思い至れば争いは避けられます。私もそのような考えを持った多くの西洋人に出会ってきました。

ノゾミ　西洋人は物事を理論的に考えるのですね。

教授　はい、物事のすべてを理論づけようとする西洋の精神土壌が全知全能の神を生み出した面もあるでしょう。これは西方の彼方にあり数えきれない仏様たちの住むと伝わる仏教の極楽浄土とはおよそ真逆の理論的アプローチですね。

　私たち日本人はいくつかの宗教をうまく使い分けるようになりました。大多数の人があまり抵抗なく葬式を仏式で行い、正月や七五三のお祝いは神社仏閣にお参りして、日常生活ではクリスマスやハロウィンを楽しんでいます。多神教の土壌から生まれた「文化」ともいえそうですね。

　逆説めくのですが、ナオキ君が幼い頃にもったという「自分の神様」もこのような文化から生まれた「一神教」といえるのではないでしょうか。他から教わった宗教の神様にはなかなかなじめないとしても、自分の神様は自分の理想とする神様であり自分の生きがいとなるでしょう。ですから各自がナオキ君のような自分の神様を持てればいいのですが。

ナオキ　いやあ、人様に明かせるほど自信のある神様ではないですよ。

教授　そうそう、その謙虚さが大切なのですよ（笑）。

ノゾミ　なるほどねえ、ナオキ君の人格は神様かあ（笑）。

科学的に得られる人生の目標とは

ナオキ　科学は宗教の役割を果たせないのですか。

教授　現実の世界では科学はあまり宗教の役割を果たせてはいません。なぜならば**科学は多面的に観察された法則の集まりにすぎないため、宗教のようにシンプルで明確な人生目標を示すことができないのです。これが科学の一般受けしない理由の一つですが、科学的なバランス思考によると多様な人々の立場に応じた科学的な目標が得られるでしょう。**

　科学を生活や社会に役立てることはもちろんですが、直接科学に関係しない分野であっても、自らの家庭を守ることや仕事を通して社会的役割を担うことも目標として得られるでしょう。芸術家も芸術によって社会に潤いを与えて貢献していますね。

ノゾミ　そうですね。

教授　ゲーテの代表作に『ファウスト』があります。主人公のファウストはこの世のすべてを知りたくて悪魔に魂を売るのですが、とどのつまりは慈善事業に目覚めて天国に召されます。ゲーテも相当に科学的思考に長けていたようですね。

　そのとき、書棚の上の古風な時計のチャイムが６時を告げました。

教授　ああ、もう６時ですね。話題はつきないのですが腹も減ってきました。ちょうど夕飯の時間ですね。近くに評判のレストランがあるのですが、一緒に食事でもしませんか。

　二人は一も二もなく教授の誘いに乗って連れ立ってそのレストランへ出かけました。そして美味い料理とワインに舌鼓を打ちながら楽しい時を過ごしました。

　デザートを食べながら教授が話しました。

教授　料理人はまず料理の基本を経験則となるようにみっちりと学ぶのですが、ここの料理には基本を超えたシェフの高いセンスが表れていますね。非日常的な体験に魅力があるように、ここの料理も非日常的な感覚を刺激されて新鮮な魅力を感じるのでしょうね。

　さて、今日で科学の話は終えました。次は最終回として残された数学をテーマとしたいと思いますが。

二人　承知しました。いよいよ数学ですね。今日は貴重な話をたくさん聞かせていただき大変ありがとうございます。

教授　どういたしまして。若者に話を聞いてもらいながら議論するのは

楽しいことです。

　三人は次回の講話の約束をしてレストランを出ました。

●第4話
数学と幾何学の成り立ちとその展開

　ノゾミさんとナオキ君がいつも通りにヨッシー教授の部屋の前まで来ると、漏れ聞こえるショパンのピアノ曲が出迎えてくれました。二人を招き入れたヨッシー教授は例によって美味しいコーヒーを淹れて二人を歓迎しました。

●数学の成り立ち

ナオキ　今日は数学、幾何学も先人たちが日々の体験を通して編み出したものだということを説明していただけるということで期待してまいりました。先生に以前お話しした通り、数学や幾何学の基礎とされている集合論や公理論は私には大変難解でよく解りません。

教授　今日は先人たちが数学や幾何学をどのようにして編み出したか、そして私たちがそれをどのように習得したのかを説明いたしましょう。

　さらに数学は西洋において集合論や公理論などの独自の発展を遂げました。説明もこの順序でいたしましょう。

　そういって教授は次のように大書きしました。

数学理論の拡張段階による区分

① 複数の物を1、2、3、・・・と数え上げて、四則演算ができる数の理論まで——《数と演算》

② ①に含まれるさまざまな性質を発見して、定義や定理として明示する数学——《原数学》

③ ②に論理的な概念、法則をさらに加えて展開した数学
　　——《現代の数学》

教授　以後の説明では①を《数と演算》、②を《原数学》、③を《現代の

数学》と名づけて区別することにします。②は①を含み、③は①と②を含みます。

ナオキ 《数と演算》《原数学》という言葉は初めて聞きますが昔からあった言葉ですか。

教授 いいえ。このような区分についての文献は見当たらないので、私のオリジナルだと思います。これをもう少し説明しましょう。

お二人もよく思い出してください。自分たちが学んだ数学の始まりは①のように数えて四則演算できる数の理論だったでしょう。次に学んだのは②の形だったでしょう。

ナオキ そうですね。

教授 先人たちによる数学の始まり、発展もやはり大綱的には①、②の形を踏んできたと考えられます。そして《現代の数学》は③にまで発展しています。

そこで問題があります。①、②の《原数学》までの理論に限れば誰もが体験的な学習にもとづいて納得して共有できます。それは《原数学》の理論が①から生まれる数の性質に限られているからです。

ところが、《現代の数学》には《原数学》の数の性質だけでは導き出せない論理的な概念、法則が新たに加わって、《原数学》だけでは得られない論理的な理論群を構成しています。それらは《原数学》ほどの納得性、共有性があるとは限りませんし、《原数学》とつじつまが合っているとも限りません。

そこでまず《原数学》を明確に説明して、その範囲内では数学はつじつまが合って「正しい」、つまり「理論が整合的で矛盾がない」ことを明らかにしたいと思っています。

ナオキ わかりました。興味が湧いてきました。ところで幾何学の成り立ちは数学とは異なるのでしょうか。

教授 幾何学は先人たちが体験的に習得したシンプルな図形と空間概念を活用した数学と考えることができます。なぜならば、幾何学は数直線や座標を仲立ちとして数学と統一的に考えることができるからです。このことも説明しましょう。

これにつづいて、《原数学》によって発見的に定義できる「無限大の数

値」の話をしましょう。０や負の数が導入されて四則演算がより完全になったように、無限大の数値によって四則演算がさらに完全になります。ところが無限大の数値は忘れ去られているのです。これには《現代の数学》の中心的な存在である「集合論」が関係していると考えられます。

最後に時間の許す限り、私の知る範囲で《原数学》には含まれない《現代の数学》の理論、概念の説明をしましょう。その中心にある集合論や公理論は《原数学》とつじつまの合わない理論であることも説明したいと思います。

では本論にはいります。

数と四則演算の習得

教授　言葉の習得過程の説明の後で数と四則演算の習得過程も説明しましたね。大切なことですからこれをもう一度復習しましょう。

物の個数について教えられた時のことを思い出してください。

ナオキ　はい、母から指や物を一つ、二つ、三つと示されて数の概念を理解しました。物の種類には関係なく１、２、３と順番に数えられたときには頭が混乱したのですが、繰り返されるうちに数は物の種類には関係ないと理解できました。

教授　そうですね。誰もがそのような学習体験によって「数によると数えられる物であれば何でも１、２、３、・・・、と数えることができる」ということを習得したことでしょう。

数え方がある程度わかると、１＋１は２とか、１＋２は３という足し算すなわち「加算」をやはり指や物を使いながら教わったでしょう。つづいて引き算すなわち「減算」を、１＋１は２だから２－１は１であると教わったでしょう。

加算、減算を覚えると次に掛け算すなわち「乗算」を、加算の繰り返し、つまり２×３は、２＋２＋２、そして３＋３であると教わったでしょう。

乗算の次には割算すなわち「除算」を乗算の逆の計算として、つまり２×３＝６だから、６／２＝３さらに６／３＝２であると教わったでしょう。

ピタリと個数を表す数を「自然数」というのですが、除算によると1／4などのピタリと納まらない数値である「分数」で表せること、さらにしばらくして1／4を0.25という「小数」で表す「割算」も学びました。

　そして分数や小数によると1個の物や1という長さをさらに細かくすることができることも学びました。概略このような理論を「四則演算」といっています。昔は「算術」といいました。そしてこれが《数と演算》の形成過程です。

ノゾミ　数が大きくなり計算法が増えるにつれて計算は難しくなるのですが、正しい答えは一つしかないため間違いなく計算するのは大変でした。

教授　計算の難易度はともかくとして、四則演算により二つの数から新たな数が得られること、得られた数を新たに四則演算に用いることができること、それを繰り返すとさまざまな数が得られることを私たちは習得しました。ここまでは経験の範囲といっていいでしょう。

　でも計算によると1,000,000,000,000（1兆）のような一生かかっても1から数え上げることのできない大きい数を簡単に求めることができます。また減算によると物の数には直結しない0や負の数が得られます。

　物と数を同一視した中世の西洋では0や負の数を容認するか否かで論争があったということです。けれどもこれを数の仲間と認めることで計算可能な範囲が広がり、四則演算の完結性が増して四則演算の実用性も増しました。

　《数と演算》は体験にもとづいて編み出されたのですが、計算でしか得られない数値を含めることによって、全体として体験、経験を超えた純理論になったと考え得るでしょう。

数学の始まり

教授　私たちはこのような《数と演算》を先生たちから教わったのですが、ここで人類の数学の始まりについて考えてみましょう。

　人類の遺跡を調査すると、原始的な文字の中に数字と考えられる文字が発見されています。数字のまだない時代に、数を表したと考えられるいくつかの結び目をもつ縄も発見されています。このようなことから、

人や物を数えたり計算することのできる《数と演算》ははるか昔に先人たちの生活の知恵として生まれたものと考えられています。

　彼らが今日知られている四則演算や数の範囲をどこまで知っていたかは定かではありませんが、数どうしの関係から四則演算は比較的容易に導き出せるため、ある程度は知っていたはずです。今でも小さな子がやるように、指折り数えたり印の数を頼りにして計算していたのでしょう。

　以上簡単ですが、人類の数学の始まりについておわかりでしょうか。

ナオキ　はい、よくわかりました。

教授　では今まで説明した《数と演算》の成り立ちを整理して理解するために、いくつかの法則の形で記述してみましょう。

数学の始まり《数と演算》を法則で書き出す

教授　最初にお断りしておきますが、数学の法則を一つ一つ書き下そうとすればある程度の数学的表現法を用いる必要があります。

　この表現法を理解するにはある程度の数学の知識が必要です。私たちはこの表現法を学びながら数学理論を習得しました。さらに私たちが学んだ範囲で数学理論は「正しい」ということも知っています。ですから最初から数学的表現法を用いたとしても、論点先取の誤りというわけではありません。

　つけ加えますと、数値の表現法は《数と演算》とは違って、歴史的にも世界的にもいろいろとあって、唯一の正しい方法があるわけではありません。ここでは世界的に普及している方法を用います。

二人　了解しました。

教授　その数値の表現法とは、数字0、1、2、3、・・・9によって10進数で整数を表す方法です。四則演算によると新たな数値が得られるのですが、その数値を10進数で表すためには「桁どり計算」という数学の知識が必要です。

　もう一つの数値の表現法は「数の代数的表現」です。私たちは個々の数値を用いて計算を教わったのですが、数値は無尽蔵にあるため数値を用いて計算法則を表し切れません。ですから数値を一般的にアルファベットや記号で表して計算規則を表すことにします。これによって桁どり計

算からも解放されます。

　例えば、加算の元の数をa、b、加算の結果をcと表すと、加算の規則はa＋b＝cと表せます。このように数値をアルファベットなどの記号に置き換えて表す方法を「代数」といい、代数を用いた数式を「代数式」といいます。これは知っているでしょう。

二人　はい、知っています。

教授　では法則を書き出しましょう。

　そういって教授はホワイトボードに次のように書き出しました。

数の概念

複数(二つ以上)あると認識できる物事については１、２、３、···と数え上げることができる。

それらの数は、１＜２＜３＜···という大小関係をもつ。

数の演算の法則

加算　任意の数a、b、に対してa＋b＝cとなるただ一つの解cが定まる。

減算　任意の数a、b、に対してb＋c＝aとなるただ一つの値cが定まる。この関係をa－b＝c と表す。

乗算　任意の数aを任意のb回加算した値cを、a×b＝cと表す。ただし、a、bのどちらかが負の時に限り、cも負である。

除算　任意の数a、b、に対してb×c＝aとなるただ一つのcが定まる。この関係をa／b＝c と表す。ただしb≠0である。

　大切な所ですから順に読み上げながら説明しましょう。

　数の概念の習得は、複数（二つ以上、たくさん）あると認識できる物事については１、２、３、···と数え上げることができる、と表されるでしょう。

　そして１、２、３、···と数え上げるにつれて物事の個数が積み重なり大きくなってゆきます。これを、１＜２＜３＜···と表します。

ノゾミ　一つだけのものは数えられないのですか。

教授 一つだけでは大小の比較ができません。たとえば宇宙、自分、日本のように。実は「数、1、2、3、・・・は独立して存在する」という哲学もあるのですが、数とは数値であり、互いに大小関係や計算できる関係にあるからこそ成り立っていると思います。

ノゾミ なるほど、そうですね。

ナオキ 数は順序も表しますね。

教授 はい。でも個数は1、2、3、・・・と順序立てて数えることができますから、個数と順序を《原数学》の中で特に区別する必要はないでしょう。

ナオキ なるほど、そうですね。

教授 次に加算についてですが、加算の元の数はいくつでもよく、解が無かったり二つあったりはせずに元の二つの数に応じてただ一つの解が定まるわけですから、加算の法則は、

　　　任意の数a、b、に対してa＋b＝cとなるただ一つの解cが定まる。
と表せばよいでしょう。

　a、bが共に正の数であれば、a＜c、b＜cであることは証明するまでもないでしょう。

ナオキ え、そんなことを証明するのですか。

教授 数学的推理の方法である「背理法」を使えば証明できます。背理法の説明の後で課題として考えてみましょう。

　さて、加算にもとづくと減算の法則は次のように表すことができるでしょう。

　　　任意の数a、b、に対してb＋c＝aとなるただ一つの値cが定まる。
　　　この関係をa－b＝cと表す。

　a、bが共に正の数であれば、c＜aであることは明らかでしょう。また、a＝bであればc＝0、となりa＜bであればcは負の数となりますが、0も負の数も正の数と同様に四則演算ができます。

　加算にもとづくと乗算の法則は次となります。

　　　任意の数aを任意のb回加算した値cを、a×b＝cと表す。

　　　ただし、a、bのどちらかが負の時のみ、cも負となる。

　加減算を基準にして乗算を考えるとただし書きの法則が得られます。

乗算にもとづくと除算の法則は次となります。

　　任意の数a、b、ただしb ≠ 0、に対してb × c = aとなるただ一つの
　　解cが定まる。

　　cをa／bと表した形を分数という。

　ただし書きの理由は、b = 0のときは、元の式が0 × c = aとなってa =
0、かつcが定まらなくなるためです。

　なお、《現代の数学》ではa／0は「（計算）不能」、0／0は「不定」と
されています。

　以上が四則演算を成り立たせる法則です。

ナオキ　記述すると読み直せるので理解しやすくなりました。

教授　最初に得られた数は「自然数」といわれている物の個数を表す１、
２、３、・・・に過ぎなかったのですが、減算によって０や負の数が生み
出されます。自然数、０、負の自然数を合わせて「整数」といいます。
除算によって分数が生み出されます。分数や小数は「実数」ともいわれ
ています。実数によると、長さ、重さ、時間などの連続量を表すことが
できます。

　四則演算は最初に自然数を用いて定義したのですが、０では除せない
という例外を除くと０、負の数、分数についても適用可能であるため、
四則演算により次々と新たな整数や分数を得ることができます。

　このような説明は論点先取の形ですが誤りとはならないことは説明し
た通りです。

ナオキ　小数は定義できないのですか。

教授　分数は除数bと被除数aを用いた定義をそのまま代数によってa
／bと表せます。一方、お二人も学んだ通り、分数を一つの小数に変換
する「割算」には桁どりなどの数学の知識が必要です。ですから小数を
求める計算法は《数と演算》の範囲には含まれずに《原数学》の理論と
なります。

　せっかくですから、ここで10進数と小数の歴史を簡単に説明しておき
ましょう。

　自然数を10進数で表す記数法ははるか昔に世界各地で始まったとされ
ています。これは数を10本の指で数え始めたからではないかと考えられ

ています。

　アラビア数字0、1、2、3、・・・9によって10進数で整数を表す方法については、古くにインドで始まりアラビア人が西洋に伝えたといわれていますが、大変便利なために世界的に普及しました。

　10進法については、9の次は10と表す、99の次は100と表す、999の次は1000と表す、……、と教わることで私たちはその方法を習得してきました。

　分数は分母と分子に整数を用いてシンプルに半端な数値を表せるためか、世界各地で用いられていました。分数の小数表記が東方から西洋に伝わったのは意外に新しく17世紀ごろのようです。

　ニュートンの手書き原稿では1未満の値を分数で表しています。分母の異なる分数どうしの加減算や大きさの比較は分母を揃える必要があるため大変だったでしょうね。

ナオキ　よくわかりました。代数を用いると四則演算の法則はシンプルに表せるが、数値になると10進数表現が必要となるために計算に苦労するのですね。

教授　そういうことです。

　数の概念と四則演算法とは不可分で、代数を用いた法則でわかる通り概念的にシンプルで唯一無二の理論です。ですからこれを一括して《数と演算》ということにします。

　でもこれを数値表現しようとすると10進法などの知識にもとづいた表現が必要となります。そこで《数と演算》に数値の表現法と数の性質にもとづく理論を加えた数の理論を《原数学》ということにします。

　ここまでに質問はありませんか。

ノゾミ　「加算」「減算」などの名称は《数と演算》の理論ですか、それとも《原数学》の理論となるのですか。

教授　数学理論を定義する名称、「数学用語」は理論と一体です。その理由ですが「加算」は《数と演算》の理論を分類、定義して表す役割を果たしているのですが、逆に《数と演算》の理論によって「加算」は正確に定義されているとも考えられるからです。

　でもこのような「数学用語」も数ある表現法の一つですから、「加算」

を「足し算」「addition」などと他の名称で定義したとしても誤りではありません。

ナオキ　質問です。1／2＋1／3＝5／6という計算には、分数を3／6と2／6とに「通分」する過程が必要ですね。この計算も《数と演算》の理論なのですか。

教授　なるほど、通分には適切な数式を逐次的に用いる「数学的推理」が必要ですね。でも通分に必要な数式となる、分母、分子に共通の約数をもたない「非既約分数」、分母より分子が大きい「仮分数」などのすべては《数と演算》の中から求めることができます。このことから、数式であってもそれを使いこなそうとすると数式を選択する「数学的推理」が必要となることがわかります。

　ですから、通分、約分の方法、仮分数を整数と1未満の分数で表した「帯分数」などは《数と演算》の理論ではなく、次に説明する「数学的推理」を用いた《原数学》の理論であると考えると分かりやすいでしょう。

　分かりやすいという意味は、《数と演算》と《原数学》の区別は数学の成り立ちをわかりやすく説明するためであって、区別を目的とするものではないという意味です。

ノゾミ　コンピューターの中では数値を0か1かの2進数で表しているそうですが、10進数との違いはないのですか。

教授　普通のコンピューターは数値を電荷の有無という二つの状態で構成しているので2進数が用いられています。

　数値を何進数で表すか、数字に何を用いるかは数値の表現法の違いであって、数の性質そのものには影響しません。コンピューターでは、2進数は真か偽かを問う「二値論理」の要素としても用いられています。

ノゾミ　《数と演算》の成り立ちについてはほぼわかりました。でもここからが難しいのですよね。

教授　今から説明する数学はここまでに説明した数の性質のみを原理とする純粋な理論です。しかも二人はすでに学んだものばかりで、ここからの説明はそれを思い出すための説明にしかすぎませんから自信を持ってください。では次に進みましょう。

数学——数の性質、数の法則の自足的な拡張

教授　四則演算はシンプルな規則ですが、そこから生じる数の性質にはさまざまな見方ができて、ここから様々な法則、理論が生れます。このような学問は「数学」といわれています。

　文明にはある程度の数学が必要であるため、バビロニア、メソポタミア、エジプト、古代中国などの文明にも含まれていたようですが、現在では古代ギリシャを経て西洋に伝わる数学が主流となりました。ここからの説明も西洋の数学にもとづいています。

　数学の推理の方法、つまり「数学的推理」はシンプルです。

　四則演算により得られた（得られる）数の中から、数の法則的関係、分類可能な性質を見出し、それを法則として定義しながら、次々と推理を推し進めてゆくのです。

　数のある法則的関係、性質を取り出して表すことは単に「定義」といいます。一連の数学的推理により到達できた法則、分類は「定理」といい、定理に至る推理過程を「証明」といいます。

　なお、定義や定理を「公理」ということもあるのですが、公理の意味は歴史的に変わってきているので注意が必要です。

教授　ではお二人も習った主な定義や定理を説明しましょう。

数値の表現法

　数値の表現法は「定義」や「定理」といわれていませんが、数値を表すための必要不可欠な理論です。世界的に0から9のアラビア数字を用いた10進法が普及しています。1未満の数値の表現法としては、分数と小数が知られています。

指数

　$a \times a$ を a^2、a を n 回乗じた値を a^n と表すと定義します。この場合の定義とは新たな表現法の約束です。右肩の添え字を「指数」といいます。指数は $a^1 = a$、$a^0 = a / a = 1$、$a^{-1} = 1 / a$、……と負の方向にも拡張できます。

　この指数の定義によると、$a^m \times a^n = a^{m+n}$ となることがわかるでしょう。

代数式

　代数式を利用すると未知数をxと表して、例えば、5x＋3=0のときx
はいくつか、さらに一般化して、ax＋b=0のときxはいくつかなどの方
程式が考えられます。方程式の解を根ともいいます。1次方程式ax＋
b=0は必ず一つの解をもちます。

　x^2=bであるときxの値をx=$\sqrt{b}$と表し、xをbの「平方根」といいま
す。

虚数

　どのような数も2乗すると正になるため、$x^2＋1＝0$の解はあり得ま
せん。そこで$i^2＝-1$となるiを新たに演算の仲間に加えます。すると2
次方程式$ax^2＋bx＋c=0$は必ず二つの解をもつことになります。

　iは「虚数」といいますがi外部からの新たな原理の導入というよりも、
ちょうど0や負の数が導入されたように、すでにあった演算法則の不完
全部を埋める因子として発見的に定義されました。ですから虚数も《原
数学》に含めることができます。

　虚数はその名称から非現実的な数と考えられがちですがそんなことは
ありません。19世紀に至り、ガウスによって虚数は座標幾何学や空間の
認識と深い関わりがあることが発見されて、ようやく数学理論として認
知されました。このことは幾何学の説明の中で説明しましょう。

関数

　xを変数と考えるとax＋bの値はxの値に伴って変化します。このよ
うなものを「関数」といい、一般的にf（x）と書きます。

座標

　お二人は直角に交わるX軸とY軸を用いた「座標」を習ったと思いま
す。

　復習しますと、X軸とY軸の交点を原点といい、X軸とY軸の原点か
らの距離をx、yと表すと、XY平面上の点の位置はxとyでp（x、y）と
表せます、方程式ax＋by＋c＝0はxに応じてyが定まり1本の直線を
表します、というようなものです。

　直角三角形の直角を挟む2辺の長さをa、b、斜辺の長さをcとすると、
ピタゴラスの定理$a^2＋b^2＝c^2$が成立します。幾何学のこの定理の証明

はご存知でしょう。

　X、Y軸に直交するZ軸を加えると３次元空間となり、関数f（x,y,z）によりその中の直線、曲線、立体図形を表すことができます。

数学的推理の例

教授　繰り返しますが、数のある関係性、性質を選びだして表すことを「定義」といいます。一連の推理過程により到達できたと考えられる法則、分類は「定理」といい、定理に至る推理過程を「証明」といいます。

　定義、定理からさらに新たな理論が生まれます。これを簡単な例で説明しましょう。

　教授はそういいながらホワイトボードに次のように書きました。

定義： ２の倍数、２で割り切れる自然数を偶数、それ以外の自然数を
　　　奇数という。

定理： 二つの偶数の和は偶数である。

証明： m、nをある自然数とすると、二つの偶数はそれぞれ2×m、
　　　2×nと表すことができる。するとその和は2×m＋2×n＝2×
　　　（m×n）となって、これは2で割り切れるため、二つの偶数の
　　　和は偶数である。

教授　偶数が定義されれば残る数は自明的に定義できますから奇数も定義できます。でも二つの偶数の和が偶数となることは少しわかりにくいので、証明が必要な定理となります。ではノゾミさん、「偶数×奇数は偶数である」という定理を証明してみてくれませんか。

ノゾミ　はい。

　そう答えてノゾミさんはホワイトボードに次のように書きました。

定理: 偶数×奇数は偶数である。

証明: m、nをある自然数とすると、偶数は2×m、奇数は2×n−1と
表すことができる。
すると二つの数の積は(2×m)×(2×n−1)=2×(m×(2×n−1))
となるため必ず偶数となる。

教授　よくできました。

　数学理論はこのように、数の性質をある視座から定義として分類した
り、数の性質の中から発見的に定理を考え出して証明することで広げる
ことができます。このようにして得られた数学理論の構造を眺めてみれ
ば、互いに整合した正しい法則（定義、定理）を骨組みとして支え合っ
ていることがわかるでしょう。

　ではこの後の話の都合もあるので、数には上限値がない、つまりどの
ような大きな数も定義あるいは計算で得られるという定理を証明してお
きましょう。

　そういって、教授はホワイトボードに次のように書き下ろしました。

定理: 自然数には定まった上限値はない。

証明: 仮に定まった上限値があるとしてその値をnとする。
するとn+1という値が定義できてこれはnより大きい自然数で
ある。
これはnが上限値があるという最初の仮定に反する。
したがって自然数には定まった上限値はない。

教授　この証明法は「背理法」といって、証明しようとする定理を否定
する仮定をたてて、その仮定が正しいと考えると矛盾が生じることを証
明して元の定理の正しさを証明する方法です。背理法は正しいか誤りか
二つの選択肢しかない数学のような理論の場合にのみ使用可能です。

ノゾミ 私には「わからない」という選択肢もあるのですが。いや、冗談です（笑）。

教授 いや、今もって証明ができない定理だってありますよ。証明ができないので定理ではなくて仮説ですがね。

冗談抜きでこの証明をもう少し考えてみましょう。

現実の世界では上のn＋1という計算を無限に繰り返すことはできませんから、**現実の世界で得られる数値は有限値です**。これはたとえ宇宙が無限であったとしても観測される宇宙は有限であるのと同様です。

でもそこからさらに考えを推し進めることができます。数学は純粋な理論で時間などの物理的制約がないと考えると、n＋1という計算はいくらでも繰り返すことが可能で、その結果nの値は「無限大」になると考え得るのではないでしょうか。

このような無限大の数値による数学理論の完全化は、幾何学の後で改めて考えてみましょう。

数の性質と論理との関係

教授 数学の推理は四則演算の法則と基本的な数の性質に沿って段階的に推理を進めることで得られます。

誰もが知っている数の性質のいくつかを説明しましょう。

ある数・数式Aとある数・数式Bの関係を考えると、A＝BかA≠Bかのどちらですから、一般的に「AはBかBではないかのどちらかである」といえます。これは論理学では「排中律」といい、論理が二択式であることを表しています。この性質があるためA≠Bを否定するとA＝Bということになります。

三つの数A、B、Cがあって、A＜B、B＜CならばA＜Cです。これは「推移律」といい、三段論法の論理です。

もうお察しの通り、論理関係、論理推論規則は数学的推理の骨組みである数の性質、関係と同じです。ですから**私たちは論理関係、論理推論規則を知らなくても、数の性質を知っていれば「数学的推理」を進めることができるのです**。哲学では先験的とされている**主な論理関係、論理推論規則は数の性質からも得られるのです**。

ナオキ　なるほど。納得できました。

教授　ちなみに単語や文章に対しても論理は使えるのですが、具体的な物事を表す言葉の多くにはあいまいさが伴っており、排中律は使えません。たとえば世の中の「物」を「生物」と「非生物」に二分しようとしても、ウイルスがどちらに入るかはあいまいです。

教授　四則演算の法則から次のような数の関係はすぐに導かれるでしょう。

$a + b = b + a$、$(a + b) + c = a + (b + c)$

$a \times b = b \times a$、$a \times (b + c) = a \times b + a \times c$、

$-(-a) = a$、　……

ナオキ　はい、計算でこのような性質を利用しています。

教授　では次に幾何学の成り立ちを説明しましょう。

●幾何学と空間の成り立ち

イメージの経験的、思索的な習得

教授 幾何学の説明を始める前に簡単なテストをします。

　そういいながら教授はホワイトボードに次のような図を描きました。

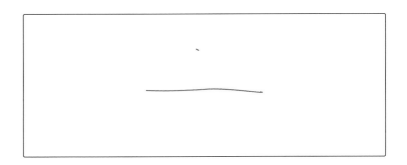

教授 ノゾミさん、これは何でしょう。

ノゾミ え、点と直線です。

教授 正解です。この直線は線分ともいいますね。ではこの図を見てなぜ点と直線だと判断したのですか。

ノゾミ 点は点だからです。直線はよく見れば曲がっているのですが、本当の直線に近いので直線と判断しました。

教授 なるほど。では「本当の直線」とは何ですか。

ノゾミ まっすぐな線です。

教授 その答えは直線を言い換えただけですね。トートロジーではないでしょうか。

ノゾミ ウーン、これ以上うまく説明できません。

教授 でもそれも正解です。ガッカリしないでください。

　もう一つ意地悪な質問をさせていただきます。ナオキ君、長さとは何でしょうか。

ナオキ 長さは直線で表わせます。でも直線が定義できなければ長さも定義できないですね。

教授　そうです。でも直線とその長さは不可分ですからこれも正解です。ガッカリすることはありません。ではこれらのシンプルな形状を定義するのがなぜ難しいのか、でもそれを見てなぜ言い当てることができるのかを考えてみましょう。

　私たちの幼い頃の体験を思い出してください。私の場合は折り紙や新聞を示されて、「真四角」とか「長四角」と教わり、紙の折り目や紙に描かれた線を示されて、「線」とか「まっすぐな線」と教わったと記憶しています。

　物の形状を表すそれらの言葉を物の種類とは無関係に繰り返し聞かされることで、私は物を見るとその形状を言い表せることができるようになりました。お二人も同じような経験を積んで形状を言い表せるようになったと思います。

ノゾミ　自分のことははっきりとは覚えていないのですが、そのようにして小さい子に丸や四角を教えたことはあります。

教授　先人たちも細くまっすぐな棒、ピンと張られた紐、などを見て「直線」と言い表し、月などを見て「丸い」と言い表すようになったのでしょう。

　このような**物を見て私たちが習得した形状とは、物のもつ材質、色、歪などの情報が捨て去られた「理想化された形状」**です。具体物から不要と思えるものを捨て去ることを「抽象化」といい、残されて理想化された形状は「イメージ」ともいわれています。理想直線は線の曲がりも太さも捨て去られているでしょう。イメージとして残る形状は直線、三角形、四角形、円などのシンプルなものです。複雑な形状はシンプルな形状の組み合わせとしてある程度イメージできるでしょう。

　以上の図形の認識法は私の個人的な心の動きを具体的に説明したものですが、このような動きは私に限ったものではないでしょう。お二人も図形を見てその形状を言い当てるときの心の動きをよく思い出すとこのことが理解できるでしょう。

　私は直線のイメージにもとづいて線を描きました。でも私の手は理想通りには動かず、ちょっと曲がった直線が描かれてしまいました。ノゾミさんはその曲がりにも気づいたのですが、この程度の曲がりならば直

線のイメージに当てはまると考えて「直線」と答えたのではないでしょうか。

ノゾミ　なるほど、いわれてみればその通りですね。心の中では理想化された直線を思い描けるのですが、言葉で正確に表すことは難しいですね。

ナオキ　理想化された形状が習得されることについてはわかりました。でも「点」には形状のイメージが湧かないのですが。

教授　「点」にはいろいろな意味、用法がありますが、数学で用いられる「点」は平面上の位置を表す役割を果たすものですから、数学上の点の形状はただ「点」としかいい得ません。実用的にも点はただ目視できればよいでしょう。ナオキ君はそのために返答に窮したのでしょう。

ナオキ　はい、そういうことですね。

教授　点と同じように上下や前後という位置関係もいろいろな場面に共通して使われています。このような言葉も、手の平の上、机の上というようにやはりたくさんの個別的な事例により教わったでしょう。

　これで準備は整いました。ではいよいよ幾何学といわれている空間と図形の理論の説明に入りましょう。

経験にもとづいた幾何学

教授　点と直線は平らなホワイトボードの表面に描かれていますが、幾何学ではこれを「平面」とよんでいます。平面も言葉で定義することは困難ですが、昔の人は例えば水面を見て水面の波立ちを捨て去った平面という抽象化された形状を学び取ったのだと思います。理想化された平面も抽象化により物のもつ凹凸や厚さは捨て去られたものです。

　抽象化・理想化された点、直線、平面を習得できれば、曲がった線、および線の長さの概念は容易に得られるでしょう。これらを用いてさまざまな形状が定義できます。

　三角形を始めとした多角形は何本かの直線で囲われた平面の形状として定義可能です。円は中心から一定の距離を保ちながら平面上に描かれる一連の線の全体と定義できます。直角は平面を均等に４分割して交差する２本の直線の関係として得られます。平行線はこれに新たな直線を

どちらかの直線に直角に引けば得られます。すると長方形は直角に交わる4本の直線に囲まれた平面として定義できます。

　そう説明しながら教授は先ほどのホワイトボードに次のように書き加えました。

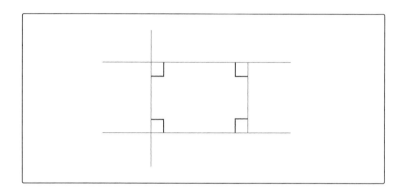

ナオキ　そうですね。点、直線、平面はうまく定義できなくても、そのイメージさえ習得できればそこから次々と図形の理論を生み出すことができますね。

　私の抱いていた疑問が一つ解けました。私はユークリッドの定義を知らなくても幾何学を学習することができました。これは私たちが理想化された形状を経験的に習得していたからですね。

教授　正にその通りだと思います。

ナオキ　質問です。先生は科学論文の表現法として「円、四角形などのシンプルな幾何図形についても、理論が完全に共有できたことを確認するために理論を言葉や数式で表して互いにすり合わせる必要がある」と説明されました。でもそうするためにはやはりシンプルな図形の定義が必要なのではないでしょうか。

教授　形状を正確に伝えようとすれば「直線」「三角形」「円」などと名称を伝えればいいのです。私たちはそれらの名称に応じた共有できる理想化された形状をすでに習得しているのですから。シンプルな図形の名称は共有された科学用語、数学用語と考えて良いのです。

ナオキ　納得しました。

ノゾミ　人間は昔からシンプルな図形を習得していたと考えて良いのですか。

教授　そうです。シンプルな図形は世界各地の洞窟などで発見された先人たちが描いた絵の中にもあります。ですから観察した物の形をシンプルな図形として習得する能力は人の知性の一部なのですね。

　「絵」で思い出したのですが、具象画といっても写真とは違い多少は抽象されていますね。人は観察したことの細部までを記憶にとどめることはできません。ですから具象画を描く場合は「写生」が必要となります。

ノゾミ　一度説明を受けたかもしれませんが、再確認させてください。心理学の本を読むと、シンプルな図形も錯覚、錯視により歪んで見えると書かれています。錯視の影響はないのでしょうか。

教授　もちろん影響はあります。図形を目視すれば周囲の状況や体調により錯視が生じることもあるでしょう。でも私たちは個々のシンプルな形状について繰り返し目視体験を積むことで、歪のない理想化された形状を思い浮かべることができるようになったのです。そのイメージと比較できるからこそ、目視した図形に歪があるかないかを判断することができるのです。

ノゾミ　なるほど、そうですね。

教授　では「数学的空間」の歴史的な始まりを推理しましょう。

　遺跡や遺構として世界各地に残された道路や建物の測量、設計、建設には、数直線、２次元平面、３次元空間の概念と数学的な理論が必要なことは明らかでしょう。ですから先人たちは観察、体験を通して「測量、設計、築造の方法」としてこれらを習得してきたのでしょう。

　科学の説明の中でデカルトが「座標幾何学」を提唱したといいましたが、詳しくいうと「個別的な理論の中にすでに含まれていた平面、空間の概念、理論を、汎用的に利用できる数学理論の形で提唱した」ということでしょう。

　大切なことなので繰り返しますが、デカルトが提唱した座標系の座標軸は数学的直線でその軸は互いに直交したものでした。

　直線は最もシンプルな線です。直角は２本の直線が交わり平面を４等分するという点で最も基本的な角度です。つまり直交座標系は最もシン

プルな理論で最も基本的なものです。座標を考案したデカルトが理論の共有性を重視して直線の座標軸が直交するシンプルな直交座標系を提唱したのは当然でしょう。「歪」の概念はデカルトの念頭にはなかったでしょう。

斜めに交わる座標系や後に説明する「非ユークリッド幾何学」の歪のある座標空間は、《原数学》に歪を加えた（複雑な）理論であるといえるでしょう。

私たちだって最初に学んだ理論はシンプルで正しい理論でした。正しい理論を知ったからこそ、誤りや歪のある理論を正しい理論と区別できるのです。

ユークリッド幾何学の解釈

教授　では参考のために「公理的数学」の始まりとされている「ユークリッド幾何学」について少し説明しましょう。

ユークリッドは理論の原理となるシンプルな形状を言葉で正確に表そうとしました。この発想にも言葉を原理と考えたギリシャ哲学の影響が感じられます。ユークリッドは著書『原論』の冒頭部で形状のいくつかを選び出して、次のように定義しました。

そういって教授は書棚から『原論』を取り出し、その最初の部分をホワイトボードに書き写しました。

定義

1．点とは部分をもたないものである。

2．線とは幅のない長さである。

3．線の端は点である。

4．直線とはその上にある点について一様に横たわる線である。

5．面とは長さと幅のみをもつものである。

　　……

これらの定義を見ると、ユークリッドは先ほど説明した理想化された

シンプルな形状の中から理論の原理とみなせるものを選んで、それらを主に可視的に物を表す言葉を用いて定義しようとしたと考えられます。ただしその試みは必ずしも成功しているとはいえないでしょう。

　たとえば1.の「点」の定義に用いられた「部分」の意味は不明確です。2.の「線」の定義に用いられた「幅」「長さ」についても、その言葉の定義が必要でしょう。そう考えてこれらの定義を深追いしてゆくと、循環論理、トートロジーといわれている形に陥りそうです。

　結局、原理的な物事を体験によらず言葉だけで定義することには限界があるのです。形状の原理とは私たちが習得した理想化された形状です。これにもとづいて敢えて言葉で説明すると、点は位置を表すから面積、部分は不要で、線は2点を結ぶ長さだから幅は不要です。直線は最もシンプルな線です。平面的な図形に限れば平面とはどのような図形をも含み得る形状です。

　先に座標幾何学の話をしました。座標幾何学と幾何学との違いとは、数と図形の理論を数式から見るか、図形から見るかの違いに過ぎません。それを証明するために先ほどのユークリッドの定義を座標幾何学の理論で表してみましょう。

　教授は先ほど書き出した定義の項目だけを残して、右側の定義を書きかえてゆきました。

1．**点**　XY平面上の位置はx、yの組、p(x、y)で定まる。
2．**線**　XY平面上の関数 f (x、y) = 0によると線が描ける。
3．**線の端の点**　関数 f (x、y) = 0においてx、yの値域を制限するとx、yの上限値、下限値で端点p(x、y)が生じる。
4．**直線**　関数ax + by + c = 0は直線を表す。
5．**面**　これらの理論の場となるXY座標系である。

教授　数と座標にもとづいた理論は、理想化された形状と同様に目視は必要ないため、点には面積が不要です。線には幅が不要です。言葉による定義のようにトートロジーの恐れもありません。このことから、座標

幾何学による定義はユークリッドの言葉による定義よりも正確で違和感のない定義といえるでしょう。ただし、シンプルな形状の定義は元々必要ないものですから、この定義はただ座標幾何学が図形の幾何学と変わりがないことを示すための余興だと思ってください。

　では図形の幾何学は不要かというとそうではなく大きなメリットがあります。理想化された形状でわかるように、シンプルな形状は主に視覚体験にもとづいており直感的でもあります。ですから図形の関係は方程式よりも図形そのもので考えた方がわかりやすいのです。たとえば図形の回転は幾何学では容易に作図できますが、座標幾何学では三角関数を用いた複雑な理論となります。ただし座標幾何学は位置精度を高めることができるため、土木や機械設計などで大いに活用されています。

ノゾミ　学校で幾何学を学ぶ意味はあるのですか。

教授　はい、図形の幾何学的な性質を学び、幾何学の証明問題を考えることで、図形の関係の直感的・経験的理解や物事を考える方法が習得できるでしょう。

　ところで先ほど、$i^2 = -1$となる虚数iを数の仲間に加えると、どのような2次方程式$ax^2 + bx + c = 0$も必ず二つの解をもつという話をしました。

　次に虚数とさらに四元数の話をしましょう。ちょっと毛色の変わった理論ですが、私たちの時空間認識の骨子を形成している理論とも考え得るので、参考として話します。

　興味のない人は眠っていて結構です。無限大の話が始まるときにたたき起こしますから（笑）。

虚数、複素数の幾何学的性質

教授　虚数は現実に結びつかない数と考えられがちですが、次のことから虚数は座標幾何学の直交する座標軸を構成すると考えられます。

　1にiを何回も掛けて見ましょう。

　$1 \times i = i$、$i \times i = -1$、$-1 \times i = -i$、$-i \times i = 1$

　4回の乗算で元の1へ戻り、あとはその繰り返しとなります。

　そこで次のような座標軸を考えてみましょう。

教授はそういってホワイトボードに次の図を書きました。

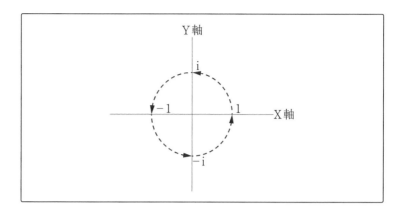

　水平な実数軸X、それに直角に交わる虚数軸Yをもつ座標系を考えて
みます。すると先ほどのiを掛けるとは原点の周りを90°左へ回転する操
作であることがわかるでしょう。

　この座標では点の位置はx＋iyで表すことができます。これにiを掛け
るとix－y、つまり－y＋ixとなってこれも原点の周りを90°左へ回転す
る操作を表しています。

　教授はホワイトボードに次のように書き加えました。

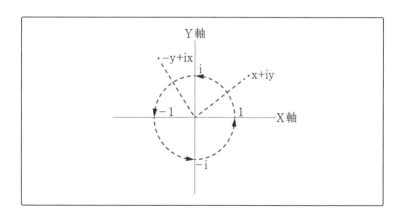

　x＋iyのように実数と虚数から成る数を「複素数」といい、このよう

な平面を「複素平面」といいます。通常のＸＹ座標上では図形の移動は
ｘとｙと別々に計算する必要がありますが、複素平面を用いると２次元図
形の位置の移動の計算が複素数一つの演算でできます。図形の回転も複
素数の積として求めることができます。

　このようなことから虚数は数というよりも演算の欠落部を埋めるため
に数に新たな性質を付加する因子と考えるべきでしょう。ですから「虚
数」とは不適切な名称ですね。「直角回転子」といって「∟」と表すべき
ですね。この考え方を真似れば負の符号は「反転子」で「↻」で表すと
良いですね。

ナオキ　なるほど、虚数には面白い性質があるのですね。でも幾何学を
わざわざ複素平面で考えることもないですよね。

教授　そうですね。私が複素平面を説明した理由は二つあります。

　その一つは数学の帝王とも称されるガウスが19世紀始めに発見した美
しい理論です。

　－１も２乗すると１となるため１の平方根と考えることができますが、
－１はこの複素平面では１から円周を２等分した正反対の位置にありま
す。ガウスはこの関係を、３乗、４乗、……と広げて、１のｎ乗根は半
径１の円周をｎ等分した位置にｎ個あることを証明したのです。この美
しい理論によって複素平面は一躍注目されるようになりました。

　もう一つの理由は、この世界の時空間の構造である時間と３次元空間
が虚数を拡張した四元数という理論によって数学的に説明可能なことで
す。虚数はその入り口となる理論だったのです。これをかいつまんで説
明しましょう。

四元数と数学的時空間

教授　ガウスの複素平面の理論に触発されたハミルトンは、実数軸に直
交する虚数軸を３本とすると複素平面上の複素数の演算のようにつじつ
まの合った演算が成立することを発見し、これを「四元数」と名づけま
した。

　四元数は複素数と同様に《原数学》の中に含まれていた数の「原理的
な性質」の発見と考えることができます。その後、複素数、四元数以外

の次元数では理論のつじつまが合わないことも確認されました（八元数
という理論もありますが、その基礎には四元数があります）。

　四元数の理論を知らなくても、私たちは時間軸と３次元空間を理論的
に考えることができますが、それは時間軸とみなした実数に四元数の構
造の裏づけがあるためだと考えることができるでしょう。

　四元数の実数軸を時間軸、３本の虚数軸を空間軸とみなすと、現実に
認識できる時空間と一致した数学的時空間を構成することができます。
虚数軸を空間軸とみなすことには抵抗があるかもしれませんが、時間軸
を実数で表した場合、空間軸は時間軸とは独立的であるため時間軸に直
交していると考えられます。そして実数軸に直交する軸を数学的な演算
の関係で表そうとすると虚数軸とならざるを得ないのです。そして直交
する軸は３本可能なのです。

　以下は四元数の演算の説明ですので、時間軸、空間軸ではなく実数軸、
虚数軸と呼ぶことにします。

　さて、四元数の３本の虚数軸（実数軸に直角の長さ１の線分）をi、j、
kとすると、次の関係があります。

　　　$i^2 = j^2 = k^2 = ijk = -1$

　$i^2 = -1$という関係がi軸と実数軸の直交関係となることを先に説明し
ましたが、j、kについても同様の関係があるため、j軸、k軸も実数軸と
直交していることになります。

　i、j、kを虚数と考えて計算すると、上の関係からさらに次の関係式が
導けます。

　　　$ij = k$、$jk = i$、$ki = j$

　一例を示すと、$ijk = -1$の両辺にkを掛けると$ijk^2 = -1 \times k$となり、$k^2 = -1$
ですから、$-ij = -k$となり、最初の式、$ij = k$、が得られます。

　同様にしてこれらの関係から次の関係式が導けます。

　　　$ji = -ij = -k$、$kj = -jk = -i$、$ik = -ki = -j$

つまり乗算の順序を反転すると符号が反転するのです。

　また、二つの虚数成分を乗じると第３の虚数成分になることから、そ
れぞれの虚数軸も直交していると考えることができます。四元数の４本
の軸はすべて他の３本の軸に直交しているのです。

ですから、実数軸を時間軸、3本の虚数軸を3次元空間軸とみなすと、私たちが経験的に得た時空間の構造である時間軸と3次元空間軸から成る数学的時空間に一致するのです。

　そういって教授はホワイトボードに次のような絵を描きました。

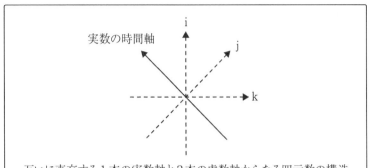

互いに直交する1本の実数軸と3本の虚数軸からなる四元数の構造

教授　この図のi軸とk軸はホワイトボード上にあるのですがj軸はi軸とk軸に直交しており、さらに時間軸はi軸、j軸、k軸に直交しています。

　この空間内の位置Pは、実数軸の長さをt、虚数軸i、j、kのそれぞれの長さをx、y、zとすると、

　　$P = t + ix + jy + kz$

と表すことができます。

　四元数で表された点や図形の平行移動は、移動量を表す四元数を加算すればできます。回転は回転を表す四元数を掛ければできます。実際の計算は複雑となるため省略します。

　そして四元数の構造は、私たちのもつ時空間の構造と一致しているため、時空間内の点や立体の動きを一つの演算で表すことができるのです。

　このことから、次のような見方が可能でしょう。

　私たちは時間を切り離すと、つまり時間を止めたとき、この世界の空間は3次元だと認識できます。さらに私たちは物の位置や動きをつじつまが合っていないとはみていません。つまり無意識的ではあってもつじつまが合っているとみています。ですから、**四元数は私たちのもつ時空**

間およびその中の物の動きのイメージを裏づける数学理論だと考えることができるでしょう。四元数の乗算ではその順序を反転すると符号が反転して、これは通常の数の四則演算とは異なりますが、現実の物の回転の動きに一致するものです。

ナオキ 難しいですが私たちの時空間認識に関わる重要な理論なのですね。でもこのような理論は初めて聞きます。なぜでしょうか。

教授 ハミルトンが四元数を発見してしばらくの期間は、時空間概念を表す画期的な理論と賞賛されて、専門の学会ができて盛んに応用研究がなされたということです。

しかしながら四元数はその原理上、4次元の座標空間しか表現できず、この点で不自由さがあります。当時発展途上にあった物理学にはもっと多次元を表せる数学理論が求められたのです。そしてこれに対応できる「ベクトル解析」という理論が考案されて、やがて四元数は忘れ去られたのです。

でも四元数は今日ではコンピューターグラフィックス・CGで使用され始め、再び脚光を浴びるようになりました。四元数は時空間の中の点や立体の動きを表す演算が一くくりの数の間の演算で可能であるという点でシンプルであり、コンピューター向きだからです。

理論は実用性や面白さで選ばれるのは人の世の常ですね。四元数はあまりにも人のもつ常識に一致しているため、共有性は十分にあっても面白味がないので人気がなくなったのでしょうね。でも**四元数は時間と3次元空間を数学的に統合する重要な理論**だと思います。

ではまた数の性質にもどって、《原数学》の最後の仕上げとなる大切な理論を考えてみましょう。

●無限大の数で数学をより完全にする

教授 「ゼノンの難問」といわれ古代ギリシャ以来知られてきた無限に関する問題を説明しましょう。

俊足のアキレスが逃走者を追った。追い始めたとき逃走者は地点1にいたとする。アキレスが地点1に到達したとき、逃走者はその先の地点2に到達している。アキレスが地点2に到達したとき、逃走者はその先の地点3に到達している。この理論は限りなくつづくためアキレスは追いつけない、というものです。

この問題によると、無限につづく等比級数が構成できて、アキレスが追いつく位置はその総和となります。このような値は「極限値」といわれており、数学的に求めることができます。さらに君たちも習った《原数学》によると、二人の位置と時間の関係はそれぞれ1次方程式で表せて、アキレスが追いつく位置は連立1次方程式の解として容易に求められます。

ですからこの問題は今では難問ではないはずです。ところがこの問題が未だに無限についての難問としてよく引用されているのです。

では次に、1／3＝0.33333…となる計算を考えてみましょう。

この計算はどこまでも可能です。しかし現実の世界ではどのような高性能コンピューターであっても計算時間と記憶容量という物理的制約があるためこの計算は完遂できません。

でもこの考え方は計算の可能性を現実的な条件で制限したものです。

考えてみてください。四則演算によると経験から直接には得られない0や負の数が得られるのです。つまり数学理論の入り口となる1、2、3、・・・という自然数は体験的に習得したのですが、0や負の数を数の仲間に加えることで数の概念全体はすでに現実に囚われずに純粋な理論の世界を構成していることがわかります。つまり、純粋な数学理論は時間・空間の制約を受けていないのです。

こう考えると1／3＝0.33333…となる演算は時間・空間の制約がないため「無限大長」となり、0.33333…の値は正確に1／3であると考えることができます。同様に考えるとアキレスも逃走者に追いつきます。

つまり**演算には時間がかからないと考えることによって、**演算が無限循環したときに生じる理論のほ̇こ̇ろ̇び̇が閉じられて、理論を実態に合わせることができるのです。

　微分積分を習った人はおわかりのように、微分積分の値は無限数列の極限値として得られます。ですからこの考え方によると、いままでほ̇こ̇ろ̇び̇があった微分積分の理論も閉じられて正確に極限値が得られるのです。

　数列の項の数は自然数によって、1、2、3、・・・、と数えられますから、無限大長の数列の項数も自然数の値も同じく無限大となり得ます。

　この無限大の値を単に「無限大」といい記号「∞」で表すことにして、さらにその性質を考察してゆきましょう。

　無限数列が逐次的に限りなく接近していく先の値は「極限値」といわれていますが、**極限値を持つ無限数列は、極限値となって理論が閉じられるのです。**

ノゾミ　なるほど。数学は純粋な理論の世界だと考えると、そのような考え方が成り立ちますね。面白いですね。

ナオキ　極限値をもたない無限数列もありますね。

教授　はい、1、−1、1、−1、1、−1、・・・、あるいは、1、−2、3、−4、・・・、のような無限数列は一定の極限値をもたずに「発散」します。発散する無限数列はいくらでも自由に考え出すことができるのですが、以下の考察の対象外とします。以下の考察は数学理論によく現れる小数列や微分積分値を構成する無限数列を対象としたものです。

　断っておきますが《現代の数学》では∞は極限値とも無限大ともいわれていません。∞は「どこまでも大きくなる有限値」の意味で用いられています。この点を混同しないようにしてください。

無限大の定義、無限大の性質、極限値との関係

教授　無限大を有限値を用いて定義するならば、「**無限大・∞とはどのように大きな値nをとってもそれよりも大きい値**」となります。

　このような値は《現代の数学》では、「どこまでも大きくなる有限値」のままなのですが、有限値と無限大では大いに異なります。このことを

説明しましょう。

　無限大・∞の定義によるとすぐに次のことがわかるでしょう。

１）自然数列１、２、３、・・・、の極限値は無限大となりますが、自然数列の値は数列の長さと同じになるので、「**無限大＝無限数列の長さ**」と定義することもできます。これを「無限大長」ということにします。

２）負の自然数列（整数列）－１、－２、－３、・・・、などの極限値として「負の無限大・－∞」が考えられます。

３）偶数の数列、２、４、６、・・・、や平方数の数列、1^2、2^2、3^2、・・・、さらにn^nの数列、1^1、2^2、3^3、・・・、などの極限値はすべて同じ∞です。

　なぜならば、無限大より大きい無限大を仮定したとしても、それらすべては無限大の定義である「どのような大きな値ｎよりも大きな値」に当てはまって区別できないからです。正と負の２つの無限大のみが定義できます。

ノゾミ　無限大ってユニークな性質の数なのですね。

教授　有限値のような一定値ではないのですが、有限値とは演算可能なつじつまの合った数値概念となります。このことも後で説明しましょう。

　さて、この無限大にもとづくと逐次的にどのような小さな正の値 ε よりも小さくなってゆく無限数列の極限値は０となります。ではナオキ君、無限分数列１／１、１／２、１／３、・・・、を例にしてこれを証明してください。ヒントは背理法です。

ナオキ　はい。この無限分数列の分母は自然数列です。ですからこの自然数列の極限値が正のある値だと仮定すると、その値は１／ｎと表せるはずです。ｎは自然数です。するとｎは有限値で自然数列の極限値∞ではありませんので仮定は誤っています。

教授　よくできました。

　幅広い無限数列の極限値について知られている理論を紹介しましょう。

　ある値Ａに逐次的に近づく無限数列a_1、a_2、a_3、・・・が、Ａに収束する条件は次のように表せます。

　どのように小さい正の数 ε に対しても、$|a_n - A| < ε$、となるa_nが求められるならば、無限数列a_1、a_2、a_3、・・・、の値はＡに収束する。Ａを極限値という。

これは19世紀の初めにコーシーが提唱した理論をやや簡略にしたものです。この条件は「コーシー条件」、この条件を満たす数列は「コーシー列」と呼ばれています。

　無限小数も、小数を下1桁までの小数、下2桁までの小数、……、と細分化すると、それらの項から成る無限数列の極限値と考えることができます。小数列は0から9の数から成るため、1桁ごとに極限値に近づく比率は異なりますが、桁数が増えるごとに順次極限値に近づくことには変わりがないため、小数列は極限値へ収束します。ただし小数列は「コーシー列」とはいわず「基本列」といわれています。

　これによって、1／3を表す小数列0.3333…や、$\sqrt{2}$を表す小数列1.41421356…は無限大長となり、1／3と$\sqrt{2}$の値はそれぞれの小数列の極限値として表せると考えることができます。

ノゾミ　難しいですね。

教授　理解できない時は、ノートをとって後で何回も読み返してください。理路に沿った正しい理論は目と口と頭で何回も反芻しているうちに段々とわかってくるはずです。

ノゾミ　はい。

教授　次に無限大によると分数も小数も極限値により連続的にどのような値も取り得ることを説明しましょう。

分数、小数は同じく連続的な値をとることができる

教授　先に1未満の数値を表す分数からより便利な小数が誕生した歴史を話しました。このことからわかるように、**分数と小数は数の表現法の違いだけであり本質的に変わりません**。たとえば、小数3.141は分数では3141／1000と表すことができます。

　計算によって生じる無限小数列においても同様です。たとえば、無理数$\sqrt{2}$の計算からは無限小数列1.4、1.41、1.414、・・・が得られますが、これは、14／10^1、141／10^2、1414／10^3、・・・と無限分数列で表すことができます。

　小数列は桁数が増えるにつれて順次ある値に限りなく近づいてゆき、無限大を認めると無限大長で極限値$\sqrt{2}$となります。小数に対応した無限

分数列も同様に無限大長で$\sqrt{2}$となるでしょう。

ナオキ　有限長の小数列は分数列で表せることはわかります。でも無限大長となると無限大番目の分数は分母、分子も無限大となって計算できませんね。

教授　小数列の場合でも無限大番目の桁の値は計算できませんね。**小数列も分数列も無限大番目の値は定まらないのです。**でもどちらも極限値として値が定まると考え得るのです。

ナオキ　有限の長さで値が定まる$1／4$や0.25は無限数列と関係ないですね。

教授　関係ないと考えることもできますが、$1／4$は$10／40$、$100／400$、$1000／4000$、・・・、とつづく無限数列の極限値、0.25は0.25、0.250、0.2500、・・・、とつづく無限数列の極限値と考えることもできます。

ナオキ　なるほど。分数と小数は単なる表記法の違いであり、有理数も無理数も無限小数列、無限分数列の極限値で表わせるのですね。だから、$1／3$を小数で表した無限数列、0.3、0.33、0.333、・・・、の極限値も$1／3$となるのですね。

教授　その通りです。無理数の小数列の長さは無限大となりますが、有理数$1／3$の小数列の長さだって無限大となりますから。その点で両者は同じです。

実数は無理数、有理数に関係なく連続的な値をとる

教授　では次に、実数の連続性について説明しましょう。

　直線はその上に１という長さを適当に定めると、どのような長さ、位置もその比となる数値で表すことができます。これは「数直線」といわれています。このことから数が連続的にスキマなく直線を覆っていると考えることができるため、直線は「連続体」ともいわれています。

　でも一つの数値は広がりのない「点」を表すため、常識的に考えるといくら数値を集めてもスキマを埋め尽くすことはできません。この「実数の連続性についての難問」は古くから議論されてきました。

ナオキ　「連続体は連続的な有理数と稠密に存在する無理数で覆われている」という理論を聞いたことがありますが。

教授　それは集合論をベースとした《現代の数学》の理論です。そのことについては後で説明しましょう。

　「無限大を含めた《原数学》」では、数直線の連続的な性質はシンプルに説明することができます。

　隣り合う二つの実数の差とは、n桁の10進数小数の場合は1×10^{-n}です。この数値差はnが増加すると順次どこまでも0に近づく、つまりどのように小さな値εよりも近づく無限数列を構成することができるので、この無限数列は無限大長で極限値の0となります。このことから、無限長の小数列により直線はスキマなく覆うことができてどのような値の数も表せると考えることができます。

　さらに小数列を分数列で表すこともできるので、無限長の分数列も同様に考えることができます。

　もちろんこれは理論上の話であって実際に隙間なく覆うためには無限大個の無限数列が必要となるため不可能です。

　なお無理数の仲間として円周率πなどの特定の無限数列でしか表せない「超越数」といわれている数も知られているのですが、超越数を表す無限数列はコーシー列であることが知られており極限値をもちますから、超越数の値もこの連続的な数直線上に存在すると考え得るでしょう。

　以上が「無限大を含めた《原数学》」による数直線の連続性の理論です。

ナオキ　なるほど。連続性、稠密性も無限大によってシンプルに説明できるのですね。

教授　その通りです。

　では参考のために集合論をベースとした《現代の数学》による数直線の連続性の理論を紹介しましょう。

　無限小数列が無限長とはならない《現代の数学》では、さきほどのn桁の10進数小数の隣り合う二つの実数とは桁数が有限の有理数であるため、そのスキマ1×10^{-n}はどこまでも0にはならない。スキマを稠密に無限に存在する無理数が覆っているから実数は連続的であると考えられています。この考え方は連続性の問題を解決するために、カントールの集合論と同時期にデーデキントが発表したものです。

この理論のおかしさについてはさらに集合論のところで考えてみましょう。

無限大を用いた四則演算

教授 せっかくの無限大であっても、四則演算ができなければ数の仲間外れになります。そこで無限大に関する演算を考えてみましょう。

ここで問題になることは、無限大は数値であることには違いないのですが、有限値のように一定の値ではないことです。このため無限大どうし、無限大と有限値の直接的な四則演算はできません。そこで、四則演算に代わるものとして、無限数列どうしの演算で無限値の演算を定義してみましょう。

無限数列どうしの演算法はさまざまに考え得るのですが、ここでは数学理論によく出てくる小数列や微分積分法をカバーする目的で、二つの無限数列a_1、a_2、a_3、・・・、およびb_1、b_2、b_3、・・・、の各項ごとの演算で求められる新たな無限数列、$a_1 \blacksquare b_1$、$a_2 \blacksquare b_2$、$a_3 \blacksquare b_3$、・・・（$\blacksquare$は、＋、－、×、／のいずれかの演算子）を構成して、その極限値を演算の解とする演算法を採用することにします。これは二つの無限数列どうしの最もシンプルな演算法でもあるでしょう。なお、有限値もこの形の演算に対応させるために、有限値aは無限数列a、a、a、・・・と考えます。

以上の無限数列を用いた四則演算は《原数学》の理論のみで構成された《原数学》の中の理論となります。

では具体的に説明しましょう。

教授はホワイトボードに次のように書きました。

目的：無限大・∞と有限値の混ざった演算法則を求める

用いる定理類

1．無限大長となる無限数列。

2．無限数列が無限大となる条件。

3．無限数列がある有限値（極限値）に収束する条件
　　コーシー条件、コーシー列

教授 これはここからの証明に用いる理論ですでに説明したものです。

　では、a／0＝∞を証明してみましょう。

　a／0の演算の形が得られる二つの無限数列の例は、a、a、a、・・・と1、0.1、0.01、0.001、・・・です。そこで、a／1、a／0.1、a／0.01、a／0.001・・・、となる無限数列を考えてみます。

　分子はどこまでも一定のaですが分母は項を追うごとに1／10となってゆきます。このため数列の分母の値は順次どのような有限値εより小さくなり、それにつれて数列の値は順次どのような有限値nよりも大きくなってゆきます。したがってこの数列は無限大長において分母は極限値0に到達し、数列の値は極限値∞に到達します。このため、a／0＝∞と表すことができます。

　∞＋aの演算の形となる無限数列の例は、1＋a、2＋a、3＋a、・・・です。

　∞×∞＝∞の演算の形となる無限数列の例は、1×1、2×2、3×3、・・・です。

　このような考え方で、正の数aと∞との演算、∞どうしの演算を検討すると次のような演算法則が得られます。

　∞＋a＝∞、a＋∞＝∞、a－∞＝－∞、∞－a＝∞、∞×a＝∞、a／∞＝0、－a×∞＝－∞、a／0＝∞、∞／a＝∞、∞＋∞＝∞、∞×∞＝∞、∞∞＝∞

　参考のためにいうと、これらの演算法則は無限数列によらなくても、無限大の定義から直接証明することができます。例として、∞＋a＝∞の証明を示しましょう。

　∞＋a＝b、bは有限値と仮定する。するとこの式から∞＝b－aとなる。b－aは有限値であるため、無限大の定義に反する。ゆえに∞＋a＝∞は正しい。

ナオキ ではなぜ無限数列で無限値の演算を理論づけたのですか。

教授 ここからが大切なところです。得られた演算法則には、0／0、∞－∞、∞／∞、0×∞などの解は含まれていません。この理由は解が演算に用いる無限数列によって異なってくるからです。これを現在は「不定値」といわれている0／0の例で説明しましょう。

　0に収束する無限数列の例として分母、分子に同じ無限数列、例えば

1、0.1、0.01、・・・を用いれば無限数列どうしの演算は、1／1、0.1／0.1、0.01／0.01、・・・、つまり1、1、1、・・・、となる無限数列となるため、その極限値は1であり、0／0＝1となります。

次に分子となる無限数列のみを、各項の値を2倍したものに置き換えれば、この演算は2／1、0.2／0.1、0.02／0.01、0.002／0.001、・・・、つまり2、2、2、・・・となる無限数列となるため、その極限値は2であり、0／0＝2となります。つまり0／0の値はこの形だけでは定まらず、用いる無限数列によって定まるのです。

ではナオキ君、∞－∞＝∞となる例を説明してください。

ナオキ　はい。極限値が∞となる無限数列に2、4、6、・・・と、1、2、3、・・・を用います。すると二つの無限数列の減算は2－1、4－2、6－3・・・となり、これは1、2、3、・・・となりますからその極限値は∞となります。

教授　正解です。

以上によって、《現代の数学》では「不定値」とか「（計算）不能」といわれている値も、演算に用いる無限数列を定めるとその解は確定することがわかったでしょう。

ナオキ　なるほど、そういうことですか。無限大により有限値に限られていた四則演算がさらに完全になることはわかりました。でもこのような無限数列の演算は役立つのですか。

教授　大いに役立ちます。微分積分学を思い出してください。無限数列を用いた微分値の定義dx／dyを知っている人は、この数列がここで説明した0／0となる演算であり、その解がある有限値で確定することが理解できるでしょう。

さらに不定値といわれてきた、0×∞の形は、無限に細分した値を細分した個数で積算する積分値の定義と一致する重要な形です。無限大長さの無限数列を認めることで微分積分演算によって得られる値は近似値ではなく正確に極限値となるのです。

《現代の数学》からはじかれた無限大

ナオキ　いろいろと説明を聞くうちに、無限大は数学を純理論と考える

と当然思い当たる概念にみえてきました。また説明していただいた無限大の演算はすでに数学理論として流布しているように思えます。これには何か隠された事情があるのでしょうか。

教授 先に説明した∞の演算が流布している点についていえば、このような演算は∞を「無限数列の極限値」と考えなくても《現代の数学》の「どこまでも大きくなる有限値」と考えても大まかに成立するからでしょう。

たとえば「どこまでも大きくなる有限値∞」に、ある有限値aを加えても「どこまでも大きくなる有限値∞」であることに変わりはないため、∞＋a＝∞は成立します。

ところが除算a／0の値が∞となることは、無限数列を用いなければうまく説明できません。仮に無限数列を用いたとしても、《現代の数学》ではその結果得られた∞は「どこまでも大きくなる有限値」にすぎず、数学の対象としては扱いにくいため、0で割ることは「不能」とされてしまったのでしょう。

ナオキ では《現代の数学》では無限数列とその極限値はつながらないのですね。

教授 つながりません。そもそも無限大は集合論とは両立しません。

ナオキ と、いいますと？

教授 集合論での一つの集合内のメンバーは一律的に定義されたものです。これによって集合論が成り立っています。ですから集合論では自然数全体から成る「可算無限集合」に含まれる自然数はすべて有限値の自然数です。このような理論にとって無限大の自然数があるとすればその取扱いに困ってしまいます。

このような事情によって、20世紀に集合論が普及して以降、無限大は無視されるようになったのかもしれませんね。

以上は私の推測です。

《原数学》のまとめ

教授 では今までに説明した《原数学》の成り立ちを復習しましょう。

そういいながら教授はホワイトボードに次のように書きました。

物事を1, 2, 3, …と数えることに始まる数の概念。

シンプルな図形と空間のイメージに始まる幾何学。

数の概念と不可分的である四則演算。

四則演算から生まれた分数、実数。

四則演算から生まれた0と負の数。

以上の数の性質を多面的に理論化した《原数学》。

虚数、四元数、座標幾何学による数学と幾何学の合体、無限大、等々。

　ここまでの数学理論については、すべての理論が最初の数の概念ならびに理想的図形から発生して他の概念は入っていない、すべての理論のつじつまが合っている、という性質があります。またここまでに説明した数学理論の拡張はそれまでの理論の中から発見され証明され定義された数の関係であって、元の理論をさらに完全にするという形となっています。

　このような成り立ちにより世界中の人々が納得して共有してきたものであるため、《原数学》ということにしたのです。

　《原数学》の正しさとそれに伴う共有性を維持しようとすれば、新たな数学理論を思いついたとしても、それが《原数学》の理論のみを用いて定義や証明が可能かどうかを確認する必要があります。もしそうでなければそれは《原数学》からは得られない理論であって、誰もが納得して共有できない可能性が生じます。

　ですから《原数学》を「数概念や理想図形だけを出発点とした理論」であって、「《原数学》の理論の中から視座のみを変えて発見的に得られた定義と定理」という「理論域」で囲って、その中では得られない公理のような概念が加わった理論を《原数学》と区別することは大変重要です。

ナオキ　《原数学》ではない数学理論とは何でしょうか。

教授　それは大切なところですが、話が長くなるのでその前に数学につ

いての疑問を受けたいのですが。

AIは数学定理を発見できるか

ナオキ　数学理論は数学理論のみにもとづき発見的に証明、定義された理論であるということがわかりました。一方、AIの動作の根本原理は数値による判断ですね。するとAIは創造力や想像力はないとしても、数学理論をどんどん自己学習できるため、その理論の中から人をはるかに越えた速度で次々と定理を自発的に発見して証明してゆくことができるのではないのでしょうか。

教授　はい、AIは数学理論を無尽蔵に自己学習できるため、そこから無尽蔵にさまざまな数の関係が得られるはずです。でもそのままでは「理論」とか「定理」とはいえないのです。

　どのような自然数もn倍した数はnで割り切れます。ナオキ君、なぜこれは定理とはいわれていないのでしょうか。

ノゾミ　ウーン、全く明らかですがねえ。

教授　そうです。自明とみられる理論は特に定理とはいわれていません。また逆に $(a+b)^2 + c = a^2 + 2ab + b^2 + c$ のようなやや複雑な代数式は証明の対象にはなりますが、その式に何らかの特徴や利用価値が見出せないかぎり定理といわれることはないでしょう。つまり**定義や定理とは無尽蔵にある数学理論の中でも、特にその法則としての利用価値が認められた法則、理論です**。これは無尽蔵ともいえる多くの経験則の中でも科学に役立つと認められたものだけが「科学法則」と認められる仕組みとよく似ています。

ナオキ　するとAIで新しい定理を発見するのは難しそうですね。

教授　AIは無尽蔵にある数の関係、理論をとりとめもなく次々とリストアップすることはできます。しかしその中から人の興味を引くものを選び出す必要があります。この方法も人間と対話することである程度自己学習できると考えられますが、かなりハードルが高いでしょう。

　でも証明したい仮説を与えそれに対する証明の可能性のある方法を教え込むとAIは力を発揮します。図形的な理論となりますが、平面または地球のような球面上にある国の色分けには4色必要だが5色は必要ない

ということは経験的に知られていました。これは「**四色問題**」といわれていてその証明は長年の懸案だったのですが、多岐にわたる色の形の組み合わせをコンピューターの助けを借りて整理し証明されたことで有名です。この成果はすばらしいのですが、コンピューターでしか解決できない問題を解決したからといってそれが「数学の証明」といえるのかという疑問が生じたということです。

ナオキ　素数の計算についてもコンピューターは人をはるかに越えていますね。

教授　はい、では話のついでに素数について説明しましょう。

素数の問題

　2、3、5、7、11、・・・のように自然数であって、その数より小さいどのような数でも割り切れない数を「素数」といいます。素数も無限にあります。ナオキ君、その証明を知っていますか。

ナオキ　はい。証明できます。

　2、3、5、7、・・・とつづく素数に最大値があると仮定してその数をYとします。次にYまでのすべての素数の積2×3×5×7×・・・×Yを定義してこれをZとします。ZはYまでのすべての素数で割り切ることができることは定義から明らかです。ところがZ＋1という数はYまでのどのような素数で割っても1が余ります。つまりZ＋1はYよりも大きい新たな素数です。これは素数の最大値はYであるという最初の仮定に反します。したがって素数には最大値はありません。

教授　よくできました。

　素数の定義はシンプルでいくらでも大きいものがあるのですが、素数であることを確認しようとすると、その数を素数2、3、5、7、・・・で逐次的に割ってみて割り切れないことを確認してゆく方法が最もシンプルで実際的な方法です。だから1,234,567,890,123のような大きな数が素数か否かを確認しようとすれば膨大な計算を必要とします。

　素数とは自然数から「約数」という最も基本的で規則的な数の性質を取り除いた数で、いわばアウトローとなる不規則な関係にある数ですからこのような理論的複雑さが伴うのでしょう。

この複雑な性質を逆手にとって素数は暗号や仮想通貨の仕組みにも用いられています。余談になりますが、最近話題となっている量子コンピューターといわれる超高速コンピューターによると大きなある数が素数か否かの判定が格段に速くできるため、暗号キーを素数に頼ることの安全性が脅かされる可能性が指摘されています。

　素数の分布密度にも関心が集まっています。数値が大きくなるにつれてその約数が増えるため、素数の間隔が開いてゆくことは明らかですが、細かく見ると素数の分布密度にはムラがあります。有名な「リーマン予想」は素数の分布密度を予想したもので、新たな証明法をめぐって熱い論争があります。

　素数のような自然数どうしの法則を求める理論を「数論」というのですが、除算の結果は自然数とは限らないため自然数どうしの関係を実数の方程式のように求めることは困難です。

　「4以上の自然数は二つの素数の和で表せる」という「ゴールドバッハ予想」、三つの自然数の関係についての「abc予想」などを証明しようとして生涯を棒に振った有能な数学者もたくさんいるということです。《現代の数学》で新たな証明法が模索されている背景にはそのような人間的事情もあるのかもしれません。

ナオキ　新たな方法とは何でしょうか。

教授　その説明の前に《原数学》の理論の範囲を明確にしておきましょう。

《原数学》の理論の範囲、応用数学の扱い

教授　《原数学》の理論の範囲は先にまとめた通りです。それを思い出しながら個別的にその理論が《原数学》の中の理論であるか外の理論となるかを区別してゆきましょう。

　1）《原数学》の理論によって新たに証明された理論は《原数学》の理論です。そうではない理論は《原数学》の外の理論です。

　2）数学理論にはその理論に対する説明、解釈、考察がつきもので、その内容は《原数学》とは限らないため、これは「理論についてのコメント」として《原数学》とは区別した方がよいでしょう。

3）同じ数値や理論であってもその表現法は一通りとは限りません。2進数と10進数、三角形とtriangleのように表現法が異なったとしても、それぞれに《原数学》での整合的な理論であることが説明できるならば、それらはすべて《原数学》の理論です。

　4）一般的な文字、記号、言葉は《原数学》の理論ではないのですが、《原数学》の理論によって数学理論に特化した意味を定義すれば「数学用語」として《原数学》の理論に含まれます。

　5）微積分学、確率論

　《原数学》によると微積分、確率の理論を組み立てることができます。しかしながら《原数学》には微積分概念、確率概念は含まれていません。ですからこれらの理論は理論構成の手段を《原数学》から借用した《原数学》の外の理論となるでしょう。このような形の理論は数学を骨組みとした汎用的な科学理論と考えることができ、一般的に「応用数学」といわれています。

　応用数学は応用を目的としているため、それが正しいかどうかは適用された個別の理論的解釈が適切かどうかにかかっており、この判断は科学の領域となるでしょう。適用法を誤ると応用数学や科学の信頼性を落としかねないでしょう。

　6）科学理論類

　科学理論にも《原数学》は用いられています。応用数学に限らず理論に個別的に引用されたわずかの数式や数であっても、それ自体は正しいと考えることができます。その理由は数式や数の背後にはその数式や数をもたらした《原数学》そして《数と演算》の正しさがあるからです。

　7）その他の明確に《原数学》ではない理論？　の例として、「7は幸運を表す数である」があります。「幸運」という概念は、《原数学》からは得られません。この理論の中の「7」は《原数学》から数値をただ「借用」しただけです。

●原数学を超えてしまった現代の数学

教授　さきほど確率概念は《原数学》に含まれていないため、確率論は理論構成の手段を《原数学》から借用した《原数学》の外の理論となると説明しました。これは《原数学》の範囲をわきまえた解釈です。

　仮に確率概念を《原数学》の一部とみなすと、《原数学》の理論の範囲が広がります。

　しかしながら、このようにして《原数学》の範囲を広げた数学を創造してしまうと、**誰もが習得可能で正しいゆえに納得できて共有できるという《原数学》のメリットがなくなりかねません。**

　応用数学は応用を目的としているので問題がないどころか有益なのですが、《原数学》では証明できない理論を加えて《原数学》の理論の範囲を広げた数学が広がると「数学も正しいわけではない」という誤った考え方が広がる恐れもあるでしょう。

　私の知る限りでは、数学の帝王といわれるガウスはこの点に慎重だったようです。その後のオイラー、リーマンになるとあまりこの縛りを気にしなくなったようです。

　ありあまる創造力をもった専門家たちにも《原数学》の縛りに不自由さを感じる人は多くいたはずで、これが《原数学》を超えた理論が多数含まれた《現代の数学》が誕生した無視できない理由でしょう。

　市販の数学事典の大部分はすでにこのような《原数学》には含まれない理論の解説で占められています。その多くは難解です。これが一般の人の数学離れを誘っていなければいいのですが。

ナオキ　で、《原数学》から外れた数学理論にはどのようなものがあるのでしょうか。

教授　私の知る範囲でそれを挙げてみましょう。でもそのような理論は難しく誰もが納得できるわけでもないので、ここからの説明が理解できなくても気にすることはないですよ。

ノゾミ　はい、気にしないで聞いています（笑）。

非ユークリッド幾何学

教授　まず幾何学です。ユークリッド幾何学の公理系は幾何学の一つの解釈にすぎないことはすでに説明しました。ところが公理論にこだわった理論が生れたのです。

　ユークリッド幾何学は歪のない空間で成り立つ幾何学ですが、19世紀にユークリッド幾何学の「平行線を定める公理」のみを変更すると歪のある空間でも他の公理をそのまま用いて幾何学が成立することが発見されました。これを「**非ユークリッド幾何学**」といいます。

　非ユークリッド幾何学には空間の次元数を増やして歪を複雑にした「リーマン幾何学」というものもあります。

　繰り返しますが、デカルトが提唱した座標系は直線の座標軸が直交した《原数学》による座標系です。最初に提唱される理論は誰もが納得して共有できることに主眼をおいているものですから、その理論に「歪」がないのは当然です。「歪」は《原数学》の中にもありません。もちろん《原数学》を用いて明示的に定義した歪については、その定義にもとづいて新たな理論を構成できます。しかしこれは《原数学》の座標系を応用した新たな理論となります。

　ところがヒルベルトたちは「ユークリッド幾何学と同じような公理系で非ユークリッド幾何学が成立するのだから、ユークリッド幾何学だけが特に正しいとはいえない」と主張して、この見方が今も通用しています。これは幾何学と空間概念の成り立ちを忘れて、公理から幾何学を解釈したおかしな話です。

無限小に関する理論

教授　「**無限小解析**」という０の近傍を論じた理論もあります。

　nを有限値に限ると$1/n$はどこまでも小さくなりますが０にはなりません。18世紀ごろから「無限小解析」と称してこのような０近傍の数の性質のさまざまな解釈が論じられ始めて、膨大な文献が残っています。後に出てくる「解析接続」もその流れを汲むものでしょう。

　《原数学》によるとnは無限大になると$1/n$は$1/\infty$、つまり０になり

ます。０の近傍に限って数に特別の性質があるわけではありません。ですから無限小解析、解析接続は《原数学》の外部の理論です。

ナオキ　そのような「**時間の哲学**」もありますね。

教授　はい。時間をどこまで分割しても０にはならないと考えると、動く物はどこまでも静止しません。そのようなことを論じた哲学ですね。でも先ほど説明した「無限大」によると、時間を表す実数値の分割の幅は０となるため、動く物も静止しているとみなせて、動く物と静止する物を隔てる壁はなくなります。

　無限に関する有名な「**ゼノンの難問**」も解決することはすでに説明しました。

虚数の指数

教授　《原数学》とあまり区別なく論じられていて、**《原数学》では証明できない理論**に「**虚数を指数部にもつ数式**」があります。

ナオキ　虚数を指数部にもつ理論といえば、$e^{\pi i} = -1$という「オイラーの定理」がありますね。これは最も美しい数学理論であると数学書に書かれていたように思いますが。

教授　残念ながら虚数を指数部にもつ数式は《原数学》からは導けません。

　虚数は《原数学》において数の性質の欠落部を埋めるための因子として発見的に導入されたもので「直角回転子」であることを説明しました。他方、指数は乗算の回数を表したものです。ですから私には虚数の指数、a^iというイメージが全く湧きません。もちろん数学書のどこにも《原数学》による虚数の指数の定義の正しいことの証明はありません。

　素粒子の性質を表す数式が無限大となることを回避する「くりこみ理論」という理論があるのですが、それを発案した世界的な物理学者の朝永振一郎も私と同様に考えていたということを知って意を強くしました。氏は数学の理論的な限界や、数学で実態を解釈することの限界がわかっていたのでしょうね。

　このような訳で虚数の指数の定義とされている「オイラーの公式・$e^{i\theta} = \cos\theta + i\sin\theta$」については、「これを公式と仮定すると、指数と複素数の

法則を用いて新たな理論系が生み出せる」と解釈すべきで、その理論は《原数学》の外にあるでしょう。

オイラーの公式と《原数学》の理論を組み合わせると「複素関数論」といわれている新たな理論の世界が開けまが、もちろんこれも《原数学》の外の論理が加わった数学でしょう。

ナオキ　でも《原数学》と矛盾しなければ《原数学》の理論と考えもいいのではないでしょうか。

教授　少々難しくなりますが、この辺の説明をもう少ししましょう。

複素数の指数を変数とした「ゼータ関数」といわれている理論があります。

先に説明した素数の密度分布についての「リーマン予想」にもゼータ関数は使われています。物理学である素粒子論でもゼータ関数の利用が考えられています。これらの理論は《原数学》だけではなかなかうまく説明できないからでしょう。

ナオキ　ゼータ関数は《原数学》とは矛盾するのですか。

教授　《原数学》からは虚数の指数は生まれないため虚数を用いたゼータ関数との接点は生じません。だから矛盾は明らかにはならないでしょう。ところが「ゼータ関数の解析接続」によると、$1 + 2 + 3 + \cdots = -1/12$ というおかしな理論が生まれるのです。

ナオキ　ウーン、素人は煙に巻かれるだけですね。

教授　**新たな原理や公式による理論もそれが新たな分野を開拓するものであれば否定すべきではないでしょう。でもそれから《原数学》と矛盾する理論が生じたときは、誰もが納得できる《原数学》を優先しなければ理論の正しさは維持できないでしょう。**

ナオキ　なるほど、そうですね。

ところで最近の数学の教科書では「群、環、体」という理論が重視されていますが、これも《原数学》の理論ではないのですか。

群、環、体

教授　その始まりは《原数学》にあります。4次方程式までの「一般解」といわれている解の公式は知られていたのですが、19世紀の初めにガ

ロアは数をグループ分けした「群」の概念によって5次以上の方程式の一般解が得られないことを証明しました。その理論とその後の集合論が合体して、特定の演算法で数を「群、環、体」というグループに分ける理論ができました。

　四則演算できる数の集合を「体」といい、実数は「体」を作ります。整数は割算によると分数となるので、整数の集合は「環」といわれています。また四元数は乗算の順序によって得られる値が異なるので「不可換の体」といわれています。

ナオキ　ここまではすでに教わった《原数学》による理論ですね。

教授　そうです。ところが《現代の数学》ではさらに実数は可算無限集合となる有理数体と非可算無限集合となる実数に分けられて、これにもとづいて理論を展開するのです。繰り返しますが、そのような集合は《原数学》からは得られません。有限値をいくら集めても有限値であり、無限大の集合を構成しようとすれば無限大の値が必要となるからです。そして無限大を無限大集合とみなしても特別な理論が生まれるわけではありません。

　ではここまでの話をまとめましょう。

　《原数学》は純粋に数の性質にもとづいた理論です。しかし昔からその枠組みを超えて新たな原理を加えた数学理論が考えられてきました。これは誰もがもつ「もっと自由に考えたい」との願望によるものでしょう。そのような理論にはゲームを楽しむように興味深いものや実用性、応用性を備えたものもあり、理論を多彩に豊かにしているといえます。

　でもそのように拡張された数学は経験から得られた《原数学》のように納得できて共有できるとは限りませんし、異論が出てこないとも限りません。それを《原数学》と同一視すると数学理論の無秩序化、正しさの相対化を引き起こしかねないでしょう。

　また、それをさも正しいかのように上から目線で論じられると、せっかく数学の正しさに惹かれ数学を学ぼうとしている若者に数学に対する不信感や挫折感をもたせることになるでしょう。私もその一人でした。

　ですからそのような数学については「集合論数学」「オイラー数学」、そして「〜を公理とした数学」のように命名して、《原数学》を超えた理

論であること、「理論上の応用数学」であることを明らかにしておくこと
が必要でしょう。

ナオキ なるほど、目的が何であっても《原数学》に外部からの概念を
加えると《原数学》を超えた「応用数学」の形となるのですね。

教授 そうです。

ナオキ 大変興味深い話でした。有難うございます。

　でも集合論を創始したカントールは《原数学》において自然数全体と
実数全体の無限集合が異なること証明したと聞いています。この点はど
うお考えなのでしょうか。

教授 ではそのことも含めて後回しとなっていた集合論、公理論の説明
にとりかかりましょう。

●集合論と公理論の迷宮

集合論が生まれた背景

教授 まずは集合論が生まれた歴史的背景について説明しましょう。繰り返しの部分は復習と思って聞いてください。

数は１、２、３、・・・という数の概念と性質さえ習得できれば、四則演算により新たな数が次々と自足的に理論上限りなく得られます。しかも実用的です。だから古くから世界中に普及したのでしょう。

数どうしのシンプルな関係を組み合わせると次々と複雑な定理が得られます。これは感動的で神秘的ともいえる性質でしょう。この性質により数は古くから物のように自立的、実体的に考えられてきたようです。

その例となる逸話があります。古代ギリシャのピタゴラス学派は「万物は数から成る」との教義を掲げました。ところが一門徒による$\sqrt{2}$などの無理数の発見でこの教義に破綻が生じました。無理数は分数では表せないため、物を構成するとはみなせないからです。ピタゴラスはその門徒の口を封じるために、航海中に彼を海に投じて命を奪ったということです。

もう一つの例として０や負の数の発見をめぐるトラブルが知られています。０や負の数は用いると計算上便利です。ところがそれらの数は直接的に物に対応しないという点で不思議な魔術的な数です。このため、０や負数が知られ始めた中世の西洋では、その使用を認めるか否かの争いが生じて異端審問が開かれたということです。

さらに数は実体的でありながらも、理論上演算は限りなく繰り返すことができて、数は限りなく大きくなり、数列は限りなく長くなります。これについて、古代ギリシャのゼノンが今も「ゼノンの難問」といわれている問題を提起したことは先ほど説明しました。

実数の連続性の問題も哲学者を悩ませてきました。18世紀に始まった「無限小解析」もこの問題を究明しようとしたものです。

ナオキ これらすべての問題は無限大の値を《原数学》の理論として認めることで解決しましたね。

教授　そうです。でも歴史は異なる道を歩みました。このような問題に伝統的な哲学や宗教も加わって、神とならんで理論づけが困難であった「無限」を理論づけることと、数学と言葉の論理の合体を目指したのです。

小数は順序づけられない?──集合論のおかしさ

教授　3という数は「3番目の数」と「3個の数の集合」という二つの意味をもちます。「花」という言葉も「一つの花」の他に「さまざまな花の集合」という意味をもちます。つまり数も言葉も集合を定義することができます。

　カントールの着想にもとづき20世紀初めに今日の形となった「集合論」は、数学と言葉の論理を集合概念で合体するという夢をかなえて数学革命をもたらしたとされています。

　しかしながら集合論はここまで説明してきた《原数学》ではありません。この理由の一つはすでに説明したように言葉も言葉の論理も《原数学》には含まれないことです。

　二つ目と三つ目の理由をカントールの理論に沿って説明しましょう。

　自然数は1、2、3、・・・、と数えて順序づけることができます。そこでカントールは自然数はどのように大きい値も有限値だが、「自然数全体」という概念でまとめると「可算無限」になると考えました。これにつづいて彼は、1.234…、3.1412…などの無限につづく小数で表された実数全体は1列に順序付け不可能であることを証明したと主張して、これを「非可算無限」と名づけました。

　ここまでのカントールの理論には二つの問題点が指摘できます。

ナオキ　最初の問題点は、自然数はどこまでも有限値と考えるのならば、その全体の個数も有限値だということですね。

教授　その通りです。1からnまでの自然数の全体はn個です。ですから自然数全体を無限大とするには無限大の値を加える必要があることは明らかです。カントールはゼノンと同じく「有限値の理論、演算は無限につづくため終了しない」と考えて無限大をスルーして「有限値のみであっても有限値の全体は無限である」と考えたのです。

　つまり無限大を無視して無限集合を導入したことが第一の問題点です。

ではもう一つの問題とは何だかわかりますか。

ナオキ　ウーン……。

教授　では説明しましょう。論点を明確にするためにとりあえず無限大の値を棚上げにして説明します。

　問題はカントールが「無限につづく桁をもつ小数全体は順序づけられない」と考えたことです。

　無限小数が予め存在すると考えると順序付ける方法の見当はつきません。でも無限小数も計算によって下一桁目から次々と下の桁が求まるものです。この性質を利用すると無限小数は桁数の短いものから長いものへ、同一桁数の小数においては値の小さいものから大きいものへと並べることで順序づけ可能です。

　カントールは0から1までの小数を対象にして論じているので、ここでもそれに合わせて0から1までの小数を順序づけてみましょう。

　教授はそういいながらホワイトボードの上の方に次のように小数を書き出しました。

0, 0.1, 0.2, 0.3, 0.4, 0.5, 0.6, 0.7, 0.8, 0.9,
0.01, 0.02, 0.03, 0.04, ・・・0.09, 0.10, 0.11, 0.12, ・・・0.98, 0.99,
0.001, 0.002, 0.003, 0.004, ・・・0.010, ・・・0.020, ・・・0.998, 0.999,
・・・

　この順序づけはどこまでもつづけられるのでこれぐらいにしておきます。

　ボードが小さいので桁数が増えるごとに改行しましたが、改行しなければ1列に順序づけられることは明らかでしょう。この方法では、0.1と0.10などの同一の値も重複して順序づけられますが、小数が漏れなく順序づけられることに変わりはありません。気になるならば後者を取り除けばよいのです。

　この方法によると有限桁数の小数であれば0から1までのどのような桁数のどのような値であっても必ず順番が回ってくるでしょう。

ナオキ カントールは「小数点以下無限につづく小数列は1列に順序づけられない」と主張したそうですね。ところがこの順序づけられた小数列の桁数は有限ですね。

教授 この順序付けられた小数の後に0が無限につづいているとみなすと、有限桁数の小数列も小数点以下無限につづく小数列となることは明らかでしょう。

ナオキ なるほど。下1桁の小数も最初からその後に無限に0がつづいていると考えることができますから、後出しジャンケンというわけでもないですね。でも循環小数なども順序付けられるのでしょうか。

教授 できます。では議論を明確にするためにここからは無限大の値も考慮しながら説明しましょう。

この順序づけに時間・空間が必要と考えると順序づけ可能な小数の桁数は有限ですが、時間・空間に制約されない数学理論では無限大長の桁になると考えることができます。すると循環小数や無理数も順序づけられることになります。小数の無限大番目の桁の値は決定できないのですが、無限大番目の桁の値が何であってもその小数の値は変わらないのですから、どのような小数列もそれぞれの極限値に収束して小数全体は順序づけられたと考えることができます。

ナオキ なるほど、極限値をもつ無限小数の性質ですね。

では新たな質問です。非可算無限の実数の存在を前提として考えると、この順序づけは「非可算無限の実数の可算無限の部分だけを順序づけた」と解釈できないでしょうか。

教授 なるほど。非可算無限を前提とするとそのような解釈ができそうです。ではこの点を解明するために、カントールが実数全体は順序づけられないことを証明したとされている有名な「対角線論法」を調べてみましょう。

対角線論法のトリック

教授 対角線論法は「0から1までの実数全体が1列に順序づけられたと仮定すると矛盾が発生するため、実数全体は1列には順序づけられない」という背理法の形をとっています。

さらに具体的にいうと、０から１までの小数全体が１列に順序づけられた小数列を仮定して、そこから次の方法で新たな数を合成してゆきます。

　つまり、１番目の小数とは１桁目が異なり、２番目の小数とは２桁目が異なり、・・・、ｎ番目の小数とはｎ桁目が異なり、・・・、という方法で小数列の小数の対角線の位置の数が異なる一つの小数を合成してゆくのです。

　そしてこのように合成された小数と順序づけられた小数を比較してみると、合成された小数のどのｎ桁目の数もｎ番目に順序づけられた小数のｎ桁目の数とは異なっている、そのため順序づけられたどの小数とも異なっている、ゆえに合成された小数は順序づけから漏れた小数である。これは小数全体が順序づけられたという仮定に反する。したがって０から１までの小数全体は順序づけられない、と主張するものです。

ナオキ　なるほど、理論の筋は通っていますね。

教授　ではこの論法が成立するかどうかを調べるために、先ほどの１列に順序づけられた小数列にこの論法を適用してみましょう。

　カントールの証明に対応させるために先の小数列の先頭から順番に縦に並べて書きます。

　カントールは「無限に多くの桁を有する小数列は１列に順序づけられない」といっていますので、これに対応するようにこの小数の最後の桁以降に000……を加えましょう。すると各小数は無限に多くの桁を有することになります。

　そういって教授はホワイトボードに次の表を書き出しました。

0.10000……
0.20000……
0.30000……
0.40000……
0.50000……
0.60000……
・
・
・

教授　では合成する小数をＡとして、対角線論法の理路にしたがってＡを合成してゆきましょう。

　1番目の小数の1桁目は1ですからＡの1桁目は0としましょう。するとＡ＝0.0となります。2番目の小数の2桁目は0ですからＡの2桁目は1としましょう。するとＡ＝0.01となります。以下同様にして、ｎ番目の小数のｎ桁目の値が0の場合はその値を1として、0以外の場合は0としてＡを作り出してゆきます。するとＡ＝0.011111…となる数が得られます。

　そしてカントールはいいました。「このように出来上がった数Ａの1桁目は1番目の小数の1桁目と異なる。2桁目は2番目の小数の2桁目と異なる。Ａのどのｎ桁目をとってもｎ番目の小数のｎ桁目と異なる。したがってＡは順序づけから漏れた数である。これは小数全体が順序づけられたという仮定に反するため、小数全体は順序づけられない」

　このカントールの理論のおかしさがわかりますか。

ナオキ　Ａは循環小数ですね。

教授　いいところに気づきましたね。得られた無限小数列0.011111…は循環小数列で、これはなんと1／90の割算の解です。このことから何がわかりますか。

ナオキ　対角線論法は特に新しい定理を証明しているのではなく、単にどこまでも続く無限小数があることを証明しているということですか。

教授　その通りです。

　無限大のない《原数学》では、小数Ａを合成する理論はどこまでもつづき完了することがないため、Ａが順序づけられた小数に含まれないことは確認できません。無限大を加えると、Ａの値は極限値の1／90となるのですが、小数の無限大番目の桁の値は確定しないため、やはりＡが順序づけられた小数に含まれていないとはいえません。

　カントールはこれとは違い、「対角線論法による小数Ａを合成する理論、各桁の数値を比較する理論は無限小数の最後の桁まで有効である」と考えて、「Ａは順序付けられた小数列に含まれる小数とは異なる」と判断したのです。これによって対角線論法には《原数学》ではあり得ない考え方が含まれていることが判明しました。

ナオキ　この証明とは関係ないかもしれませんが、循環小数列0.011111
…の最後の桁は1ではないのですか。

教授　無限大番目の桁の値は計算できません。でも無限大番目の桁の値
が何であってもその小数の値は変わらないのですから気にすることはあ
りません。無限大は無限数列を介してのみ定義できるため、このような
あ・い・ま・い・さ・もあるのです。いずれにしても対角線論法から新たな理論は
生まれません。

　カントールは「区間縮小法」といわれている方法でも実数が順序づけ
られないことを証明したとされているのですが、先ほどの1列に順序付
けられた小数にこの証明を適用してみると、対角線論法の場合と同様に
証明を無効とする結果が得られます。

ナオキ　ここにも有限値と無限大との違いが鮮明にでるのですね。

教授　はい、そうです。

　集合論は無限集合の中にある有限値の数を用いた理論ですから、無限
大の値があるとその扱いに困るのです。集合論には「無限集合の中の有
限値の数を選び出せる」という「選択公理」があって、その可否につい
ての議論がいまだにつづいているのですが、それを否定すると無限集合
についての集合論が成立しなくなります。

　対角線論法のトリックがおわかりになったことで興味がそがれたかも
しれませんが、参考のために集合論の骨子を端折って説明しましょう。

集合論の骨子

教授　カントールは自分なりに解釈した対角線論法の結論から次のよう
に推理してゆきました。

1. （2進数を考えると）n個の自然数により2^n個の小数が構成できる。
2. だから自然数全体を含む可算無限をωとすると実数全体を含む非
   可算無限の大きさは2^ωとなる。
3. 対角線論法によりωより2^ωが大きいことが証明された。
4. したがって、少なくともωをω乗するごとにより大きい「超限集
   合列」ω^ω、$(\omega^\omega)^\omega$、・・・が次々に得られる。

というものです。

ナオキ　難しいですね。

教授　《原数学》とその無限大・∞によるとシンプルに2∞も∞∞も∞です。ところがこれが異なることが集合論の骨子を作っているのです。

　超限集合に関しては、自然数より大きくなる「順序数」による集合の定義とか、「連続体仮説」など話題は盛りだくさんにあるのですが、時間もありませんので次に進みましょう。

パラドックスから公理論へ

教授　集合論における集合には、たとえば「赤い花の集合」のように、《原数学》にはない言葉により定義された集合も含まれるとされました。しかし言葉により定義された集合、さらには論理的に定義された集合は時につじつまが合いません。このことは最初の論理学の話の中で「クレタ人の嘘」と「ラッセルのパドックス」として説明しました。

　ラッセルのパラドックスが発見されて集合論を支持する人たちは慌てたのですが、パラドックスが生じない集合を構成するために、集合論の原理を「公理」といわれる前提からのみ構成する「公理論」がヒルベルトにより提唱されました。

　ヒルベルトの提唱した公理の条件とは、

i　理論の原理はそれ以上さかのぼって定義のできない無前提の仮定である「公理」の集まりである公理系により構成される。

ii　公理は「〜は〜である」という命題の形をとる。

iii　さらにその公理系から矛盾が生じないことが公理系の必要条件である。

というものです。

　ヒルベルトはⅰの「無前提の仮定」を具体的には「言葉のもつ意味を必要としない」と考えていたようです。論理関係や数の概念が念頭にあったのでしょう。

　ところが、公理系の矛盾については公理論の発表から間もなくして、「パラドックスとなる論理は数によっても構成できる」という理論がゲーデルによって発表されて、公理系から矛盾が生じないことは証明できないということになりました。この理論は「**不完全性定理**」として有名で、

これが現在の「数学も正しいとは言い切れない」との見方の根拠となっています。

ノゾミ　質問させてください。コンピューターの普及した今日では言葉は数でも表せることは常識だと思います。ですからクレタ人のパラドックスを数で表せたとしても数の理論がおかしいとは誰も考えないでしょう。

教授　その通りです。ゲーデルの証明では最初の日に説明した「ラッセルのパドックス」を言葉ではなく論理記号を用いて組み立ててそれを数値に置き換えたのですが、いずれにせよ《原数学》の理論は数の関係が全てですから、パラドックスも論理のほころびも無縁のものです。

　これも集合論と同様の言葉、論理、数学は一体的だという西洋の伝統的な考え方によるものでしょう。

ナオキ　なるほど、そうでしたか。でもこのようなおかしい判断を目の当たりにすると、数学の正しさを証明したいですね。理論の正しさはそれ自身の正しさによるしかないことは教えていただいたのですが……。

教授　代数的に表した数学理論がどのような数値でも正しく成立することは証明できないわけでもありません。自然数については「１は自然数である」として、次いで「nが自然数ならばn＋１も自然数である」という理論を繰り返すことどこまでも大きい数を定義できます。ナオキ君、なぜだかわかりますか。

ナオキ　なぜならば、最初の理論により１は自然数です。次に後の理論のnに１を入れます。すると１＋１＝２となって２も自然数となります。この後の理論をくりかえすとどこまでも大きい数を求めることができます。

教授　その通りです。数値が大きくなっても数学理論が正しいことはこのような方法で証明可能でしょう。

　演算、数学理論の種類は膨大ですが、工夫すると個々の理論についてこのような方法で数が大きくなっても正しいことを証明することは可能でしょう。

ナオキ　なるほど。１から積み上げられた数学理論がある数から突然おかしくなることは常識的にあり得ないと思いますが、これも数学理論と

して証明できることがわかりスッキリしました。

集合論、公理論のその後

教授　では公理論のその後を説明しましょう。公理論にもとづいた集合論は今もヒルベルトの提唱した公理論のⅲ項の公理の条件「矛盾が生じない」を除いて、ⅰ、ⅱ項の公理の条件のみで生きつづけており、「公理的集合論」という形となって《現代の数学》の原理とみなされています。さらに今でも、専門家の間では矛盾が実質的に生じない集合論の公理系や集合論の基礎を論じる「数学基礎論」などが盛んに論じられています。

このように生まれた数学基礎論は、《原数学》の理論との整合的なつながりに欠け矛盾をはらんだ難解な理論であり、誰もが納得して共有できるような理論ではありません。でもかえってその不可解さに魅力を感じる人は少なくないようです。これも人のもつ知的満足感の一側面かもしれません。

ノゾミ　過去に集合論に反対した人はいなかったのですか。

教授　もちろんいました。集合論を巡る論争は今も「数学基礎論論争」といわれて語り継がれてきています。

ヒルベルト、ラッセルたちは「人は無限だって知り得るのだ」と主張して集合論と公理論を推進しました。ポアンカレ、ブラウワーたちはこれに猛反対して、ポアンカレは「そのうち人々は集合論という疫病にとりつかれていたことに気づくだろう」との捨て台詞を著書に遺しました。しかし残念ながら私の説明した無限大の理論のような具体的な反論はなかったようです。その結果でしょうか、現状をみると集合論という疫病は蔓延して世の識者たちはすっかりそれに慣れ切ってしまったようですね。

20世紀初頭に公理的な集合論が普及するにつれて、経験的に得られた《原数学》の基礎も集合論ベースに改められました。その先頭に立ったのが20世紀初頭から半ばにかけてフランスの数学者集団「ブルバキ」が著した『数学原論』ではないでしょうか。そこでは徹底した公理的方法と集合論の視座でそれまでの数学理論が表されています。これが《現代の

数学》の主な成り立ちです。

　参考のために《原数学》から《現代の数学》への主な変更点を挙げましょう。

　そういって教授はホワイトボードに書き出しました。

- 自然数は可算無限集合に、実数は非可算無限集合に属する異なる数である。
- 有理数（分数、整数）は自然数から得られるため可算無限集合に属する。
- 実数は可算無限の有理数および非可算無限の無理数とから成る。
- すべての自然数と実数は大小関係、四則演算、論理関係、推論規則にしたがう性質をもつ。
- 数の最大値とはどこまでも大きくなる有限値であり、無限大の値は定義できない。
- 集合の要素には、数、（数より長くつづく）順序数、言葉、がある。
- 順序数によって非可算無限より大きい「超限集合列」が次々と定義できる。

ナオキ　集合論の影響は大きいのですね。

教授　はい、集合論と公理論が《原数学》を呑み込んでとめどなく膨張したのです。

ナオキ　お話しよくわかりました。先生はこのようなご自分の意見を発表されないのですか。

教授　論文の形では何誌かに投稿しましたが、採用には至りませんでした。ほとんどの専門誌からは「当誌には掲載を待っている他の多くの論文がある」との理由で断られました。そのようにいわれると反論の手がかりがありません。

　意を決してカントールの論文を最初に掲載したという伝統のある学会に投稿したのですが、すぐに「あなたの論文は当学会の立場とは異なります」という断りの連絡がきました。数学にも立場があるのかと一瞬呆れたのですが、きっと私のような論文が次々と寄せられて返答に困り、

挙句の果てに正直に立場を明かすようになったのだろうと推測して納得しています。

　ま、それはともかくとして、今日では集合論に対する表立った反論は見当たらず、公理論、集合論は数学、論理学の原理として世界的に認められた形になっています。この理由を推察してみましょう。

その1　無限は現実離れしているため絶対的で神がかり的で夢や理想の対象です。集合論はその無限を理論づけたのです。数は無限集合という強固な基盤に支えられていると考えると心理的にも安心できるでしょう。

その2　先に説明した《原数学》の無限大は《原数学》のほころびをつぐない、無限数列の値を確定することのできる唯一の数値です。しかし無限大となるさまざまな数列はすべて同じ無限大となるので、そのようなものを原理としても新たな理論はあまり創造できません。

その3　それとは違い集合論の公理と超限集合列を原理とすると、そこからさまざまな理論を創造することができます。それは矛盾と隣り合わせで理解困難な理論ですが、難しい謎解きやゲームが人に好まれるように、知的な困難への挑戦を好む人々の対象となり得るでしょう。

　挑戦の成果として「数学基礎論」「数理哲学」、そして「超準解析」を論じる「数理論理学」のような新たな学問分野を作る膨大な理論群が生れました。先人たちがコミットしてすでに社会的にも認められたこれら理論群はいまさら取り消し難いでしょう。

　公理論、集合論がつづいていることにはこのような極めて人間的、社会的な理由があるのではないでしょうか。

ナオキ　公理論、集合論はすでに社会に根づいた伝統文化になっているのですね。

教授　そうですねえ。論理の基礎を無限集合と論理そのものに置いた思想文化ですねえ……。文化は否定し去ることはできません。新しい文化が誕生すれば色あせてゆく文化もあるかと思いますが……。

　三人は薄暗くなった部屋にしばらくそのまま佇んでいました。すると教授が意を決したように口を開きました。

教授　私がお二人にお伝えしたかったことはこれですべてです。

　一言でいえば、人類の知性の基本とはコミュニケーションと思考の方

法と能力であって、世界中の誰もが経験的、共通的に習得したものです。このような知性観が君たちに受け継がれて広まってゆけば、世界中の人々はもっと謙虚に平和に助け合って暮らしていけるのではないでしょうか。

　君たちにもこの点をよく理解して必要な場合には科学的な思考にもとづいて自信をもって行動していただきたいのです。それが年老いた私の最後の願いです。

二人　長時間にわたり貴重な話を聞かせていただいて本当に有難うございました。非力な私たちですが、折に触れて先生の講話を思い出し、それを仲間に伝えたり言動に生かすように努めたいと思います。

　二人は何度もお礼を述べて教授の部屋を出ました。老教授はドアの前に立ち二人をその姿が見えなくなるまで見送っていました。

●略歴

[監修]廣松 毅

1945年生まれ。東京大学大学院経済学研究科修士課程修了。東京大学名誉教授、情報セキュリティ大学院大学名誉教授。
[主な著書]『情報経済のマクロ分析』(共著)東洋経済新報社、『計量経済学の実際』(共著)新世社、『経済時系列分析』(共著)朝倉書店、『経済時系列分析の基礎と実際——非定常モデルの応用』(共著)多賀出版、『経済統計』(共著)新世社

[著者]辻 義行

1945年生まれ。京都大学工学部卒。三菱金属(株)(現三菱マテリアル)とその関連会社で生産・新製品開発業務、管理職を経験。現在著述家。
[主な著書]『算術、数学、そして理論はなぜ〈正しい〉のか』図書新聞、『究極の理論で世界を読み解く』図書新聞、『感じ方考え方を科学する』合同フォレスト

0歳からの経験と知性——知性の発生学

2021年10月8日　初版発行

監　修　廣松 毅
著　者　辻 義行
発行者　加藤 啓
発行所　武久出版株式会社
　　　　〒136-0071　東京都江東区亀戸8-25-12
　　　　TEL：03(5937)1843　FAX：03(5937)3919

印刷・製本 中央精版印刷株式会社

© Yoshiyuki Tsuji 2021
ISBN 978-4-89454-141-2 C0041
定価はカバーに表示してあります。落丁・乱丁などがありましたらお取り替えいたします。